Irenäus Eibl-Eibesfeldt

Liebe und Haß

SERIE PIPER

Zu diesem Buch

Alle sprechen von Aggression und Haß als genetisch verankerten Trieben. Doch noch immer wird zu wenig beachtet, daß das tierische und menschliche Verhalten nicht nur von Aggressionen gelenkt wird, sondern vor allem erst einmal durch *bindende* Mechanismen wie Liebe und Zuneigung. Sie wirken als natürliche Gegenspieler der Aggression, und auf sie gründen sich die Hoffnungen einer friedlichen Zukunft. Eibl-Eibesfeldt weist überzeugend nach, daß auch unser altruistisches Verhalten durch stammesgeschichtliche Anpassung vorprogrammiert ist. Die Voraussetzungen zum »Guten« sind daher in uns angelegt.

Irenäus Eibl-Eibesfeldt, 1928 in Wien geboren, studierte dort Zoologie. Ab 1951 am Max-Planck-Institut für Verhaltensphysiologie in Buldern und später Seewiesen. Von 1975 bis 1996 Leiter der Forschungsstelle für Humanethologie in der Max-Planck-Gesellschaft. Seit 1991 Leiter des Ludwig-Boltzmann-Instituts für Stadtethologie in Wien. Außerdem Professor an der Universität München. Zahlreiche Forschungsreisen. Veröffentlichungen im Piper Verlag – darunter »Grundriß der vergleichenden Verhaltensforschung«, »Die Biologie des menschlichen Verhaltens«, »Die Malediven«, »Im Banne der Angst« (mit Christa Sütterlin).

Irenäus Eibl-Eibesfeldt

Liebe und Haß

Zur Naturgeschichte elementarer Verhaltensweisen

Mit 62 Abbildungen

Piper München Zürich

Die 62 Abbildungen wurden von Hermann Kacher nach Photos (überwiegend Aufnahmen des Verfassers) gezeichnet.

Von Irenäus Eibl-Eibesfeldt liegen in der Serie Piper außerdem vor:
Krieg und Frieden (329)
Der Mensch – das riskierte Wesen (585)
Galápagos (1232)
Wider die Mißtrauensgesellschaft (2173)

Meinen Kindern
Roswitha und Bernolf

Erweiterte Taschenbuchausgabe
1. Auflage August 1976
12. Auflage Februar 1998

Umschlag: Büro Hamburg
Simone Leitenberger, Susanne Schmitt, Andrea Lühr
Umschlagabbildung: Paul Davis
Foto Umschlagrückseite: Christa Sütterlin
Satz: Kösel, Kempten
Druck und Bindung: Clausen & Bosse, Leck
Printed in Germany ISBN 3-492-20113-x

Inhalt

Vorwort

Es gibt Sternstunden der Verhaltensevolution. Eine solche stellt die »Erfindung« der individualisierten Brutpflege in der Stammesgeschichte der Wirbeltiere dar. Mit der Ausbildung der Verhaltensweisen, mit denen bei den Säugetieren die Mütter und bei den Vögeln oft beide Elterntiere ihre Jungen betreuen, kam ein Repertoire von Verhaltensweisen in die Welt, die ihrer Natur nach primär freundlich sind und auch so verstanden werden. Ferner kamen in den Signalen der Jungtiere die Appelle in die Welt, mit denen diese betreuenden Verhaltensweisen des Fütterns und Huderns, der Körperpflege und des Beschützens ausgelöst wurden. Es entwickelten sich Mutter-Kind-Signale zur wechselseitigen Verständigung sowie das emotionelle Bedürfnis, zu betreuen und auch betreut zu werden. Damit waren Voranpassungen gegeben, die auch in den Dienst der Erwachsenenbindung gestellt werden konnten. Die vergleichende Beobachtung bandstiftender und bandbekräftigender Rituale, etwa der Balz oder der Begrüßung, zeigt, daß es sich hier in der Regel um Verhaltensweisen handelt, die sich aus Brutpflegehandlungen und aus kindlichen Appellen, die solche aktivieren, ableiten lassen. Das gilt für das Schnäbeln der Vögel ebenso wie für die Kußfütterung.

Mit der Entwicklung der Brutpflege kamen aber nicht nur die Motivation und das Instrumentarium zum Freundlichsein in die Welt, sondern auch die Liebe, definiert als die individualisierte Bindung. Dort, wo die Aufzucht der Jungen viel Investition seitens der Eltern erfordert und lange währt, ist es für die Erwachsenen wichtig, daß sie ihre eigenen Jungen betreuen und nicht die eigenen Fortpflanzungschancen durch Aufzucht Fremder mindern. Und umgekehrt ist es für das Jungtier wichtig, daß es seine Mutter bzw. seine Eltern erkennt und sich nicht irrtümlich einmal Fremden anschließt, die ja gar nicht bereit wären, es zu adoptieren, ja, die in vielen Fällen fremde Junge abwehren und bei einigen Arten sogar töten. Mit der individualisierten Bindung ist zugleich auch die Ausgrenzung der nicht zur Familie Gehörenden verbunden. Bei höheren Säugern wachsen die Familien zu Gruppen heran, die quasi familial verbunden sind. Sind die Gruppen klein, dann erkennen die Gruppenmitglieder einander individuell. Sind sie größer, dann sind sie – wie bei vielen Mäusen – durch einen gemeinsamen Gruppengeruch verbunden und gegen andere abgegrenzt. In der familialen Veranlagung liegt die Wurzel des Wir-Gruppenverhaltens, das neben Positivem auch seine problematischen Seiten hat. Positiv wirkt die Abgrenzung als evolutionsfördernder Mechanismus, negativ zählt die Gruppenfeindschaft.

Beim Menschen grenzen sich die Gruppen über Dialekte und Brauchtum, zuletzt als Ethnien, Völker und Nationen, voneinander ab. Die kulturelle Vielfalt begrüßen wir als Bereicherung und auch als Absicherung menschlicher Existenz im Strom des Lebens. Zugleich bedauern wir den Völkerhaß, der zu Kriegen und zur Unterjochung der Schwächeren führt. Sind wir da in einem Teufelskreis sich selbst verstärkender Selektionsprozesse gefangen? Ich denke nicht. Kraft unserer Fähigkeit zur Einsicht und dank unserer Fähigkeit zur Selbstkontrolle, die uns Menschen als Kulturwesen von Natur auszeichnet, sind wir in der Lage, unsere agonalen, zur Feindseligkeit führenden Verhaltenstendenzen zu beherrschen, ja zu überwinden und den uns angeborenen, affiliativ freundlichen Verhaltenstendenzen Vorrang einzuräumen.

Müssen dazu die Ethnien in einer Weltkultur verschmolzen werden? Keineswegs! So wenig, wie man die Familie auflösen muß, um über die Aufhebung familialer Egoismen kollektiv friedliche Gruppen zu schaffen, so wenig muß man die Völker zerstören, um eine friedliche Weltgemeinschaft herbeizuführen. Es dürfte genügen, die Angst vor dem anderen zu nehmen, denn nur solange Völker fürchten, ihre Ressourcen an stärkere Nachbarn zu verlieren, solange gibt es Unfrieden. Wenn Nachbarn einander nicht zu fürchten brauchen, dann schätzen sie einander, unter anderem gerade ob ihrer kulturellen Originalität, die jeder nicht gerade Wertblinde als Bereicherung wahrnimmt. Voraussetzung für einen globalen Frieden ist allerdings eine Abstimmung des Bevölkerungswachstums auf die Tragekapazität ihrer jeweiligen Länder, wobei zu beachten wäre, daß ein kulturförderndes Optimum und nicht immer das Maximum des Möglichen erstrebenswert sein könnte.

Mit der 15. Auflage überschritt mein Buch die Grenze von 100000 Exemplaren. Ich habe gegenüber der Erstausgabe außer einigen Korrekturen keine Änderungen vorgenommen, denn das erwies sich nicht als notwendig. Weitere Untersuchungen haben meine Aussagen grundsätzlich bestätigt. Ich hätte weitere Beispiele für meine Thesen einfügen können, aber dann wäre das Buch weniger handlich geworden. Wer sich speziell dafür interessiert, der sei auf meine *Humanethologie* verwiesen: »Die Biologie des menschlichen Verhaltens«, 4. Auflage 1997, Piper Verlag, München, außerdem auf meinen »Grundriß der vergleichenden Verhaltensforschung«, 7. Auflage 1987, Piper Verlag, München.

Das Aha-Erlebnis, das zu diesem Buche führte, hatte ich vor vielen Jahren, als ich als Teilnehmer der ersten von Hans Hass geleiteten »Xarifa«-Expedition die Galápagos-Inseln besuchte. Ich beobachtete damals die Meerechsen, die in großen Ansammlungen die schwarzen Lavafelsen der Uferregion bedeckten. Da fiel mir auf, daß diese Tiere, die offensichtlich keine Einzelgänger waren, einander nichts Freundliches taten. Von den Vögeln und Säugetieren, die ich bis dahin gehalten hatte, wußte ich, daß sie einander die Gefieder bzw. das Fell durchputzen und sich auch sonst viele Freundlichkeiten erweisen. Diese Echsen lagen nur nebeneinander. Wenn zwei miteinander Kontakt aufnahmen, dann geschah dies durch Drohimponieren. Männchen suchten durch Imponiergehabe, Rivalen zu beeindrucken, indem sie kopfnickend mit aufgerissenem Maul auf gestreckten Beinen stolzierend und mit aufgerichtetem Nacken- und Rückenkamm dem Gegner die Breitseite bietend einherstelzten. Den Kampf habe ich in diesem Buch geschildert, und auch die Verhaltensweisen der Unterwerfung. Auch beim Balzen beschränkte sich das Repertoire der Männchen auf ein Drohimponieren, auf das paarungsbereite Weibchen mit Demutsstellung reagierten. Äußerungen der Zärtlichkeit gab es nicht. Die kam erst mit der Brutpflege in die Welt.

Ich schrieb dieses Buch, um auf die genuine Freundlichkeit und Fürsorglichkeit des Menschen hinzuweisen und damit ein positives Menschenbild vorzustellen, das Zuversicht vermittelt. Um unsere prosozialen Dispositionen voll für ein friedliches Miteinander nützen zu können, müssen wir allerdings um jene Anlagen Bescheid wissen, die ihre ursprünglich sicherlich überlebensfördernde Funktion in der heutigen Situation zum Teil einbüßten, und die damit zu Problemanlagen wurden. Ich habe sie in meinen beiden Büchern »Der Mensch – das riskierte Wesen« und »Wider die Mißtrauensgesellschaft« besprochen. In meinem Buch »Krieg und Frieden« diskutiere ich schließlich die kulturelle Evolution der destruktiven Gruppenaggression, die in der spezifischen Ausdifferenzierung als Krieg ein Produkt der kulturellen Entwicklung ist.

Danksagung

Für die Unterstützung meiner Arbeiten schulde ich sehr vielen Personen Dank, die ich im einzelnen nicht alle aufzählen kann. Ich war in den verschiedenen Ländern Gast zahlreicher Missionsstationen und erfuhr auch Förderung durch die lokalen Behörden und die Konsulate Österreichs und der Bundesrepublik. Besonderen Dank schulde ich Herrn Professor Konrad Lorenz, der meine Arbeiten in jeder Weise förderte, und Herrn Dr. Hans Hass, mit dem ich mehrere gemeinsame Reisen durchführte, auf denen viele der hier vorgetragenen Gedankengänge im Gespräch und durch gemeinsame Beobachtung entwickelt wurden. Ich danke ferner Frau Dr. Inga Steinvorth de Goetz und ihrer Tochter Frau Elke Goetz, die mir die Reise an den oberen Orinoko ermöglichten. Dankend hervorheben möchte ich die Mitwirkung Herrn Hermann Kachers, der sämtliche Illustrationen dieses Buches zeichnete. Es ist mir schließlich ein Bedürfnis, der Max-Planck-Gesellschaft, der Thyssen-Stiftung und der v.-Gwinner-Stiftung für die finanzielle Unterstützung meiner Forschungen zu danken.

1 Die Bestia Humana – ein modernes Zerrbild vom Menschen

In der Geschichte der Menschheit reihen sich die blutigen Kapitel fast lückenlos. Und daran hat sich bis heute nichts geändert. Nur – ausgerüstet mit atomaren Waffen – laufen wir heute bei kriegerischen Verwicklungen Gefahr, uns selbst zu vernichten. Wir haben die Naturgewalten gebändigt, die Seuchen besiegt und die Raubtiere ausgerottet, die uns einst gefährdeten. Jetzt sind wir uns selbst der größte Feind, wenn es uns nicht gelingt, unsere Aggressionen zu bezähmen!

Doch bestehen dafür auch nur die geringsten Aussichten? Werden wir nicht von einem angeborenen Aggressionstrieb beherrscht, von einer Mordlust, die wir bestenfalls unterdrücken, aber nie beseitigen können? In letzter Zeit wurde das wiederholt behauptet.

»Kain regiert die Welt. Dem Zweifler raten wir, die Weltgeschichte zu lesen«, schreibt Leopold Szondi 1969[183]. Er vertritt die Ansicht, daß allen Menschen eine mörderische Gesinnung eigen sei, und spricht von einer Kain-Anlage, einem Triebfaktor, der uns angeboren sei. Ein ähnliches Menschenbild entwarf Robert Ardrey[8].

Die Wochen- und Tagespresse übernimmt diese Thesen. So kann man im ›Time‹-Magazin vom 17. 1. 1969 lesen, der Mensch sei das aggressivste Tier dieser Erde, denn er erfreue sich grundsätzlich daran, andere Tiere zu quälen und zu töten, seinen Mitmenschen eingeschlossen. Auch würde jeder Sohn gerne seinen Vater ermorden, aber dieser natürliche Impuls werde schlau unterdrückt; eines Tages wird er ja selbst die Rolle des Alten spielen *.

* »One of the worlds most aggressive beasts who fundamentally enjoys torturing and killing other animals, including his fellow man ... his hormones urge him

Die These lautet also: Der Mensch ist von Natur aus mörderisch veranlagt. Aus Einsicht und Vernunft unterdrücke er jedoch diese Impulse. Man könnte von einem Konzept der gezähmten Bestie sprechen. Das Gute* am Menschen ist dieser Ansicht zufolge kulturelle Leistung, das Böse hingegen ein Ergebnis dunkler Antriebe, für die er eigentlich nichts kann.

Die These vom ungeselligen, mörderischen Wesen Mensch ist nicht neu. Bereits der englische Philosoph Thomas Hobbes (1588–1679) vertrat sie, indem er dem Menschen nur den Trieb zur Selbsterhaltung und die Machtgier zuerkannte. Der sich bei dieser Anlage notwendigerweise einstellende Kampf aller gegen alle werde nach Hobbes nur dadurch verhindert, daß Autoritäten die Menschen gegen deren Willen zusammenzwingen.

Alt ist jedoch auch die Gegenthese, derzufolge der Mensch in seinem ursprünglichen Zustande friedlich und freundlich sei und erst die Zivilisation ihn verderbe und aggressiv mache (Jean Jacques Rousseau 1712–1778). Der Streit um die »wahre« Natur des Menschen reicht bis in die Gegenwart, und die extremen Standpunkte werden nach wie vor von einzelnen vertreten.

Die Hobbes'sche These erlebte im Laufe der Zeit verschiedene Neuauflagen. Thomas Huxley (1888)[90] interpretierte Darwins »Kampf ums Dasein« in diesem Sinne als eine gnadenlose Auseinandersetzung, bei der nur der Stärkste, Behendeste und Geriebenste am Leben bleibe. Er vergleicht das Geschehen mit einem Gladiatorenkampf: Die Teilnehmer würden gut behandelt und am nächsten Tag in den Kampf geschickt. Nur brauche der Zuschauer gar nicht erst mit dem Daumen nach unten zu zeigen, da kein Pardon gege-

to copulate with his sisters and daughters just as well as other animals do generally. But his cortex tells him to barter his females to strangers for political advantage ... He would like to murder his father, but this natural impulse is cunningly suppressed: one day he will be the old man« (›Time‹, 17. 1. 1969, S. 34).

* Aggression wird von uns im allgemeinen als »böse«, Liebe und Freundschaft wie alles Bindende dagegen als »gut« bezeichnet. Das ist insofern berechtigt, als die Aggression, obgleich sie auch zur Arterhaltung beitragen (also in diesem Sinne »gut« sein) kann, zur pathologischen Entartung neigt und unsere Existenz dadurch gefährdet. Man ist allzuleicht zu aggressiv, selten jedoch zu freundlich.

ben werde. Pjotr Kropotkin (1904)[109] hält dem entgegen, daß Geselligkeit genauso ein Naturgesetz sei wie gegenseitiger Kampf. Er wies darauf hin, daß auch dies bei Darwin zu lesen sei und man wohl mehr von Darwins Schlagworten als von seinen leitenden Gedanken aufgegriffen habe.

Die modernen Verfechter des Bestia-Humana-Konzeptes berufen sich auf die Ergebnisse der Verhaltensforschung (Ethologie) und der Psychoanalyse. Beide Richtungen vertreten die These, daß dem Menschen ein Aggressionstrieb angeboren sei, und diese Tatsache wird nun einseitig ausgelegt. Einige nützen sie zur Rechtfertigung und Entschuldigung aggressiven Verhaltens, andere, die eine solche konservative Einstellung ablehnen, wenden sich bemerkenswerterweise nicht gegen jene, die die Verhaltensforschung mißbrauchen, sondern beziehen gegen diese Front, als sei sie dafür verantwortlich. So wirft Arno Plack[147] den Verhaltensforschern vor, sie hingen der Doktrin an »Alles sei Kampf«, sie erklärten den Aggressionstrieb zum Grundtrieb alles Lebendigen und rechtfertigten mit dieser Lehre von der asozialen Menschennatur eine Kultur der Gewalt. In ähnliche Richtung zielen viele der in Ashley Montagus Buch[139] zusammengefaßten Kritiken. Man muß daher annehmen, daß die Genannten ernsthaft glauben, die Verhaltensforschung lehre die Unveränderlichkeit der menschlichen Natur und sehe in einem angeborenen Aggressionstrieb das Hauptmotiv menschlichen Handelns*. Es ist ein Anliegen dieses Buches, solche Ansichten zu entkräften.

* Auf die Gefahr eines ideologischen Mißbrauches der Verhaltensforschung wies Wolfgang Hädecke hin. »Der prinzipiell undogmatische, antiideologische Charakter der Verhaltensforschung schließt nicht aus, daß sie in bestimmter Richtung mißbraucht wird und solchem Mißbrauche Argumente liefert. Wenn sich die Ethologen nicht dagegen wehren, könnten ihre Erkenntnisse für eine der ältesten ideologischen Lehren eingespannt werden: Die Lehre von der Unveränderlichkeit der menschlichen Natur, worauf sich die Doktrin von der Unveränderlichkeit der menschlichen Gesellschaft, insbesondere des uralten Prinzips von Herrschaft und Knechtschaft, bekanntlich gerne beruft. Eine Wissenschaft, die zwar nicht ausschließlich, aber vorrangig die ererbten, voraussichtlich unveränderlichen Elemente unseres Verhaltens untersucht, bietet sich auch in diesem Sinne übergreifendem Gebrauch, sprich: Mißbrauch an ...« (Hädecke, ›Neue Rundschau‹ 80 [3] 1969, S. 452).

Dazu sei vorausgeschickt: Der Hinweis auf das Angeborensein eines Verhaltens oder einer Disposition beinhaltet keineswegs, daß diese einer erzieherischen Beeinflussung unzugänglich sei, noch daß man sie als natürlich im Sinne von zweckmäßig hinzunehmen habe. Ein im Laufe der Stammesgeschichte entwickeltes Verhalten kann seine ursprüngliche Funktion verlieren. So mag ein starker Aggressionstrieb einst durch die scharfe Konkurrenz der Menschengruppen die intellektuelle Entwicklung des Menschen vorangetrieben und die Verbreitung des Menschen über die ganze Erde erzwungen haben. Heute kann ein Zuviel an Aggression durchaus zur Selbstvernichtung führen. Man wird sie daher nicht vorbehaltlos bejahen, nur weil sie uns angeboren ist, sondern sich bemühen, sie zu kontrollieren. Die Verhaltensforschung liefert durch Grundlagenforschung die Voraussetzung für eine gegebenenfalls notwendige Therapie. Sie sucht das Funktionieren jener physiologischen Maschinerien zu ergründen, die ein Verhalten bewirken, um aus Einsicht in die Funktionsstrukturen Störungen im Getriebe beheben zu können. Dabei kann es sich herausstellen, daß stammesgeschichtliche Anpassungen nur noch als historischer Ballast mitgeschleppt werden – funktionslos oder gar gefährlich für den Organismus wie ein Blinddarm. Solche »Blinddärme« mag es auch im Verhalten geben.

Worauf sich der Vorwurf Placks stützt, »die Verhaltensforscher« würden letztlich alles auf den Aggressionstrieb zurückführen, ist nicht recht einsichtig, spricht doch Konrad Lorenz[127], den Plack ausdrücklich in diesem Zusammenhang zitiert, eindringlich von einem »Parlament der Instinkte« und sagt damit klar, daß ein Tier von verschiedenen Antriebssystemen in oft gegensätzlicher Weise motiviert wird. Der Aggressionstrieb ist nur ein Antrieb unter vielen. Da die Vorwürfe jedoch erhoben wurden, muß man annehmen, daß im Gespräch um die Aggression das soziale Potential von Mensch und Tier zu wenig herausgestellt wurde*. In den

* In meinem ›Grundriß der vergleichenden Verhaltensforschung‹ bin ich allerdings sehr ausführlich auf die gruppenbindenden Mechanismen eingegangen. Einige

Anlagen zur Geselligkeit liegt der Schlüssel zur Bewältigung des Aggressionsproblems. Ich möchte daher in diesem Buche ausführlich von den bindenden Mechanismen sprechen, von jenen natürlichen Gegenspielern der Aggression, auf die wir unsere Hoffnung auf eine freundlichere Zukunft begründen können. Soziale Abstoßung (Aggression) und Anziehung (Zuneigung) bilden bei höheren Wirbeltieren eine funktionelle Einheit, und als solche möchte ich sie darstellen.

Ich vertrete in diesem Buche die These, daß aggressives und altruistisches Verhalten durch stammesgeschichtliche Anpassungen vorprogrammiert sind, daß es daher für unser ethisches Verhalten vorgezeichnete Normen gibt. Die aggressiven Impulse des Menschen werden meines Erachtens durch ebenso tief verwurzelte Neigungen zur Geselligkeit und zum gegenseitigen Beistand aufgewogen*. Nicht erst die Erziehung programmiert uns zum Guten, wir sind unserer Anlage nach gut. Wenn wir das nachweisen können, fällt die eingangs zitierte These, das Gute sei lediglich sekundärer kultureller Überbau. Wir werden ausführen, daß die Neigung zur Zusammenarbeit und zum gegenseitigen Beistand ebenso wie viele der konkreten Verhaltensweisen freundlichen Kontaktes angeboren sind. Weshalb all diese Anlagen bisher nicht ausreichten, um unsere Aggressionen in allen Situationen zu bändigen, wird Gegenstand der Untersuchung sein.

Ich gehe bei diesem Vorhaben von der Tatsache aus, daß wir Menschen aller Aggressivität zum Trotz in Gruppen leben, und stelle die Frage, wie wir das eigentlich zuwege bringen. Mit welchen Mitteln erhalten und stiften wir das Band zu Mitmenschen über die Aggressionsbarriere hinweg? Gibt es angeborene Bindungstriebe als Gegenspieler des Aggressionstriebes, und welche Rolle spielt dabei der Geschlechtstrieb? Wie entwickeln sich Gesel-

verblüffende Betrachtungen über die Bindungen aus allgemein funktioneller Sicht gibt H. Hass in seinem lesenswerten Buch ›Energon‹, in dem organische und wirtschaftliche Strukturen vergleichend analysiert werden (Wien [Molden] 1970).

* Allerdings können auch diese freundlichen Dispositionen mißbraucht werden, man denke etwa an die Gefahren allzugroßer Gefolgschaftstreue.

ligkeit und Liebe im Laufe der Stammesgeschichte und im Laufe der Jugendentwicklung? Und wie entwickelt sich der Haß?

Der methodische Ansatz für diese Untersuchung ist die biologisch-vergleichende Betrachtungsweise, die von der Einsicht unseres stammesgeschichtlichen Gewordenseins ausgeht. Da über den Wert des Tier-Mensch-Vergleiches in Laienkreisen unklare Vorstellungen herrschen und Geisteswissenschaftler gelegentlich sogar in diesem Zusammenhang von »unzulässigen Analogieschlüssen« sprechen[155], möchte ich vor Aufnahme des Gespräches die Grundbegriffe der Verhaltensforschung und die Methodik des Vergleichens diskutieren und zeigen, wie man Ähnlichkeiten deuten kann. Es ist ja für Leser ohne biologische Vorbildung in der Tat nicht so ohne weiteres einleuchtend, daß wir aus dem Verhalten irgendeines Vogels oder Säugers Bedeutungsvolles für das Verständnis unserer eigenen Art erfahren können. Die Mechanismen der stammesgeschichtlichen Entwicklung und vielgebrauchte Begriffe wie die der Anpassung, Ritualisierung und Selektion werden bei dieser Gelegenheit erörtert. Danach bespreche ich die Aggression und die bandstiftenden Verhaltensweisen bei Tier und Mensch und zeige, daß sich die Fähigkeit, ein persönliches Band zu stiften, stammesgeschichtlich zusammen mit der Brutpflege entwickelte und daß sich dies bis zu einem gewissen Grade in der Jugendentwicklung wiederholt. Das Menschenkind erwirbt die Fähigkeit zur Nächstenliebe erst über die Liebe zur Mutter. Die Identifikation mit einem Kollektiv unter Umgehung dieser Phase dürfte für das Kind schwierig, wenn nicht unmöglich sein.

Der Mensch ist ursprünglich für ein Leben in individualisierten Verbänden geschaffen. Beim Übergang zum Leben in der anonymen Gemeinschaft ergeben sich Identifikationsschwierigkeiten. Einerseits besteht offensichtlich der Drang, auch zu Fremden ein Band zu stiften. Andererseits beobachten wir die Neigung, sich in Gruppen von anderen abzuschließen. Wir neigen dazu, Mitglieder der fremden Gruppe in ein Feindschema zu pressen, und es erhebt sich die Frage, ob wir dabei zwangshaft gewisse Gedankenverknüpfungen vornehmen. Für die Friedensforschung ist die Erhellung dieser

Zusammenhänge von großer Bedeutung. Fremden gegenüber fühlt sich der Mensch stets weniger verbunden und damit auch weniger aggressionsgehemmt. Das ist einer der Gründe, weshalb die Innergruppenkonflikte an Schärfe zunehmen. Die Weckung eines neuen sozialen Verbundenheitsgefühls wird damit zu einem brennenden Anliegen. Welche Entwicklungen sich dabei abzeichnen, erörtern wir zum Schluß.

Ich verwende in diesem Buch des öfteren den Begriff Liebe. Es ist dabei nicht allein die geschlechtliche Liebe gemeint, sondern allgemeiner die gefühlsmäßige, persönliche Bindung eines Menschen an einen anderen oder die daraus erwachsende Bindung über Identifikation mit einer bestimmten Gruppe. Das Gegenstück zur Liebe ist der Haß als individualisierte emotionelle Ablehnung und der daraus erwachsende Gruppenhaß. Wir können in diesem Sinne genaugenommen nur beim Menschen von Liebe und Haß sprechen. Bei Tieren können wir nur rein beschreibend individualisiertes Kontaktstreben und Bindung beziehungsweise Aggression feststellen. Aussagen über die solches Verhalten begleitenden Gemütsbewegungen sind aus erkenntnistheoretischen Gründen grundsätzlich nicht möglich. Wir können nur über den Analogieschluß vermuten, daß zumindest bei höheren Wirbeltieren die betreffenden Verhaltensweisen auch von den entsprechenden Emotionen begleitet sind. Sicher sind die beschreibbaren Verhaltensweisen der Kontaktnahme und Ablehnung bei Tier und Mensch oft ähnlich, was eine Ableitung aus gemeinsamen Wurzeln oft rechtfertigt. Wenn wir dennoch gelegentlich von Liebe sprechen, ohne ausdrücklich zwischen Tier und Mensch zu differenzieren, so geschieht dies als Kurzbeschreibung der besseren Verständlichkeit wegen, ähnlich wie der Physiologe von Hunger und Durst bei Tieren spricht.

Die meisten Abbildungen dieses Buches sind nach Filmaufnahmen und Standphotographien gezeichnet. Die Quellenangabe findet man in den Bildunterschriften. Damit sich der Leser einen Eindruck von der Qualität der Wiedergabe machen kann, ließ ich einige der filmischen Vorlagen am Ende des Buches auf einer Tafel reproduzieren. Weitere Aufnahmen, die als Vorlage dienten, findet der interessierte

Leser in meinem ›Grundriß der vergleichenden Verhaltensforschung‹. Die hochgestellten Zahlen im Text verweisen auf die Literatur.

2 Vorprogrammierungen im Verhalten von Mensch und Tier

a) Das angeborene Können

Wir Menschen sind im allgemeinen davon überzeugt, aus freiem Willen zu handeln; wir glauben uns frei entscheiden zu können, dieses zu tun und jenes zu unterlassen. Aber trübt nicht gelegentlich aufquellender Ärger unsere klare Entscheidung? Und sagen wir dann unter Zwang nicht manches, was wir in anderer Stimmung nicht gesagt hätten? Reagieren wir nicht ferner geradezu automatisch in prinzipiell gleicher Weise auf bestimmte Situationen, ohne uns das vorher zu überlegen?

Sprechen wir zu einem Baby, dann lächeln wir freundlich und heben unsere Stimmlage; dem Gesprächspartner nicken wir ermunternd zu, und bei Verlegenheit kratzen wir uns hinter dem Ohr. In mancher Hinsicht verhalten wir uns wie ein programmierter Computer. Der Vergleich ist keineswegs weit hergeholt, denn wir reagieren in der Tat voraussagbar – wäre es nicht so, dann gäbe es keine Wissenschaft vom Verhalten. Das bedeutet aber, daß wir irgendwann in unserer Entwicklung »programmiert« wurden, und an der Frage, wie diese Ausstattung mit Verhaltensprogrammen vor sich ging, scheiden sich die Geister.

Grundsätzlich sind mehrere Wege denkbar. Tiere und Menschen sind lernbegabt, sie können ihre Verhaltensprogramme im Laufe ihrer Jugendentwicklung erlernen, und zwar sowohl durch Selbstdressur als auch am Vorbild der Eltern. Darüber hinaus besteht noch die Möglichkeit, daß Organismen mit Verhaltensprogrammen ausgerüstet zur Welt kommen. Das würde bedeuten, daß sie im Laufe ihrer Stammesgeschichte programmiert* wurden und ihnen

* Auf dem Wege der Mutation und Selektion, siehe S. 45.

die Verhaltensweisen ähnlich wie ihre körperlichen Strukturen angeboren sind.

Die als Milieutheorie bezeichnete Lehre vertritt nun die Ansicht, daß wir Menschen, von einigen Reflexen abgesehen, sämtliche Verhaltensprogramme im Laufe unserer Jugendentwicklung erlernen. Das Neugeborene komme gewissermaßen als unbeschriebenes Blatt zur Welt. Erst kürzlich äußerte sich Montagu[139] in diesem Sinne*. Dieser Glaube an die ausschließliche kulturelle Determiniertheit menschlichen Verhaltens ist weit verbreitet. Er liegt auch bestimmten politischen Utopien zugrunde. Nicht nur die konkreten Bewegungsabläufe, auch Neigungen des Menschen, wie etwa das Streben nach Rang oder die Aggressivität, sind der Milieutheorie zufolge Produkt der Erziehung. Hält man das eine oder andere für gesellschaftsfeindlich, dann spricht man von Fehlprogrammierung durch Erziehung und schlägt vor, die Kinder so zu erziehen, daß sich die unerwünschten Neigungen nicht entwickeln.

In der Praxis erweist sich der Mensch jedoch gegen Umerziehungsbemühungen in ganz bestimmten Bereichen als recht resistent.

Gibt es vielleicht doch Vorprogrammierungen im menschlichen Verhalten, und wenn ja in welchen Bereichen?

Die biologische Verhaltensforschung zeigte zunächst an Tieren, daß bestimmte Bewegungsweisen als stammesgeschichtliche Anpassungen vorliegen können. Tiere kommen mit einem angeborenen Bewegungskönnen zur Welt. Ein frisch geschlüpfter Buchfink kann bettelnd den Schnabel aufsperren, ein Hühnerküken nach Körnchen picken und eine junge Ente im Schlamm grundeln. Und das Entlein wird dies auch tun, wenn es von einer Hühnerglucke erbrütet wurde: Es wird nicht etwa dem Vorbild folgen und nach Körn-

* »Es gibt in der Tat nicht die geringste Evidenz oder einen Grund für die Annahme, daß das vermeintlich ›stammesgeschichtlich angepaßte instinktive Verhalten‹ anderer Tiere in irgendeiner Weise für die Diskussion der motivierenden Kräfte im menschlichen Verhalten relevant sei. Tatsache ist, daß mit Ausnahme einiger instinktähnlicher Reaktionen des Säuglings auf das plötzliche Wegziehen der Unterlage oder auf starke Geräusche, der Mensch gänzlich instinktlos ist« (S. 11).

chen picken. Das Entlein hat diese Bewegungskoordination des Schlammdurchseihens als »Erbkoordination« von seinen Eltern geerbt. Genaugenommen wird freilich nicht das Bewegungsmuster vererbt, sondern nur das Rezept, auf Grund dessen sich jene nervösen Strukturen und Schaltungen entwickeln, die dem Verhalten zugrunde liegen. Erbkoordinationen müssen nicht immer bereits zum Zeitpunkt der Geburt oder des Schlüpfens voll ausgereift sein. Manche Verhaltensweisen reifen erst nach und nach heran, wie man experimentell nachgewiesen hat. So zog F. Sauer[160] Dorngrasmücken einzeln und schallisoliert auf und stellte dabei fest, daß sie auch ohne jedes Vorbild ihre artspezifischen Lautäußerungen und Gesänge entwickelten. Allerdings müssen auch für eine solche Entwicklung bestimmte Umweltbedingungen erfüllt sein, aber bemerkenswert ist eben, daß der Vogel das arttypische Gesangsmuster in einem Prozeß der Selbstdifferenzierung entwickelt. Die das Gesangsmuster betreffenden Informationen sind in seinem Erbgut enthalten und werden im Laufe der Jugendentwicklung entschlüsselt.

Erbkoordinationen hat man auch bei Säugern nachgewiesen. Das mitteleuropäische Eichhörnchen versteckt im Herbst Nüsse als Wintervorrat. Es handelt dabei nach einem einheitlichen Muster: Mit der Nuß im Maul klettert es zu Boden, sucht, bis es an die Basis eines Baumstammes kommt, scharrt dort mit den Vorderbeinen ein Loch, legt die Nuß ab, stößt sie mit der Schnauze fest und scharrt schließlich mit den Vorderbeinen das losgegrabene Erdreich über die abgelegte Nuß. Junge Eichhörnchen zeigen von all diesen Verhaltensweisen nichts, denn sie kommen als nackte und blinde Nesthocker zur Welt. Ich habe nun wiederholt Eichhörnchen so aufgezogen, daß sie keine Vorbilder hatten und auch durch eigenes Probieren nicht das Nüsseverstecken üben konnten. Dennoch beherrschten diese Tiere die artspezifische Versterktechnik. Bot ich den herangewachsenen Eichhörnchen zum erstenmal Nüsse, dann fraßen sie zunächst davon. Nach Sättigung begannen sie die Nüsse zu verstecken. Suchend liefen sie mit der Nuß im Maul im Raume umher, bis sie schließlich in einer Zimmerecke zu scharren begannen; danach legten sie die Nuß ab, stießen sie mit der Schnauze fest und machten schließlich sogar die Zuscharr- und Festdrückbewegung mit den Vorderbeinen – obwohl sie kein Erdreich aufgegraben hatten. Das zeigt klar, daß es sich hier um eine uneinsichtig ablaufende, erblich programmierte Verhaltenskette handelt[43].

Die Beobachtung der unerfahrenen Eichhörnchen lehrt aber noch etwas anderes. Bei ihren Versuchen, die Nüsse zu verstecken, zeigen sie ein auffälliges Interesse an vertikalen Hindernissen. Sie beginnen vor allem an Tischbeinen, Stuhlbeinen oder in Zimmerecken zu scharren. Diese angeborene Bevorzugung senkrechter Gegenstände führt im Freien dazu, daß Eichhörnchen vor allem an der Basis von Baumstämmen oder Felsen vergraben, was später das Wiederfinden erleichtert. Es sind den Tieren also nicht allein die Bewegungen des Futterversteckens angeboren, sondern auch in groben Zügen die Kenntnis des geeigneten Versteckplatzes.

Wie verhält es sich nun mit uns Menschen? Sind auch wir mit angeborenen Bewegungsweisen ausgerüstet? Ganz sicher ist es, daß der Säugling nicht erst zu lernen braucht, wie man saugt, er kann auch lächeln, schreien, sich anklammern und manch anderes mehr. Viele der menschlichen Verhaltensweisen entwickeln sich jedoch erst nach und nach im Laufe des Heranwachsens, und es läßt sich schwer feststellen, was nun davon heranreifte, also vorprogrammiert war. Man kann ja Menschen nicht unter Erfahrungsentzug aufziehen. Gelegentlich kommen jedoch Kinder blind oder sogar taub und blind zur Welt, und ihr Studium ist im Hinblick auf die zur Diskussion stehenden Frage sehr aufschlußreich. Taubblinde wachsen in ständiger Nacht und Stille heran, sehen nie das Lächeln ihrer Mutter und hören nie den Klang menschlicher Stimme. Würde das milieutheoretische Konzept in seiner scharfen Formulierung zutreffen, dann wäre zu erwarten, daß solche Kinder in ihrem Verhalten von normal aufwachsenden gesunden Menschen sehr abweichen. Ich habe taubblind geborene Kinder beobachtet und dabei festgestellt, daß dies nicht so ist. Sie verhalten sich in vielen entscheidenden Punkten fast genauso wie wir. Sie lächeln und lachen zum Beispiel wie unsereins, wenn sie sich freuen und äußern dabei auch die richtigen

Laute. Sie weinen ferner wie wir, sie stampfen mit dem Fuß auf, ballen die Fäuste und bekommen senkrechte Zornfalten, wenn sie etwas ärgert (Abb. 1).

Der mögliche Einwand, die Kinder hätten zum Beispiel das Lächeln gelernt, weil man sie stets mit freundlicher Betreuung belohnte, wenn sie »zufällig« einmal ein dem Lächeln ähnliches Verhalten zeigten, ist leicht zu entkräften. Auch schwer hirngeschädigte Kinder, denen man mit größter Mühe nicht beibringt, wie man einen Löffel zum Munde führt, lächeln, lachen und weinen. Man kann sich nicht vorstellen, wie sie diese komplizierten Bewegungsmuster gelernt haben sollen, wo sie doch bei viel einfacher zu erlernenden Aufgaben versagen. Wer hier die Lernhypothese noch vertreten will, müßte als Zusatzhypothese eine besondere angeborene Lerndisposition postulieren. Auch das Argument, die Kinder könnten mit ihrem Tastsinn das Gesicht der Eltern oder Pfleger abgetastet, dabei den Ausdruck abgelesen und dann nachgeahmt haben, ist nicht stichhaltig. Ich kenne einen taubblind geborenen Buben, der, wahrscheinlich als Folge einer Contergan-Schädigung, nur winzige Stummelhändchen besitzt, mit denen er nichts betasten kann. Die Mimik dieses Kindes ist im wesentlichen normal. Das Kind lacht zum Beispiel herzlich wie unsereins, wenn man mit ihm spielt.

Schließlich kann man gegen die Lernhypothese noch ins Feld führen, daß die Kinder ja auch eine Reihe von »Unarten«, zum Beispiel typisch menschliches Zornverhalten, entwickeln. Darin hat sie sicher niemand unterwiesen, noch dürften sie Gelegenheit gehabt haben, mit den Füßen stampfende, die Fäuste ballende und ärgerlich schauende Erwachsene abzutasten und so die Informationen über Wutmimik und -gestik zu sammeln. Schließlich entwickeln sich solche Verhaltensweisen ja geradezu gegen den erzieherischen Druck der Umwelt. Das gilt auch für gewisse soziale Grundhaltungen. Normale Kinder haben Angst vor Fremden. Dieses Fremdeln zeigen nun auch die taubblinden Kinder, wobei sie Bekannte von Fremden geruchlich unterscheiden. Sie lehnen fremde Personen zunächst ab, obgleich sie niemals von fremden

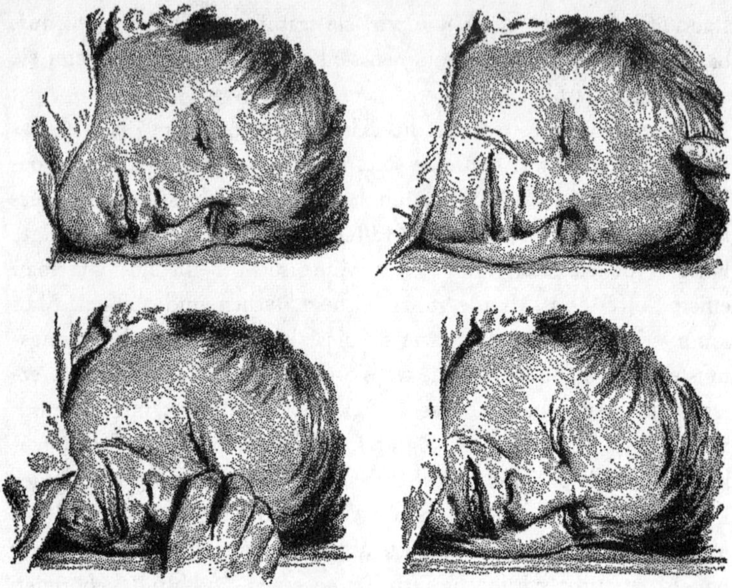

1. Gesichtsausdrücke eines taub und blind geborenen neunjährigen Mädchens. Obere Reihe: links ausgeglichene Stimmung, rechts lächelnd; untere Reihe: weinend. Nach Filmaufnahmen des Verfassers.

schlecht behandelt wurden. Im Gegenteil, jedermann ist ja bemüht, zu diesen Kindern nett zu sein.

Die Informationen, die wir von den taubblinden Kindern erhalten können, sind jedoch begrenzt, da viele der komplizierteren menschlichen Verhaltensweisen, wie sie etwa beim Grüßen und Flirten auftreten, über das Auge und das Ohr ausgelöst werden. Diese Eingangspforten sind jedoch bei den Taubblinden verschlossen, und es fehlt daher die Möglichkeit, mit ihnen zu experimentieren. Daß viel mehr angeboren ist, als man gemeinhin vermutet, sah ich an einem blindgeborenen zehnjährigen Mädchen, das gut hörte. Es spielte mir auf dem Klavier vor, und ich machte ihm danach ein Kompliment. Daraufhin errötete es, wendete mir kurz das Gesicht zu und senkte anschließend den Blick, genauso wie das jedes sehende Mädchen bei Verlegenheit tut.

Will man jedoch wissen, was in den komplizierteren Verhaltensweisen des Menschen an Angeborenem steckt, dann ist man im allgemeinen auf den Kulturenvergleich angewiesen. Man kann davon ausgehen, daß der Mensch bestrebt ist, kulturell abzuwandeln, was wandelbar ist. Allein auf Neuguinea werden einige hundert Dialekte gesprochen. Das hängt mit der Tendenz des Menschen zusammen, sich in Kleingruppen zunächst brauchtumsmäßig zu isolieren – eine Erscheinung, die selbst innerhalb einer ethnischen Gruppe als Klubbildung bekannt ist. Findet man nun dagegen, daß in bestimmten Situationen, etwa bei der Begrüßung oder im Verhalten der Mutter zu ihrem Kind, immer wieder die bis ins einzelne gleichen Verhaltensweisen auftreten, und zwar bei den verschiedensten Völkern, dann ist es höchst wahrscheinlich, daß es sich um angeborene Verhaltensmuster handelt. Schon Charles Darwin ging von dieser Annahme aus und legte damit den Grundstein zu einer vergleichenden Ausdrucksforschung. Ihm fehlte aber das Mittel der objektiven Verhaltensdokumentation; es gab zu seiner Zeit noch keinen Film. Das ist nun schon seit langem anders, und der Mensch gehört heute sicherlich zu den am meisten gefilmten Wesen der Erde. Man möchte also meinen, es sei ein leichtes, die oben gestellte Frage nach den angeborenen Elementen im menschlichen Verhalten zu prüfen. Man braucht sich ja nur aus einem der größeren Filmarchive der Psychologen oder Völkerkundler die Filme zu holen und dann etwa das Grußverhalten der verschiedenen Völker auf gemeinsame Invariable durchzusehen, wobei man natürlich Wert darauf legen muß, daß es sich um ungestellte, natürliche Dokumente menschlichen Verhaltens handelt, denn der Mensch ändert sein Verhalten erheblich, wenn er merkt, daß man ihn filmt.

Wer nun auf die eben vorgeschlagene Weise die Filmarchive auszuwerten versucht, wird solche Dokumente nur selten vorfinden. Es gibt zwar eine Unzahl von Filmen, die kulturelle Tätigkeiten, wie Mattenweben, Werkzeugherstellen oder gestellte Tänze zeigen. Aber wie man einander begrüßt, wie man flirtet oder ein Kind herzt, dergleichen hat man kaum unbemerkt aufgenommen.

In den letzten Jahren habe ich mich in Zusammenarbeit mit

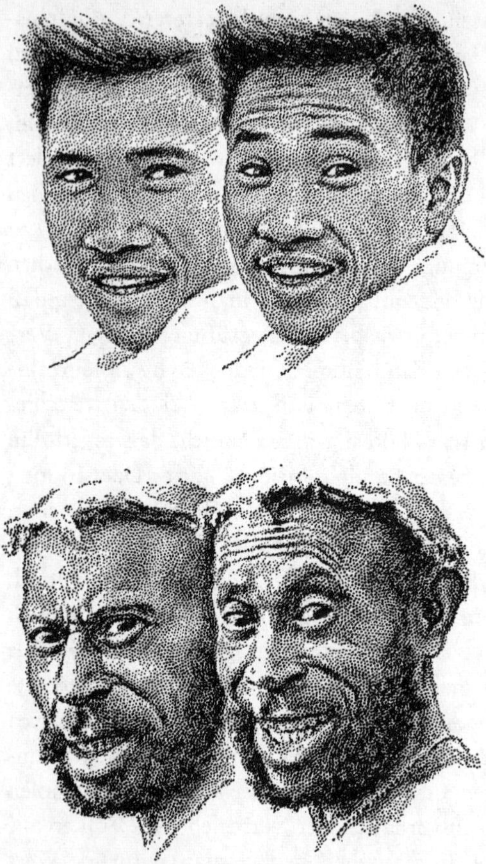

2. Beim Augengruß werden die Brauen für etwa $^1/_6$ einer Sekunde ruckartig hochgehoben. Die Folge der in Abb. 2 und 3 dargestellten Personen zeigt jeweils den Gesichtsausdruck bei Aufnahme des Blickkontaktes und beim Augengruß. Sie wurden nach Filmaufnahmen gezeichnet. Oben: Balinese; darunter: Papua (Woitapmin). Nach Aufnahmen des Verfassers.

meinem Freunde Hans Hass um die Erarbeitung solcher Dokumente bemüht[50, 72]. Mit einfachen Spiegelobjektiven filmten wir Menschen ohne deren Wissen in den verschiedensten Erdteilen. Zu jedem filmischen Dokument vermerkten wir im Protokoll, was die Person vor und nach der Aufnahme tat und in welchem sozialen Zusammenhang die betreffende Verhaltensweise auftrat, denn nur damit vermeidet man die Fehlerquellen einer subjektivistischen Interpretation. Der Vergleich dieser Dokumente erbrachte nun Übereinstimmungen, die bis in die Einzelheiten des Bewegungsablaufes gehen. So gilt bei den verschiedensten Völkern ein schnel-

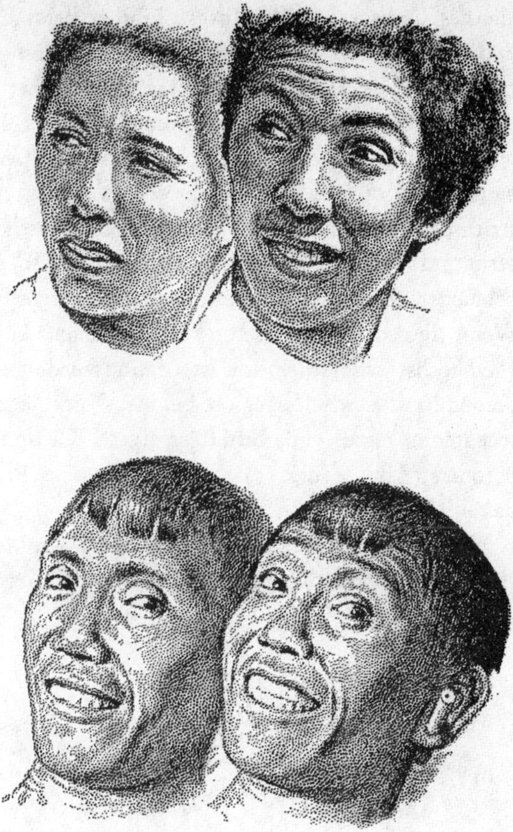

3. Augengruß.
Oben: Französin (nach Aufnahmen von H. Hass); darunter: Waika-Indianer (nach Aufnahmen des Verfassers).

les Heben und Senken der Augenbrauen, verbunden mit einem Lächeln und oft auch mit Zunicken, als ausgesprochen freundlicher Gruß auf Distanz (Abb. 2 und 3; siehe auch S. 197).

Viele der uns angeborenen Bewegungsweisen sind stammesgeschichtlich altes Erbe, was die Tatsache bezeugt, daß wir sie mit den uns nächst verwandten Menschenaffen teilen. Beim Drohen rollen wir die Arme einwärts und heben die Schultern an. Gleichzeitig verkürzen sich die kleinen Muskeln, welche die Haare an Armen, Rücken und Schultern aufrichten, was wir als leichten Schauer verspüren. Beim Schimpansen finden wir ein formal gleiches Drohverhalten. Nur sträubt er beim Drohen seinen Pelz und ändert damit eindrucksvoll sein Erscheinungsbild. Die Stellung hat bei uns die Reduktion des Haarkleides überdauert. Sicher wurden auch bei unseren Menschenahnen einst die Haare aufgerichtet, wobei sich im Zuge der Aufrichtung des Körpers einige Besonderheiten entwickelten. Leyhausen[121] wies darauf hin, daß der Haarstrich bei uns Menschen – anders als bei Menschenaffen – an Schultern und Oberarm aufwärts gerichtet ist, so daß sich bei stark behaarten Menschen auf den Schultern richtige Haarbüschel bilden. Wenn dies schon bei unseren stärker behaarten Vorfahren so war, was höchst wahrscheinlich ist, dann wurde beim Haaresträuben besonders die Schulterregion betont. Noch heute neigt der Menschenmann dazu, seine Schultern durch Kleidung und Schmuck zu betonen (Abb. 4 und 5). Eine angeborene Präferenz dürfte ihn dabei leiten.

Weitere Drohbewegungen, die wir mit den Menschenaffen teilen, sind das Aufstampfen mit den Füßen bei Ärger und das Zeigen

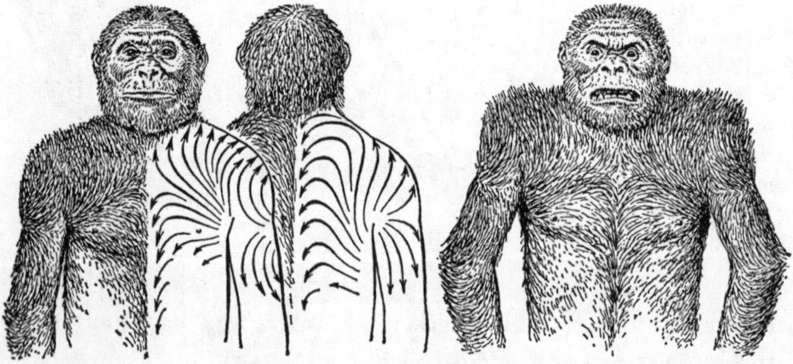

4. Der Haarstrich des heutigen Menschen verläuft so, daß wir beim Haaresträuben vor allem den Schulterumriß vergrößern würden, hätten wir noch einen Pelz. Bei unseren Vorfahren war dies höchstwahrscheinlich der Fall, wie das eine Rekonstruktion nach P. Leyhausen hypothetisch darstellt. In der Rekonstruktion wird der Verlauf des Haarstriches des modernen Menschen an Vorderseite und Rückenseite auf einen hypothetischen Vorfahren übertragen und dessen vermutliches Aussehen beim Haaresträuben gezeigt. Stark behaarte Menschen haben noch heute Haarbüschel an den Schultern. Auch nach dem Abbau des Haarkleides blieb beim Menschenmann die Neigung erhalten, seine Schultern zu betonen.

5. In den verschiedensten Kulturen neigt der Menschenmann dazu, seine Schultern modisch zu betonen. Oben: Waika-Indianer; Mitte: Kabuki-Schauspieler (Japan) (beide nach Aufnahmen des Verfassers); darunter: Alexander II. von Rußland (nach einem zeitgenössischen Porträt).

der Eckzähne bei Wut. Das Zähnezeigen ist besonders interessant. Die mit besonders langen oberen Eckzähnen ausgestatteten Paviane ziehen beim Drohen die Unterlippe im Mundwinkel weit herab, so daß die Eckzähne in ihrer ganzen Länge entblößt werden. Das

6. Beim Drohen zieht der Mandrill die Lippenwinkel herab, so daß der obere Eckzahn in seiner vollen Länge sichtbar wird. Das tun wir Menschen ebenfalls, obgleich unsere Eckzähne keineswegs mehr so lang sind. Oben links: Mandrill; rechts: Kabuki-Schauspieler, Wut mimend (beide nach Aufnahmen des Verfassers); links: wütendes Mädchen (nach einer Aufnahme aus E. v. Eickstedt, Forschung am Menschen, Stuttgart 1963).

tun wir ebenfalls, obgleich wir gar keine langen oberen Eckzähne besitzen. Die Bewegungsweise hat die Reduktion des ursprünglich zur Schau getragenen Organs überdauert (Abb. 6).

Wir werden in den folgenden Kapiteln weitere angeborene Bewegungsweisen des Menschen beschreiben. Hier genügt die Feststellung, daß es stammesgeschichtliche Anpassungen in der menschlichen Motorik gibt und daß manche davon offenbar recht alt sind.

b) Das angeborene Erkennen

Ein Frosch, der eben noch als Kaulquappe im Teich umherschwamm, schnappt unmittelbar nach seiner Verwandlung nach kleinen sich bewegenden Insekten, ohne daß er das erst lernen müßte. Ruhig sitzende Insekten erkennt er allerdings nicht als Beute. Prüft man nun mit verschiedenen Attrappen, was die Beutefanghandlungen eigentlich auslöst, so wird man sehen, daß der Frosch nach jedem kleinen sich bewegenden Objekt schnappt, auch nach Blättchen oder Steinchen. Der Trieb, nach solchen bewegten Dingen zu schnappen, ist ihm also angeboren, und wenn nicht gerade ein Verhaltensforscher am Werke ist, führt solches Verhalten den Frosch auch zum Ziel, denn in seinem natürlichen Lebensraum bewegen sich vor allem Insekten.

Die Fähigkeit, auf bestimmte »Schlüsselreize« mit Beutefanghandlungen zu reagieren, erfordert besondere Reizempfangs- und Verarbeitungsapparaturen, die quasi als Reizfilter auf bestimmte Reize oder Reizkombinationen abgestimmt sind. Wir nennen sie »angeborene Auslösemechanismen«. Über solche Auslösemechanismen werden auch sehr viele der sozialen Verhaltensweisen (Balz, Kampf) aktiviert, und in solchen Fällen fand nicht nur eine empfängerseitige Anpassung an die vom Artgenossen ausgesandten Signale statt, sondern dieser entwickelte seinerseits besondere Sendeeinrichtungen als »Auslöser«. Das können körperliche Strukturen (Kämme, Mähnen), Farbmerkmale, Düfte, Lautäußerungen oder auch Bewegungen (Ausdrucksbewegungen) sein. Beim Zaunleguan lösen die blauen Seitenstreifen der Männchen das Kampfverhalten des gleichgeschlechtlichen Artgenossen aus. Weibchen, denen man künstlich blaue Streifen auf die grauen Seiten malt, werden wie Rivalen bekämpft. Rotkehlchen erkennen den Rivalen am roten

Kehlfleck, und sie bekämpfen auch ein rotes Federbüschel, das man auf einem Ast in ihrem Revier montiert[115]. Puten erkennen ihre Jungen nur am Ruf und töten stumme Küken, betreuen jedoch einen ausgestopften Iltis, dessen eingebautes Mikrophon Kükenrufe abstrahlt[164]. Von Geburt an isolierte Rhesusaffen ziehen Bilder von Artgenossen, die man gegen die Käfigwand projiziert, anderen Bildern vor. Sie äußern Kontaktlaute, fordern zum Spielen auf und lernen nach Erlöschen der Projektion schnell, sich diese Bilder durch Drücken eines Hebels selbst zu projizieren. Im Alter von zwei Monaten erkennen diese sozial unerfahrenen Rhesusaffen auch den Ausdruck von Artgenossen. Das Bild eines drohenden Affen löst dann Zurückweichen und Angstlaute aus, und die Rate der Selbstdarbietung sinkt, wenn sie dieses Bild sehen, rapide ab. Dieses Ausdrucksverstehen muß auf einen angeborenen Auslösemechanismus zurückgeführt werden, denn die Affen sahen ja nie ihresgleichen[159].

Daß wir blind auf einfachste Attrappen reagieren, spricht dafür, daß wir Menschen ebenfalls mit angeborenen Auslösemechanismen ausgerüstet sind. Wir empfinden zum Beispiel bestimmte Merkmale des Menschenbabys als »herzig«, wobei das Wort bereits ausdrückt, daß wir die Neigung verspüren, das Kind aufzunehmen und es zu herzen. Die Merkmale des Herzigen sind runde Pausbacken, eine im Verhältnis zum kleinen Gesicht hohe vorgewölbte Stirn, relativ große Augen, ein kleiner Saugmund, ein im Verhältnis zum Rumpf großer Kopf, rundliche Körperformen und anderes mehr[123]. Bemerkenswert ist nun, daß diese Merkmale im Attrappenversuch, auch wenn sie einzeln geboten werden, überaus stark wirken. Kürzlich sah ich einfach gedrechselte Katzenfiguren, deren auffälligstes Merkmal zwei gewaltige Pausbacken waren. Dieses Kindchenmerkmal allein genügt, um dem Objekt einen freundlichen ›Appeal‹ zu geben und es damit verkäuflich zu machen. Die Pausbacken des Kleinkindes sind wohl eigens zu Auslösern, das heißt im Dienste der Signalsendung, differenzierte Strukturen; eine mechanische Aufgabe beim Saugen ist nicht nachzuweisen. Auch andere Merkmale des Kleinkindes lassen sich mit Erfolg isoliert

7. Das Kindchenschema: Die Kleinkindmerkmale (in Relation zum Rumpfe großer Kopf, hohe vorgewölbte Stirn, Pausbacken, kurze rundliche Extremitäten, Saugmund usw.) werden bei den von der Industrie angebotenen Püppchen oft extrem übertrieben, was die betreuungsauslösende Wirkung dieser »niedlichen« Objekte steigert. Auch die kindlichen Merkmale der Frau werden neben den sexuellen Merkmalen gerne übertrieben (siehe auch S. 117).

darbieten, ja übertrieben wirken sie gelegentlich sogar als übernormales Objekt. Charakteristisch für ein Kleinkind ist, wie erwähnt, auch die Kopf-Rumpf-Relation: Auf einem relativ kleinen Rumpf sitzt ein großer Kopf. Walt Disney, ein Meister des Attrappenversuchs, hat zum Beispiel ein Hündchen geschaffen, das mit einem übergroßen Kopf und einem winzigen Rumpf durch seine Comics spaziert. Es wirkt ausgesprochen niedlich. Süß finden wir Disneys Bambi, das Reh mit der übertrieben gewölbten Stirn. Auch das Merkmal des Tolpatschigen (die mangelnde Koordination) wird von ihm genützt. Wir können ferner darauf hinweisen, daß Schoßtiere, die von alleinstehenden älteren Damen zur Abreaktion ungestillter Brutpflegebedürfnisse gehalten werden, Kindchenmerkmale aufweisen, man denke etwa an die Pekinesen oder Möpse (Abb. 7). Und beobachtet man das Partnerverhältnis, dann stellt man fest, daß die Besitzer die Tiere hätscheln und mit ihnen sprechen, als handle es sich um kleine Kinder.

In ähnlicher Weise dürften angeborene Auslösemechanismen auf unser Mimikverstehen einwirken, denn auch in diesem Bereiche sprechen wir auf einfachste Attrappen an. Ein Adler erscheint uns zum Beispiel deshalb als kühn, weil er durch seine überdachten Augen, die enge Mundspalte und die am Schnabelgrund »verächtlich« herabgezogenen Mundwinkel den Ausdruck eines kühnen Menschen vortäuscht, der ein entferntes Ziel entschlossen fixiert. Ein solcher Mensch runzelt die Brauen, als beschatte er die Augen, um deutlich in die Ferne zu sehen, und er preßt wie bei Kraftanstrengung die Mundspalte zusammen, wobei er die Mundwinkel herabzieht.

Ein hochmütiger Mensch hebt den Kopf an, so daß die Nase in Relation zum Auge hoch liegt, gleichzeitig senkt er die Lider, und oft atmet er auch aus, als lehne er alle vom verachteten Gegner kommenden Sinnesreize in gleichsam ritualisierter Form ab. Das ganze Verhalten ist als ritualisierte Rückzugsbewegung zu deuten. Beim Kamel bringt es die besondere Lage des Labyrinthes mit sich, daß es immer »hochnäsig« schaut. Wider besseres Wissen, daß dies keineswegs einen bestimmten Gefühlszustand des Tieres widerspiegelt, finden wir das Tier unsympathisch. Freundlich muten uns wiederum jene Tiere an, die durch irgendeine Struktur oder Zeichnung nach oben geschürzte Mundwinkel aufweisen [123].

Für die sexuellen Signale gilt Entsprechendes. Erwähnt sei,

daß neben Merkmalen, die wir mit dem Gesichtssinn wahrnehmen (etwa Schulterbreite des Mannes, Brust der Frau), auch geruchliche Signale eine Rolle spielen. So hat LeMagnen[120] festgestellt, daß Frauen bestimmte Moschussubstanzen wahrnehmen, die Männer nicht riechen können. Erst wenn man Männern das weibliche Hormon Östrogen injiziert, können sie es auch. Die Riechschwelle der Frauen zeigt Schwankungen im Ovulationszyklus. Mit der Menopause erlischt die Fähigkeit, diese Geruchsstoffe wahrzunehmen. Man kann vermuten, daß Männer Geruchsstoffe ähnlicher Art abgeben, ohne es selbst zu merken. Bemerkenswert ist in diesem Zusammenhang, daß es im Mittelmeergebiet Tanzformen gibt, bei denen die Männer vor ihren Erwählten Tüchlein schwenken. Oft tragen sie dieselben vor dem Tanze in der Achselhöhle und imprägnieren sie auf diese Weise mit ihrem Duft.

Wenn Menschen etwas wahrnehmen, was ihr Interesse erweckt, dann erweitern sich ihre Pupillen. Zeigt man normalen männlichen Versuchspersonen in einer Folge von Diapositiven Aufnahmen nackter Mädchen, dann erweitert sich ihre Pupille. Homosexuelle sprechen dagegen auf Männerbilder mit starker Pupillenreaktion an. Diese automatische Reaktion wirkt nach Hess[76] wie ein Lügendetektor und eignet sich daher für die Prüfung von Attrappen. Coss[30] hat mit dieser Methode die Wirksamkeit von künstlichen Augenflecken geprüft und festgestellt, daß zwei nebeneinander gemalte Augenflecken stärkere Aufmerksamkeit auslösen als drei oder nur einer. Ferner wirken sie horizontal geboten stärker als schräg oder vertikal. Wir werden auf die große Bedeutung der Augen im menschlichen Sozialkontakt noch eingehen. Gezähnte Muster lösen (gemessen an der Pupillenerweiterung) ebenfalls stärkere emotionelle Antworten aus als gerundete Muster. Das könnte ein angeborenes Ansprechen auf das Zahnmuster etwa eines Raubtiergebisses sein. Die aufmerksamkeitserregende Wirkung solcher Signale wird von der Reklame als Blickfang benützt; so wird etwa im Worte OMO* Augenfleck und Zahnmuster heran-

* Bezeichnung eines Waschmittels.

gezogen, um die Aufmerksamkeit zu erwecken*. In unserem Sprechrhythmus sind in der Sprachmelodie und im Aufbau gewisse Schlüssel gegeben, auf die wir klischeehaft ansprechen. Einige Merkmale der Sprachmelodie sind über die Kulturen hinweg gleich. Politische Redner verstehen es nicht nur durch Benützung der immer gleichen Schlagworte, sondern auch durch Rhythmus und Tonfall ihrer Rede die Zuhörer zu »spontanem« Beifall hinzureißen und über so aktivierte kollektive Aggressionen den Zusammenhalt der Gruppe zu festigen.

Demagogen und Reklamefachleute haben ohne biologische Kenntnisse in ähnlicher Weise durch das richtige Präsentieren entsprechender Schlüsselreize den freien Willen von Einzelmenschen und von Menschengruppen zu beeinflussen vermocht. Daß eine solche Beeinflussung nicht immer und unbedingt dem allgemeinen Wohle dient, ist eine Tatsache. Will sich der Mensch nun gegen eine solche Beeinflussung, die seine Triebmechanismen mißbraucht, schützen, dann ist zuallererst eine genaue Kenntnis eben dieser Triebmechanismen und der sie auslösenden Reize notwendig.

c) Antriebe

Tiere warten im allgemeinen nicht passiv darauf, daß sich etwas ereignet, sie sind vielmehr von sich aus aktiv. Besondere innere Antriebe bewirken ein Suchverhalten, und bietet man dem Tier experimentell verschiedenes dar, dann kann man feststellen, wie das Tier gestimmt ist. Ist es hungrig, dann wird es nur nach Freßbarem ausschauen, anderes jedoch nicht beachten. Ist es durstig, dann wird es Wasser suchen; ist es aggressiv gestimmt, wird es nach einem Rivalen, und ist es sexuell gestimmt, nach einem Geschlechtspartner Ausschau halten. Die physiologischen Mechanis-

* Starrende Augen wirken bedrohlich, und bannende Augenflecken finden daher als Abwehraugen auf Uniformen, Schiffen, Häusern und dergleichen vielfältige Verwendung (O. Koenig: Verhaltensforschung und Kultur. In: Kreatur Mensch, München [H. Moos] 1969).

men, die solche spezifischen Handlungsbereitschaften bewirken, sind zum Teil gut erforscht. Sehr vielen angeborenen Verhaltensweisen sind spontan aktive motorische Zellgruppen im Zentralnervensystem zugeordnet, die ständig nach motorischer Entladung drängende Impulse erzeugen. Die zentral produzierte Erregung kann sich aufstauen und ist Ursache für die Rastlosigkeit des Tieres, das nach auslösenden Reizsituationen sucht, die es erlauben, die gestauten Impulse in bestimmten Bewegungen abzureagieren. Findet es keine Gelegenheit dazu, dann kann das Verhalten auf Grund des inneren Triebstaus an Ersatzobjekten und im Extrem sogar ins Leere ablaufen. Ein gut gefütterter Star, der keinerlei Gelegenheit hat, Insekten zu fangen, fliegt von Zeit zu Zeit spontan von seiner Sitzstange hoch, schnappt nach nicht Vorhandenem, kehrt zu seinem Sitzplatz zurück, macht die Totschlagbewegung und schluckt danach im Leerlauf [122].

Auch wir Menschen werden von inneren Antrieben bewegt. Wir werden hungrig und durstig, und unsere sexuelle Bereitschaft unterliegt Schwankungen, die auf physiologische Prozesse in uns selbst zurückzuführen sind. Manche unserer Antriebe wirken sich im modernen Gesellschaftsleben störend aus, so der Aggressionstrieb, der bei den höheren Wirbeltieren eine wichtige Aufgabe erfüllt (S. 84), in der modernen menschlichen Gesellschaft jedoch viel von seiner ursprünglichen Bedeutung verloren hat. Ja, er ist sogar zu einer eminenten Gefahrenquelle geworden, denn die innere Motivation drängt den Menschen zur Abreaktion dieses Triebes, während innerhalb der Gesellschaft nicht immer die adäquaten Möglichkeiten dazu vorhanden sind. In Unkenntnis der biologischen Zusammenhänge projiziert der Mensch den periodisch anfallenden Ärger nach »außen« – im persönlichen Zusammenleben zum Beispiel gegen die ihm Nächststehenden und im Rahmen des größeren Verbandes gegen Minoritäten und Nachbarvölker. Da heute die Erhaltung des Weltfriedens zu einem Existenzproblem für die Menschheit geworden ist, ist die Erforschung der dem Aggressionsverhalten zugrunde liegenden Strukturen, wie schon eingangs betont, dringend geboten.

Der Mensch hat sicherlich nicht weniger angeborene Antriebe als andere höhere Säuger, eher sogar mehr. Er besitzt zum Beispiel einen Sprechtrieb – selbst taub geborene Kinder beginnen zu lallen. Auch sind manche Antriebe stärker entwickelt als bei Tieren; man denke an unseren Neugiertrieb, der das Lernen motiviert.

d) Angeborene Lerndispositionen

In einer sich nur wenig ändernden Umwelt könnten Lebewesen mit starren Vorprogrammierungen zurechtkommen. Wechselnde Bedingungen erfordern jedoch eine individuelle Anpassungsfähigkeit im Verhalten. Tiere müssen Erfahrungen verwerten, das heißt lernen können, und zwar das im Sinne der Arterhaltung Richtige zur rechten Zeit. Um das zu können, muß das Tier so programmiert sein, daß es vor aller Erfahrung Belohnung und Strafreiz erkennt. Und was das jeweils ist, wechselt von Art zu Art. Auch werden nicht alle Reize von einem Tier in gleicher Weise assoziiert. Erzeugt man bei Ratten durch Injektion einer Droge Übelkeit, dann assoziieren sie das mit dem Futter, das sie zuvor gefressen haben und nicht mit Gehörs- und Gesichtseindrücken, die sie zur gleichen Zeit empfingen. Wohl aber verbinden sie Schmerzempfindungen mit solchen Reizen. Ein solches selektives Assoziieren erfordert besondere stammesgeschichtliche Anpassungen [64].

Tiere erweisen sich als spezifisch lernbegabt, sowohl was die zu lernende Sache als auch den Zeitpunkt des Lernens und die Fähigkeit des Behaltens betrifft. So gibt es Vögel, die ihren Gesang lernen müssen. Einige erkennen aber angeborenermaßen, was sie nachahmen »sollen«. Spielt man ihnen verschiedene Gesänge vor, die man auf Tonband aufnahm, dann wählen sie den Artgesang zum Vorbild. Oft wird nur in einer bestimmten sensiblen Periode gelernt und an dem einmal Gelernten festgehalten. Manche Vögel lernen zum Beispiel das Objekt der sexuellen Triebhandlungen in früher Jugend, lange vor dem Eintritt der Geschlechtsreife. Dohlen und Puter, die man von Hand aufzieht, balzen später Menschen an, auch wenn sie in der Zwischenzeit mit Artgenossen zusammenlebten[161].

Immelmann[91] ließ männliche Zebrafinken von Mövchen aufziehen. Nach drei Monaten trennte er sie von ihren Stiefeltern und setzte sie mit Weibchen der eigenen Art zusammen, mit denen sie sich schließlich auch verpaarten. Erst danach machte er einen Wahlversuch und ließ die Zebrafinkenmännchen zwischen Weibchen der eigenen Art und Mövchen wählen. Und da stellte sich heraus, daß die in der kurzen Zeit der Aufzucht gemachte Erfahrung die stärkere war. Die Zebrafinken wählten nunmehr Mövchen als Partner. Die in der sensiblen Phase, lange vor Eintritt der Geschlechtsreife festgelegte Prägung auf Mövchen wurde sichtbar.

Der Mensch ist ebenfalls in spezifischer Weise lernbegabt. Am auffälligsten ist wohl seine Disposition, Sprachen zu erlernen. Wir finden ferner, daß der Mensch in bestimmten Phasen seiner Jugendentwicklung spezifischen Umwelteinflüssen besonders zugänglich ist. Es gibt in der menschlichen Entwicklung sensible Perioden, in denen bestimmte ethische und ästhetische Grundeinstellungen prägungsähnlich fixiert werden, so zum Beispiel das »Urvertrauen« (S. 251). Läßt man eine solche Periode in der Entwicklung unerfüllt verstreichen, kann das zu Dauerschäden führen (S. 247). Andererseits ist die Bereitschaft des Menschen, Einstellungen prägungsartig zu fixieren, auch höchst gefährlich, und es erhebt sich die berechtigte Frage, ob man Kinder durch Erziehung politisch und religiös fixieren darf.

»Um den Kindern gegenüber fair zu sein«, schreibt Hans Hass[72], »sollte man sie über das sechzehnte Lebensjahr hinaus nur auf solche ethische Vorstellungen festlegen, die überall die gleichen sind. Man sollte sie auf die Gefahr vorzeitiger Fixierung hinweisen und ihnen klarmachen, daß Beurteilung ihr ureigenes Recht ist und eines Tages von ihnen selbst getroffen werden soll. Und zwar auch dann, wenn sie sich damit gegen die Eltern und die Gemeinschaft stellen. Natürlich ist das vorläufig ein utopisches Konzept. Aber vielleicht deutet sich eine solche Entwicklung bereits in der modernen Jugend an« (S. 206).

Manche Lerndispositionen des Menschen deuten auf altes Erbe hin. So drohen Schimpansen, indem sie durch Schlagen gegen widerhallende Objekte lärmen. Im Freien benützen sie eigene »Trommelbäume«, in Gefangenschaft schlagen sie gegen Blechtüren, und sie entwickeln dabei individuelle Fertigkeiten. Jane van Lawick-Goodall[118,119], die viele Monate in einem Schimpansengebiet in Ostafrika lebte, beobachtete, daß ein Männchen ihrer völlig zutraulichen Schimpansengruppe darauf kam, mit leeren Benzinkanistern einen Heidenspektakel aufzuführen. Es schlug auf sie ein, schob sie vor sich her und konnte zuletzt drei leere Kanister auf einmal bedienen. Das hob seinen Rang enorm. Da die Schimpansen zwar die jeweiligen Trommelmethoden lernen, da sie dies aber schließlich alle irgendwie tun, ob sie nun im Zoo oder in Freiheit aufwachsen, darf man eine angeborene Lerndisposition annehmen, vielleicht in Form spezieller angeborener Auslösemechanismen, die es dem Tier ermöglichen wahrzunehmen, wann es das im Sinne der Arterhaltung »Richtige« tut. Die lärmerzeugenden Musikinstrumente gehören mit zu den ältesten, die wir Menschen benützen, auch setzen wir sie gerne zum Drohen und Imponieren ein (Kriegstrommel); deshalb liegt es nahe, hier eine angeborene Lerndisposition zu vermuten, die wir von unseren Primatenahnen ererbten.

Altes Primatenverhalten dürfte beim Menschen des öfteren als angeborene Lerndisposition erhalten sein. So zeigen Wächterfiguren, die der Dämonenabwehr dienen, bei den verschiedensten Kulturen übereinstimmend ein phallisches Imponieren. Man deutete daher diese Figuren oft falsch als Fruchtbarkeitsdämonen, bis man die Schutzfunktion erkannte[52,195]. Interessant ist nun, daß männliches Genitalpräsentieren als territoriale Drohung und Rangdemonstration ein Verhaltensmuster verschiedener Affen ist. Weidet eine Meerkatzengruppe, dann sitzen immer einige Männchen mit dem Rücken zur Gruppe auf Wache und stellen dabei ihre auffallend gefärbten Genitalien zur Schau. Kommt ein fremder Artgenosse heran, dann bekommen die »Wächter« eine Erektion. – Bei vielen gekäfigten Affen kann man das gleiche sehen, wenn man an den

Käfig herantritt und so Drohen auslöst. – Die genitalpräsentierenden Wächter spielen die Rolle lebender Grenzpfähle[195]. Sie stellen außer ihrem Genitale auch ein Drohgesicht zur Schau. Dem Ursprung nach ist dieses Verhalten wohl als ritualisierte Aufreitdrohung zu deuten. Bei sehr vielen Säugern ist das männliche Aufreiten eine Rangdemonstration, die gelegentlich auch von den Weibchen rangniederen Artgenossen gegenüber gezeigt wird.

Als Disposition ist das auch beim Menschen nachzuweisen. A. Festetics (mündl. Mitteilung) erzählte mir, daß ungarische Hirtenbuben fremde Jungen, die in ihr Territorium eindringen, vergewaltigen. Kosinski[103] schreibt dasselbe von polnischen Hirtenbuben in einem Roman. Im Juli 1962 wurde Zeitungsmeldungen zufolge der französische Konsul von den siegreichen Algeriern durch Vergewaltigung gedemütigt. Zu den Aufnahmeriten französischer Jugendbanden gehört, daß der Chef den Aspiranten anal koitiert (Roumajon nach Wickler)[198]. In diesem Zusammenhang sind auch die Initiationsriten mancher Colleges bemerkenswert. Aspiranten einer Bruderschaft der Cornell-Universität (USA) müssen sich in einem dunklen Raum ausziehen und mit dem Rücken zu den Senioren aufstellen. Dann wird ihnen gesagt, sie müßten sich verbeugen, was einem Präsentieren der Kehrseite gleichkommt. Sie bringen zu dieser Zeremonie etwa 12 cm lange Nägel mit, die sie mit Vaseline einfetten und dann den Senioren übergeben müssen. Während sie sich verbeugen, halten sie eine Hand auf, um ihre Nägel wieder zu empfangen. Sie bekommen statt dessen jedoch eine Dose Bier, das Licht geht an und ein Gelage beginnt[185]. Bei Raufereien Jugendlicher beobachtet man Aufreiten von hinten, Umklammern und gelegentlich auch kräftige Lendenstöße. All das weist darauf hin, daß Aufreiten bei uns eine Dominanz- und Drohgeste ist. Davon ist vielleicht das Exhibitionieren abgeleitet, denn Untersuchungen zeigen, daß viele der Exhibitionisten keineswegs in ihrem Sexualverhalten gestört sind. Sie wollen ihr Gegenüber nicht anlocken, sondern erschrecken. Dieser Exhibitionismus ist normalerweise bei Männern unterdrückt, in manchen Männertrachten aber immerhin noch offensichtlich[198]. Generell scheint das

Verhalten selbst einer Rudimentation (S. 45) zu unterliegen, doch äußert sich die Disposition unter anderem kulturell in verschiedenen Gestaltungen.

In den verschiedensten Kulturkreisen schnitzen Menschen Figuren, die ein Drohgesicht und einen erigierten Penis zeigen. Sie werden an Hauseingängen, auf Feldern oder im Hausinnern als Wächter aufgestellt. Solche Figuren sind aus der Alten und Neuen Welt, aus Afrika, Asien und Polynesien bekannt, Wickler[195] deutete sie erstmals richtig. Ich sammelte solche »Fruchtbarkeitsdämonen« auf Bali und erfuhr von jenen, die sie benützen, daß sie wirklich zum Schutze des Hauses und der Felder dienten. Kürzlich erwarb ich in Japan kleine Amulette, die man wohl auch leicht als Fruchtbarkeitsamulette deuten würde, zumal man sie bei einigen Tempeln anläßlich der Fruchtbarkeitsfeste kaufen kann. Diese Amulette zeigen häufig ein Drohgesicht, und öffnet man an der Rückseite einen Schieber, dann findet man einen geschnitzten Penis in einem kleinen Schrein. Ordentlich wie die Japaner sind, schreiben sie auf der Rückseite noch, wogegen das Amulett schützt, und da liest man: gegen Automobilunfälle! Also auch hier wieder die Schutzfunktion. Letztlich sind ja an allen schlimmen Ereignissen böse Geister schuld (Abb. 8).

So kann man selbst in Kultgegenständen alte angeborene Dispositionen entdecken, und manch anderes in unseren kulturellen Äußerungen mag in ähnlicher Weise vorgeformt sein. Man weiß es im einzelnen noch nicht, hier bietet sich der vergleichenden Forschung ein weites unbeackertes Feld. Einige Hinweise werden wir noch diskutieren.

Bei aller Lückenhaftigkeit unseres Wissens ist jedoch bereits jetzt erwiesen: Die milieutheoretische Behauptung, der Mensch werde allein durch seine Umwelt geformt, trifft nicht zu. Insbesondere im Bereich seines Sozialverhaltens ist er zu einem entscheidenden Anteil vorprogrammiert. Es sind ihm eine Reihe von Bewegungsweisen als Erbkoordinationen angeboren; er ist mit Antriebsmechanismen ausgerüstet und mit angeborenen Auslösemechanismen, die es ihm erlauben, bestimmte auslösende Reizsituationen vor aller Erfahrung zu erkennen, das heißt in arterhaltend sinnvoller Weise

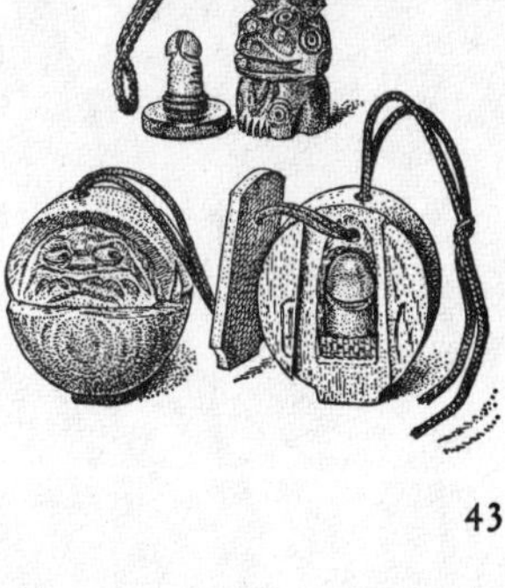

8. Das phallische Drohen der Primaten: Links: Papua mit Phallokrypt; rechts: Wache sitzender Mantelpavian, darunter: Wächterfiguren aus Bali; zuunterst: phallische Schutzamulette aus Japan. Nach Sammelstücken des Verfassers (siehe auch I. Eibl-Eibesfeldt und W. Wickler 1968).

zu beantworten. Auch ist er keineswegs durch Lernen nach allen Richtungen hin gleich leicht zu beeinflussen, vielmehr bestimmen stammesgeschichtliche Anpassungen Richtung und Grenzen der adaptiven Modifikabilität seines Verhaltens. Antriebe, Lerndispositionen und angeborene Auslösemechanismen können die Neigungen des Menschen in ganz entscheidender Weise beeinflussen. Wieweit dies insbesondere für sein Sozialverhalten zutrifft, werden wir in den folgenden Abschnitten herausarbeiten. Trotz seiner stammesgeschichtlichen Anpassungen wird der Mensch zu Recht als Kulturwesen bezeichnet. Gerade die Kontrolle der ihm angeborenen Triebe wird im wesentlichen über kulturelle Kontrollmuster bewirkt. Das ist bei den Tieren ganz anders. Hier sind den Antriebssystemen im allgemeinen auch die Ablaufskontrollen angeborenermaßen zugeordnet. Im Verlauf der Menschwerdung wurden jene offenbar sekundär abgebaut, während die Antriebe intakt blieben. Der Ersatz der angeborenen Kontrollen durch kulturelle bedeutete einen Gewinn an Anpassungsfähigkeit. Ein Eskimo braucht andere Regelungen für die Ableitung aggressiver oder sexueller Impulse als ein Masai oder ein moderner Großstadtmensch. Das Freisein von starren angeborenen Mustern erlaubt es dem Menschen, sich in verschiedene Lebensräume einzunischen. Auch können sich die kulturellen Ablaufkontrollen der Änderung der Lebensbedingungen schneller anpassen. Wir leben gerade in einer Zeit, in der wir nach neuen Rezepten für die Steuerung unserer Antriebe suchen, denn die alten passen zweifellos nicht mehr für die Situation der Massengesellschaft, wie auch die spürbaren Störungen menschlichen Sozialverhaltens beweisen.

3 Stammesgeschichte und Ritenbildung

a) Mechanismen der Evolution

Jeder Organismus blickt auf eine lange Stammesgeschichte zurück, und viele seiner Eigenschaften werden erst auf Grund der Einsicht in den stammesgeschichtlichen Werdegang deutbar und verständlich. Über die Entwicklung der Körperbaumerkmale der Tiere sind wir heute durch die vergleichend anatomischen Untersuchungen und durch die Auswertung der Fossilfunde gut informiert. Die Tatsache der Evolution ist allgemein anerkannt. Man diskutiert allerdings noch, ob das Mutations- und Selektionsprinzip allein ausreicht, um die rasche Evolution zu erklären, oder ob man zusätzlich noch andere Evolutionsfaktoren annehmen muß. Des öfteren wird auch die Frage aufgeworfen, ob hinter der stammesgeschichtlichen Entwicklung irgendwelche richtungweisenden Faktoren stehen und ob man auch für das *Verhalten* eine kontinuierliche Entwicklung bis zum Menschen hin annehmen könne.

Überblicken wir das Evolutionsgeschehen an Hand der Fossilien, dann stellen wir zunächst einmal fest, daß von den im Erdaltertum lebenden Tierarten nur ein geringer Prozentsatz heute noch lebende Nachkommen hat. Die Mehrzahl ist ausgestorben. Immer wieder verirrte sich der Lebensstrom in Sackgassen, was nach einem blinden Abtasten der Möglichkeiten aussieht. Die vergleichende Anatomie und Physiologie lehrt ferner, daß alle Organismen ihre Geschichte als »historische Belastung« mit sich schleppen. Sie sind das Ergebnis zahlreicher Umstrukturierungen. Aus wasserlebenden Wirbeltieren entwickelten sich Landwirbeltiere, die ihren alten Blutkreislauf umbauten, aber nicht völlig neu konzipierten. Technisch bessere Lösungen wären denkbar[106]. Nicht mehr Gebrauchtes verkümmert zum oft störenden Überbleibsel (Rudiment).

Über den Mechanismus der Evolution sind wir heute ganz gut unterrichtet. Schon Darwin stellte fest, daß Eltern zwar ihre Eigenschaften auf die Nachkommen vererben, daß es dabei aber eine gewisse Streuung gibt. Nicht alle Nachkommen eines Paares sind einander gleich. Manche erweisen sich an bestimmte Umweltanforderungen besser angepaßt als ihre Geschwister, und sie werden daher im Wettstreit mit jenen erfolgreicher sein und mehr Nachkommen erzeugen, während die schlechter angepaßten einer negativen Auslese anheimfallen und weniger Nachkommen haben. Auf diese Weise wird die Entwicklung einer Art in Richtung auf bessere Angepaßtheit vorangetrieben, wobei jede erbliche Änderung, die einen Auslesevorteil mit sich bringt, als Anpassung gilt. Eine Angepaßtheit *ergibt* sich, sie ist nicht das Ergebnis einer darauf abzielenden Entwicklung.

Die chemischen Grundlagen der Vererbung sind die Desoxyribonukleinsäuren (DNS) des Zellkerns, die aus zwei langen miteinander verzwirnten Ketten von Bausteinen bestehen. Jeder Baustein ist seinerseits aus einem Zuckermolekül, einer Phosphatgruppe und einer der vier Basen Adenin (A), Guanin (G), Cytosin (C), und Thymin (T) zusammengesetzt. Die beiden DNS-Stränge werden über diese Basen verbunden, wobei sich komplementär immer A mit T und C mit G vereinen. Die lineare Folge dieser Basenpaare stellt die Schrift dar, in der die Entwicklungsrezepte für den Organismus festgehalten sind. Sie steuern die Eiweißsynthese der Zelle, die auf diese Weise die Schrift in Merkmale übersetzt. Jede Änderung in der linearen Aufeinanderfolge der Basen bedeutet eine Änderung des Erbrezeptes. Die Änderungen (Mutationen) erfolgen in den verschiedensten Richtungen, wobei die Mutationsrate nie sehr hoch ist, so daß die Art relativ konstant bleibt und am Bewährten festhält. Andererseits werden genügend neue Erbvarianten »ausprobiert«, indem die geänderten Träger der mutierten Erbanlagen mit anderen in Wettstreit treten. Die Abweichung des mutierten Tieres von der Norm kann erheblich sein. In Fruchtfliegenpopulationen treten immer wieder spontan flügellose Individuen auf. Mutanten dieser Art sind im allgemeinen nicht kon-

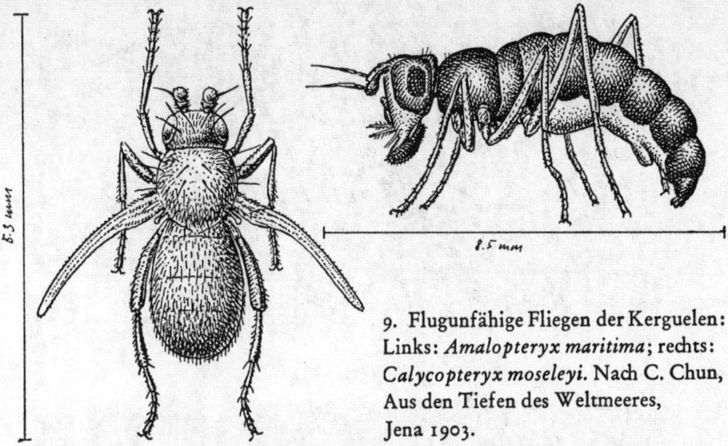

9. Flugunfähige Fliegen der Kerguelen: Links: *Amalopteryx maritima*; rechts: *Calycopteryx moseleyi*. Nach C. Chun, Aus den Tiefen des Weltmeeres, Jena 1903.

kurrenzfähig. Aber gelegentlich haben selbst solche Außenseiter eine Chance. Auf den sturmumbrausten Kergueleninseln gibt es flugunfähige Fliegen und Falter, die wohl nach diesem Gesetz entstanden sein müssen; flugfähige Insekten fehlen dagegen, sie würden allzuleicht vom Winde verblasen (Abb. 9). Unter diesen ganz ungewöhnlichen Bedingungen erweisen sich die Flugunfähigen als besser »angepaßt«. Alle Flügellosigkeit herbeiführenden Mutationen waren also von positivem Selektionswert. Die entsprechenden Mutanten setzten sich im Laufe der Generationen durch. Solche Vorgänge können wir auch anderswo beobachten. Der Birkenspanner ruht mit ausgebreiteten Flügeln auf Birkenstämmen, zu denen er durch seine helle Färbung ausgezeichnet paßt. Gelegentlich gibt es allerdings dunklere Falter, aber die heben sich von den hellen Stämmen ab und werden daher schnell von den Vögeln gefressen. In englischen Industriegebieten allerdings änderten sich die Verhältnisse mit der Industrialisierung. Die angerußten Stämme sind dunkel, und nun fallen die hellen Schmetterlinge auf. Die dunklen dagegen entgehen den Nachstellungen und überleben. Heute überwiegen in einigen Gebieten bereits die dunklen Birkenspanner (Abb. 10). So bestimmt die Auslese, was jeweils Anpassung ist. Sie bestimmt die Richtung der Evolu-

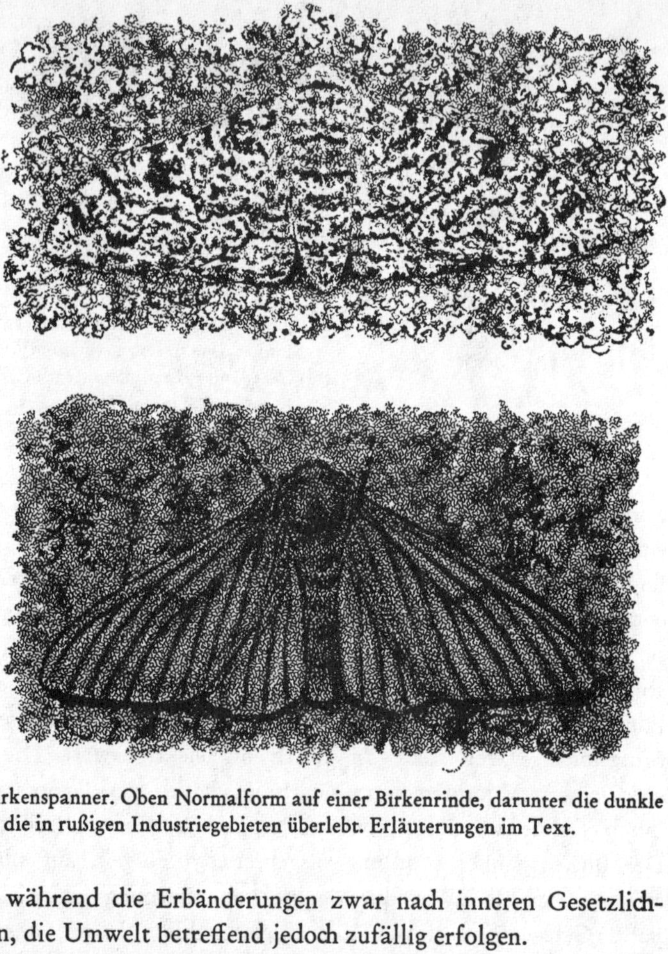

10. Birkenspanner. Oben Normalform auf einer Birkenrinde, darunter die dunkle Form, die in rußigen Industriegebieten überlebt. Erläuterungen im Text.

tion, während die Erbänderungen zwar nach inneren Gesetzlichkeiten, die Umwelt betreffend jedoch zufällig erfolgen.

Jeder Lebensraum bietet einer ganzen Reihe von Lebewesen Existenzmöglichkeiten. In unseren Gärten leben zum Beispiel neben den insektenfressenden Rotkehlchen auch Amseln, die Früchte verzehren und sich Würmer aus dem Boden scharren, die den Rotkehlchen nicht zugänglich sind. Dann gibt es Kleinspechte, die sich Insekten aus Borke und Rinde holen, welche kein anderer Vogel erbeuten kann. Durch diese Spezialisierung vermeiden sie die Konkurrenz mit anderen Insektenfressern. Im gleichen Garten kann noch ein körnerfressender Fink leben und schließlich ein Kernbeißer, der Hartschaliges knackt, was kein anderer Vogel vermag. Jede der hier aufgezählten Arten ist in einem Garten nur in beschränkter Individuenzahl vertreten, da ja das Nahrungsangebot begrenzt ist. Immerhin können durch die Spezialisierung auf verschiedene Ernährungsweisen sehr viel mehr Vögel nebeneinander existieren als bei gleicher Ernährungsweise. Es gibt gewissermaßen eine Anzahl von »Planstellen« oder ökologischen Nischen, die ein Tier durch Ausbildung entsprechender Anpassungsformen füllen kann, wobei die Konkurrenz der entscheidende Faktor ist, der sie in diese Nischen drängt. Ein schönes Beispiel dafür bieten die Darwin-Finken der Galápagos-Inseln[45, 116]. Sie stammen von einer gemeinsamen Ahnform ab, die einwanderte, als es dort noch keine anderen Singvogel-Konkurrenten gab. Die Stammform verbreitete sich über die Inseln, und unter dem fördernden Einfluß der geographischen Isolation entwickelten sich Körnerfresser, Insektenfresser, Vegetarier, ja sogar ein Spechtfink, der wie ein Kleinspecht Insekten aus den Zweigen holt. Er hat wie jene einen Meißelschnabel, nur fehlt ihm die lange Zunge, mit der Spechte ihre Nahrung aus den Bohrgängen angeln. Er kompensiert diesen Mangel, indem er ein Werkzeug benutzt. Hat er den Bohrgang eines Insektes geöffnet, fliegt er zum nächsten Kaktus, bricht einen Stachel ab, nimmt ihn der Länge nach in den Schnabel und stochert das Insekt heraus*. Die einzelnen Darwin-Finken-Arten sehen einander noch sehr ähnlich, was ihre nahe Verwandtschaft deutlich macht. Auffällig verschieden sind nur die Schnabelformen, in denen sich die verschiedenartige Nahrungsspezialisierung ausdrückt (Abb. 11 und 12).

Allen solchen Vorgängen des Artenwandels liegt eine genetische Variabilität zugrunde, die letztlich durch ungerichtete Mutationen zustande kommt. Manchen Biologen fällt es schwer, in der stammes-

* Einen ausführlichen Bericht über die Darwin-Finken und eine Photoreportage über den Werkzeuggebrauch veröffentlichte ich in meinem Buch: ›Galapagos, Arche Noah im Pazifik‹. München (Piper) 1964.

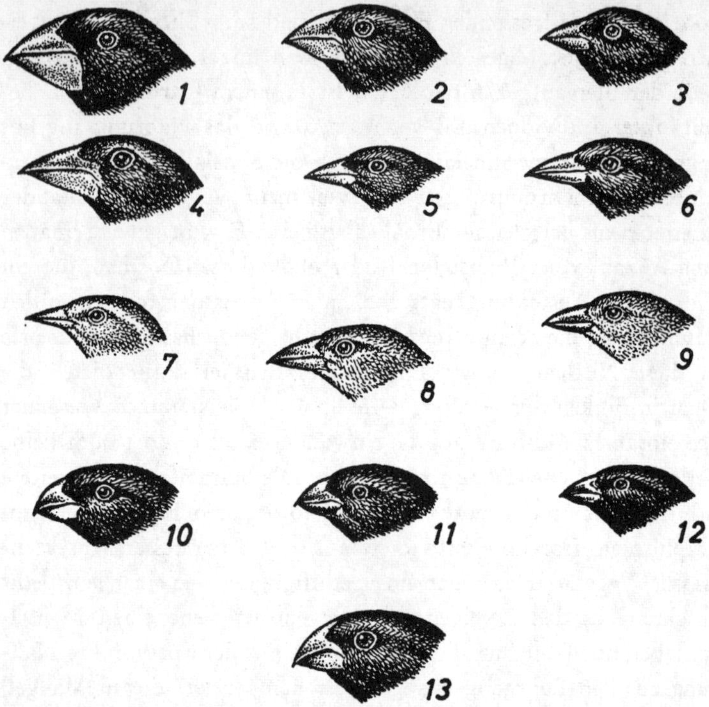

11. In der Schnabelform der Darwin-Finken von den Galápagos-Inseln drückt sich die verschiedene Ernährungsweise aus. Großer, Mittlerer und Kleiner Grundfink (1, 2 und 3) ernähren sich z. B. bevorzugt von Sämereien verschiedener Größe. Der große Grundfink knackt wie unser Kernbeißer auch hartschalige Sämereien, die keiner der anderen bewältigen kann. Die folgende Liste gibt eine Übersicht über die verschiedenen Spezialisierungen: Gemischtköstler mit Bevorzugung pflanzlicher Kost: 1. Großer Grundfink *(Geospiza magnirostris)*; 2. Mittlerer Grundfink *(G. fortis)*; 3. Kleiner Grundfink *(G. fuliginosa)*; 4. Großer Kaktus-Grundfink *(G. conirostris)*; 5. Spitzschnäbliger Grundfink *(G. difficilis)*; 6. Kaktus-Grundfink *(G. scandens)*.

Insektenfresser: 7. Insektenfressender Fink *(Certhidea olivacea)*; 8. Spechtfink *(Cactospiza pallida)*. 9. Mangrovefink *(Cactospiza heliobates)*.

Gemischtköstler mit Bevorzugung von Insekten: 10. Großer insektenfressender Baumfink *(Camarhynchus psittacula)*; 11. Mittlerer insektenfressender Baumfink *(C. pauper)*; 12. Kleiner insektenfressender Baumfink *(C. parvulus)*.

Pflanzenfresser: 13. Vegetarischer Baumfink *(Platyspiza crassirostris)*. Aus I. Eibl-Eibesfeldt (1964 b).

12. Spechtfink mit einem Kaktusstachel, eine Insektenlarve aus dem Bohrgang stochernd. Nach Aufnahmen des Verfassers.

geschichtlichen Entwicklung, die doch so viele wunderbare Anpassungsformen schuf, allein das blinde Walten des Mutations-Selektions-Prinzipes zu sehen. Aber wir kennen bisher keinen anderen Weg. Denkbar wäre es wohl, daß individuelle Anpassungen auch auf das Erbgut rückwirkten und daß sie damit eine schnelle Anpassung der Art an bestimmte Umweltgegebenheiten herbeiführten. Aber für diesen, von dem Franzosen Lamarck angenommenen Vorgang, fehlt bis heute jeder Beweis. Ja, es ist höchst fraglich, ob ein solcher Mechanismus letztlich für die Art von Vorteil wäre. Ein solches Anpassungsvermögen würde ja wohl dazu führen, daß Arten noch leichter in evolutionistische Sackgassen geraten, als sie das ohnehin tun. Jede Art hat sich ja letztlich mit Umweltänderungen auseinanderzusetzen, die nicht voraussagbar sind. Und nur dadurch, daß sie mit ihrem Mutationsmechanismus ungerichtet immer wieder Außenseiter erzeugt – selbst flugunfähige oder blinde Fliegen –, tastet sie alle Möglichkeiten ab. Die normalerweise wegselektierten, aber von Generation zu Generation immer wieder erzeugten Außenseiter sind gewissermaßen die Lebensversicherung der Art. In ihnen kann der Lebensstrom weiterfließen, wenn einmal durch drastische Umweltänderungen die bisher Best-Angepaßten zu Nicht-Angepaßten werden. Eine Gerichtetheit der Evolution lesen wir immer rückwärtsblickend hinein. Sie ist, strenggenommen, nicht nachzuweisen.

Daß wir dennoch zu lamarckistischen Gedankengängen neigen, beruht auf unserer Alltagserfahrung. Wir wissen, daß Übung unsere Muskeln stärkt, daß wir eine dicke Fußsohlenhaut bekommen, wenn wir barfuß laufen, und daß wir im allgemeinen schnell lernen, uns einer neuen Situation anzupassen. Wir nehmen das naiv als gegeben hin, ohne uns darüber im klaren zu sein, daß diese Fähigkeiten eigene Mechanismen voraussetzen, die die Veränderlichkeit so bestimmen, daß sie nicht chaotisch nach allen Richtungen hin erfolgt, daß vielmehr Angepaßtheit die Folge ist. Diese Mechanismen sind ein Ergebnis stammesgeschichtlicher Entwicklung. Damit setzt der Lamarckismus eigentlich bereits voraus, was er erklären möchte.

Zu einer »Rationalisierung« der Evolution in des Wortes wahrer Bedeutung kommt es erst beim Menschen mit der Entwicklung der Sprache und Schrift. Beide machen uns bis zu einem gewissen Grade vom mühseligen Mechanismus der Mutation und Selektion unabhängig. Der Mensch kann im Gedanken verschiedene Möglichkeiten ausprobieren und aus Einsicht gewonnene Rezepte durch Wort und Schrift tradieren. Darin liegt ein entscheidender Fortschritt gegenüber den Tieren, die zwar auch tradieren können, doch immer darauf angewiesen sind, dem anderen die zu tradierenden Fertigkeiten vorzumachen. Die Makaken (S. 73) lernten das Kartoffelwaschen durch Nachahmung. Der Mensch kann objektunabhängig tradieren[196]; er kann sein Rezept durch Worte vermitteln, ja, er braucht es nicht einmal persönlich zu sagen, sondern kann es schriftlich für jedermann fixieren. Unsere akkumulative Kultur, das wesentliche Merkmal des Menschen, basiert auf diesen Fähigkeiten.

Die rasche kulturell gesteuerte Evolution birgt aber auch eine Gefahr. Kulturen bilden sich schnell und kapseln sich auf Grund ihrer besonderen Kulturmuster von anderen ab. Und die verschiedenen Kulturen verhalten sich wie biologische Arten, weshalb Erikson[14] sie auch als Pseudospecies bezeichnet. Auf Neuguinea werden einige hundert Dialekte gesprochen, und bei uns in den Alpen hat jedes größere Tal seine eigene Tracht und seine eigenen

Gewohnheiten und den eigenen »Tälerstolz«, durch den sich die Gemeinschaft von anderen absetzt. Diese Differenzierung ist sicher ein Wert, und wohl keiner möchte auf die kulturelle Buntheit der Menschheit verzichten. In der Abgrenzung liegt jedoch eine Gefahr, denn sie ist oft feindselig. Das gilt selbst für Gruppen innerhalb ethnischer Gruppen. Die Tendenz zur Speziation (Klubbildung) steht der generellen Verbrüderung entgegen. Durch Erziehung zur Toleranz gilt es, dem Prozeß der Abgrenzung die Schärfe zu nehmen.

b) Wie man Ähnlichkeiten deutet

Um die Kriterien für den Vergleich von Verhaltensweisen und damit für die Rekonstruktion stammesgeschichtlicher Entwicklungswege zu erarbeiten, müssen wir zunächst einen Ausflug in die Morphologie machen. Den stammesgeschichtlichen Werdegang von Körperbaumerkmalen kann man zunächst einmal an Hand von Fossilfundreihen rekonstruieren. Auf diese Weise wies man nach, daß der einhufige Vorderfuß der Pferde aus einer fünffingrigen Extremität hervorging. Beim Vergleich heute lebender Arten stellen wir ferner abgestufte Ähnlichkeiten fest. Alle Wirbeltiere zeigen zum Beispiel bei sonst sehr verschiedener Lebensweise grundsätzlich den gleichen Aufbau des Achsenskelettes, der inneren Organe und des Zentralnervensystems. Und innerhalb dieser Tiergruppe kann man nach gemeinsamen Merkmalen jeweils die Fische, Lurche, Kriechtiere, Vögel und Säuger zu natürlichen Einheiten zusammenfassen. Sie stehen nicht beziehungslos nebeneinander. Die Vögel sind mit den Reptilien durch viele Merkmale mehr verbunden als mit den Säugern. Selbst wenn wir nicht den geschwänzten und bezahnten Urvogel in den Solnhofener Schiefern gefunden hätten, würden wir eine Verwandtschaft beider Gruppen annehmen und die Vögel von reptilartigen Vorfahren ableiten.

Aus der abgestuften Ähnlichkeit kann man auf eine nähere oder fernere Verwandtschaft der Tiere schließen. Bündelt man die Tierformen nach gemeinsamen Merkmalen, dann erhält man eine Art Stammbaum, wenn man als Hypothese zugleich annimmt, daß ein Merkmal um so älter ist, je größer die Zahl von Arten, die es verbindet. Und die Hypothese, daß die allgemeineren Merkmale auch die älteren seien, wird ja durch die Fossilfunde bestätigt.

Es ist den wenigsten bekannt, daß Darwin zunächst durch den Vergleich heute lebender Tierarten von der Tatsache des Artenwandels überzeugt wurde. Er sah auf den Galápagos-Inseln die heute nach ihm benannten Finken und deutete deren auffällige Ähnlichkeit als Zeichen einer natürlichen Verwandtschaft.

Nicht jede Ähnlichkeit deutet jedoch auf eine genetische Verwandtschaft hin. Es gibt auch Übereinstimmungen, die sich allein aus einer ähnlichen Funktion erklären. Ein Tier, das sich im Wasser fortbewegen muß, entwickelt eine Körperform, die dem Wasser möglichst wenig Widerstand bietet. Fische, Pinguine, Ichthyosaurier und Wale entwickelten ihre äußere Ähnlichkeit parallel und unab-

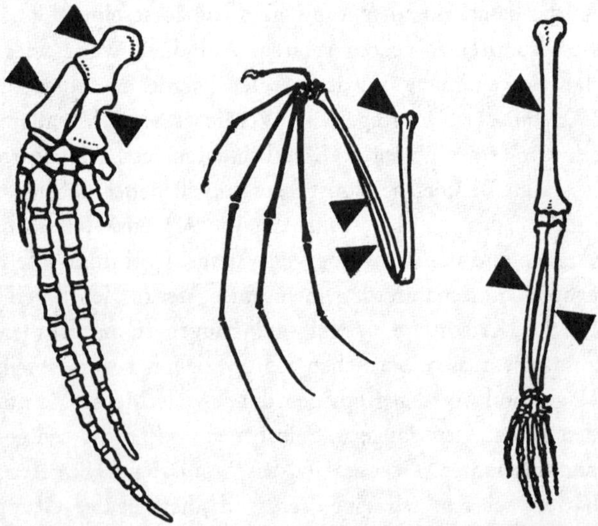

13. Die Verwandtschaft der äußerlich recht verschiedenen Vorderextremitäten von Wal, Fledermaus und Mensch zeigt sich im Knochenbau. Oberarmknochen, Elle und Speiche können wir als homologe Elemente in allen Fällen nachweisen.

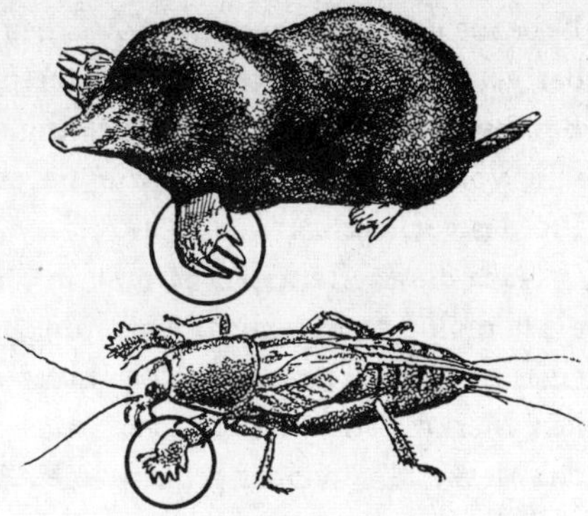

14. Der Maulwurf und die Maulwurfsgrille entwickelten ihre Grabbeine unabhängig voneinander als Anpassung an das Leben in der Erde. Abb. 13 und 14 aus K. Lorenz, Darwin hat doch recht gesehen, Pfullingen 1965.

hängig voneinander, da sie den gleichen Selektionsbedingungen unterworfen waren. Man nennt solche Ähnlichkeiten Analogien, zum Unterschied von den auf gemeinsamen genetischen Zusammenhang beruhenden Homologien (Abb. 13 und 14).

Die Verhältnisse komplizieren sich oft dadurch, daß sich auf einer gemeinsamen ererbten Basis ähnliche Anpassungen unabhängig ausbilden, wie zum Beispiel die Flossen der Ichthyosaurier, Pinguine, Meeresschildkröten und Wale. In bezug auf Flossen sind diese Merkmale analog, in bezug auf ihre Grundkonstruktion als Landwirbeltier-Extremität dagegen homolog.

Wie unterscheidet man nun in der Praxis Homologien von Analogien? Ähnlichkeit der speziellen Form wird nur dann auf eine verwandtschaftliche Beziehung hinweisen, wenn die Struktur kompliziert ist und wenn sie innerhalb einer Verwandtschaftsgruppe auch bei Arten mit recht verschiedener Lebensweise vorkommt. Eine analoge Entwicklung ist dann weniger wahrscheinlich, aber noch nicht ausgeschlossen. Das Kriterium der formalen Ähnlichkeit wird nur in den seltensten Fällen hinreichen, um eine verwandtschaftliche Beziehung zu beweisen. Man muß dazu meist weitere »Homologiekriterien« heranziehen. So sind die Schädelknochen von Wirbeltieren oft recht verschieden gestaltet. Die Nasenbeine können lang und schmal oder kurz und breit sein, aber an ihrer speziellen Lagebeziehung zu anderen Schädelknochen kann man

Nasenbeine, Schläfenbeine, Zwischenkieferknochen etc. jederzeit bei verschiedenen Arten identifizieren und als homolog erkennen. Bewiesen wird eine Homologie schließlich durch das Vorhandensein von Zwischenformen, wie sie etwa in den Fossilreihen des Pferdes vorliegen.

Nach diesen Kriterien ist man in der Lage, Körperbaumerkmale als homolog zu erkennen, wobei die Aussage, ein Merkmal sei dem eines anderen Tieres homolog, meist auch bedeutet, daß zwischen den Merkmalsträgern ein genetischer Zusammenhang besteht und das Merkmal von einer gemeinsamen Ahnform ererbt wurde.

Beobachtet man nun das Verhalten nahverwandter Tierarten, dann stellt man ebenfalls Ähnlichkeiten fest. Fast alle Schwimmenten zeigen als männliche Balzbewegung zum Beispiel den »Grunzpfiff« oder die als »Kurz-Hochwerden« beschriebene Verhaltensweise und im weiblichen Geschlecht das Hetzen. Die Bewegungen sind so typisch, daß man sie jederzeit wiedererkennt, obgleich es von Art zu Art leichte Abwandlungen gibt. Sie bilden stets Einheiten, die für bestimmte systematische Kategorien so kennzeichnend sind wie körperliche Merkmale. Und das verwundert uns nicht allzusehr, denn letztlich liegen auch den Verhaltensweisen körperliche Strukturen zugrunde: Sie sind auf deren physiologische Aktivität zurückzuführen. Als Zeitgestalten zeigen die Verhaltensweisen mehr Freiheitsgrade als die körperlichen Merkmale. Sie treten in verschiedenen Intensitätsformen und Überlagerungen auf. So können verschiedene angeborene Ausdrucksbewegungen einander in verschiedenen Intensitätsstufen überlagern, was einen großen Ausdrucksreichtum bewirkt, wie Lorenz[125] für die Hundemimik zeigte (Abb. 15). Die Untersuchung angeborener Verhaltensweisen wird durch die Tatsache erschwert, daß sie nicht immer sichtbar sind. Durch Film und Tonband lassen sie sich jedoch in jederzeit greifbare Präparate überführen. Zur Deutung der Ähnlichkeiten nützt man die schon besprochenen Homologiekriterien der Morphologie: 1. Die Ähnlichkeit der speziellen Form (des Bewegungsablaufes), 2. die Ähnlichkeit der Lage (in der Ablauffolge) und 3. das Kriterium der Verbindung durch Zwischenformen*. Mit

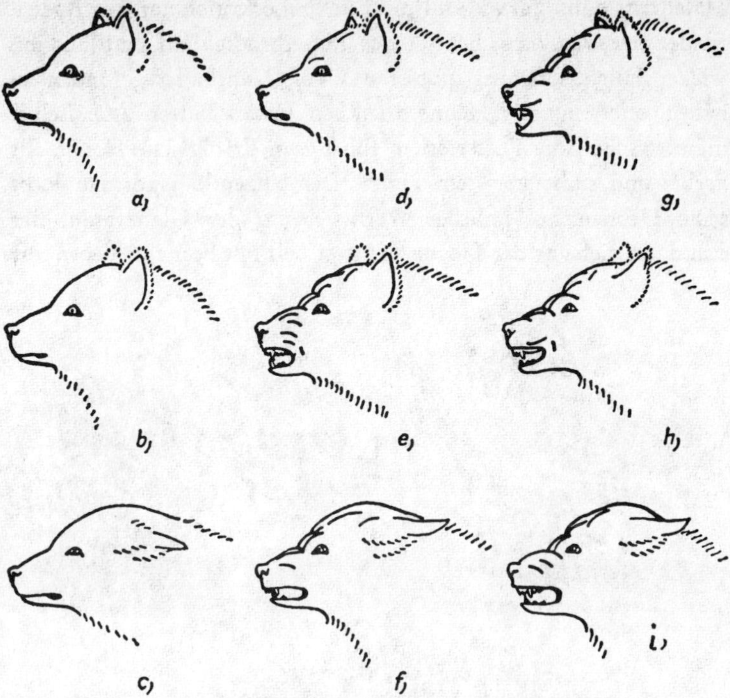

15. Verschiedene Gesichtsausdrücke des Hundes, die sich aus der Überlagerung verschiedener Intensitätsstufen von Kampf- und Fluchtintention ergeben. Von a) nach c) zunehmende Fluchtbereitschaft; von a) nach g) zunehmende Aggression und die entsprechenden Überlagerungen. Aus K. Lorenz (1952).

Hilfe des letzten Kriteriums kann man selbst einander unähnliche Verhaltensweisen als homolog erkennen.

So hat der Vergleich des Balzverhaltens in der Familie der Fasane gezeigt, daß die Balz des Pfauhahns dem Futterlocken des Haushahns homolog ist und sich aus dem Futterlocken einer gemeinsamen Ahnform entwickelte[162]. Ein Haushahn lockt Hennen zu sich, ähnlich wie eine Henne ihre Küchlein. Er scharrt einige

* Dabei ist man allerdings in der Regel auf den Vergleich lebender Arten angewiesen, da Fossilspuren von Verhaltensweisen nur selten vorliegen.

Male, tritt dann zurück und pickt unter Lockrufen auf den Boden. Findet er etwas, dann hebt er den Futterbrocken auf und läßt ihn wieder fallen. Oft aber gibt er nur vor, Nahrhaftes gefunden zu haben, und zeigt der Henne Steinchen anstatt Futter. Aber selbst dieses symbolische Futterlocken führt zum Erfolg. Die Henne eilt herbei und sucht vor dem Hahn. Der balzende Jagdfasan lockt seine Hennen in ähnlicher Weise, ebenso der Glanzfasan, der sich dabei tief vor der Henne verneigt und mit Schnabelhieben auf

16 Die Ableitung der Pfauenbalz aus dem Futterlocken. Oben: futterlockender Haushahn; darunter futterlockender Jagdfasanen-Hahn; daneben balzender Glanzfasan und Pfaufasan; zuunterst balzender Pfauhahn. Die herbeigelockte Henne sucht vor ihm auf dem Boden nach Futter. In Anlehnung an R. Schenkel (1956).

den Boden hackt. Sucht die herbeigelockte Henne vor ihm, dann spreizt er Schwingen und Schwanzfedern und bleibt mit gesenktem Kopf ruhig. Nur sein gefächerter Schwanz neigt sich in langsamem Rhythmus vor und zurück.

Der Pfaufasan kratzt wie ein futterlockender Haushahn am Boden und verbeugt sich vor der Henne. Nähert sie sich ihm, dann bewegt er den Kopf in ihrer Richtung schnell vor und zurück. Gibt man ihm Futter, dann bietet er das der Henne an, was als ritualisiertes Füttern zu deuten ist. Normalerweise füttert er aber nicht; dennoch pickt die Henne vor ihm auf den Boden. Der Pfauhahn schließlich spreizt die Schwanzfedern, schüttelt sie und tritt einige Schritte zurück. Dann biegt er den gefächerten Schwanz nach vorne und zeigt bei aufgerichtetem Hals mit dem Schnabel nach unten. Die Henne läuft herbei und sucht nun im Brennpunkt des vom Schwanzfächer gebildeten Hohlspiegels auf dem Boden. Junge Pfauhähne locken beim Radschlagen noch durch Scharren und Picken, ein weiteres Indiz für die Deutung der Pfauenbalz als ritualisiertes Futterlocken. Würde man weder die verbindenden Zwischenformen, noch die weniger ritualisierten Jugendstadien der Pfauenbalz kennen, dann würde man eine Ableitung vom Futterlocken wohl kaum vermuten (Abb. 16).

Ähnlichkeiten des Verhaltens können sich auch aus der speziellen Funktion ergeben. Die meisten Vögel trinken, indem sie den Schnabel eintauchen, Wasser schöpfen und dann mit hocherhobenem Kopf hinunterschlucken. Eine Reihe von Vögeln der Trockengebiete haben jedoch unabhängig voneinander ein Saugtrinken entwickelt. Zebrafinken, Diamanttäubchen und andere halten den Schnabel eingetaucht und saugen das Wasser mit der Speiseröhre pumpend hoch. Hier handelt es sich um echte Analogien im Verhalten [194]. Verhaltensweisen der Brutpflege wurden wiederholt und unabhängig voneinander bei verschiedenen Vögeln und Säugern zu Gesten der Beschwichtigung ritualisiert, die von den erwachsenen Tieren bei Werbung und Begrüßung gebraucht werden. Bemerkenswerterweise wurde ganz unabhängig davon auch bei den sozialen Insekten (Bienen, Ameisen) das Brutpflegefüttern zu einer bandstiftenden Geste. Ist einmal in der Tiergruppe das Jungefüttern entwickelt worden, dann liegt es gewissermaßen auf der Hand, daß dieses Betreuungsverhalten generell zur freundlichen Geste umgestaltet wird. In den meisten Fällen wurden nämlich beim Jungtier Empfangseinrichtungen entwickelt, die es ihm erlauben, das Brutpflegeverhalten des Elterntieres als freundliche Handlung zu erkennen (S. 32).

Die so verblüffenden Ähnlichkeiten im Sozialverhalten der Paviane (Babuine) und Menschen sind ein Ergebnis paralleler Anpassung an die Savanne, bei ähnlicher genetischer Ausgangsbasis. Beide überlebten in dem exponierten Raume durch Zusammenschluß in straff organisierte Gruppen, die sich in Einzelheiten ihres Aufbaues gleichen. In dieser Hinsicht ähneln uns die Paviane in vielen Punkten ihres Sozialverhaltens mehr als die uns genetisch näherstehenden Schimpansen, die in weniger deckungsarmem Gelände leben.

c) Die Entstehung auslösender Riten

Am Beispiel der Fasanenbalz erörterten wir, wie die Verhaltensweisen des Futterlockens allmählich zu einer reinen Symbolhandlung – zu einem Signal im Dienste des Werbens – verändert wurden. Wir bezeichnen einen solchen Prozeß als Ritualisierung. Jede Verhaltensweise, die einen Erregungszustand eines Tieres regelmäßig genug begleitet, um ihn zu charakterisieren, kann Ausgangspunkt für eine solche Entwicklung sein. Sie kann dann für ein anderes Tier zu einem Kennzeichen des emotionellen Zustandes werden. Errötet ein Mädchen, dann wissen wir, daß es sich geniert, und schlägt einer mit geballten Fäusten auf den Tisch, dann wissen wir, daß ihn etwas ärgert. Ist es nun für den Sender einer Erregungsäußerung von Vorteil, daß ihn ein anderer versteht, dann wird auf dem Wege der natürlichen Auslese die Erregungsäußerung mehr und mehr zu einem Signal umgestaltet.

Viele Säugetiere zittern bei Erregung mit dem Schwanz. Beim

Stachelschwein wurde diese Geste zur Drohbewegung ritualisiert. Bei Bedrohung schüttelt es ganz schnell seinen Schwanz, und dabei schlagen die Schwanzstacheln rasselnd aneinander. Der Effekt der Bewegung wird dadurch verstärkt, daß mit der Differenzierung der Bewegung zur Drohgeste, die Schwanzstacheln zu hohlen Rasselorganen umgestaltet wurden. Eine parallele Entwicklung können wir bei Schlangen verfolgen. Auch dort ist Schwanzzittern eine verbreitete Erregungsäußerung. Bei den Klapperschlangen entwickelte sich daraus eine Drohbewegung und in der Schwanzrassel ein zusätzliches Organ, das die Wirkung der Bewegung unterstreicht.

Außer solchen Begleiterscheinungen der Erregung werden auch Verhaltensweisen, die bereits eine bestimmte Funktion erfüllen, zu Ausdrucksbewegungen umgestaltet. Die erwähnte Entwicklung der Pfauenbalz aus dem Futterlocken ist ein Beispiel dafür. Der Schwarzspecht verfügt über zwei Ausdrucksbewegungen, die sich vom Zimmern ableiten. Zur Reviermarkierung schlägt er in schnel-

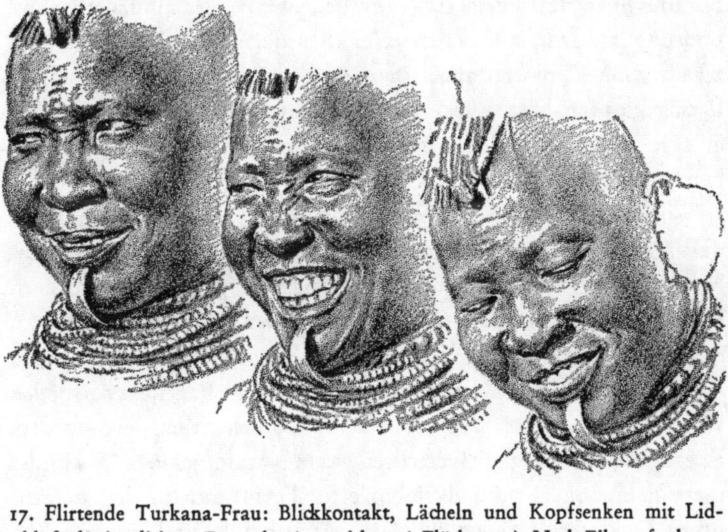

17. Flirtende Turkana-Frau: Blickkontakt, Lächeln und Kopfsenken mit Lidschluß als ritualisierte Form des Ausweichens (»Flüchtens«). Nach Filmaufnahmen von H. Hass.

18. Flirtendes Samburu-Mädchen. Blickkontakt, Lidschluß, Wegsehen. Die ritualisierte »Flucht« beschränkt sich auf Augenbewegungen. In den Kopfbewegungen ist sie nur mehr angedeutet. Nach Filmaufnahmen des Verfassers.

ler Folge gegen morsche Äste, so daß es weithin hallt. In unsere Sprache übersetzt würde das etwa bedeuten »Hier zimmert einer«, und damit warnt er Rivalen. Weibchen dagegen lockt das an. Die zweite vom Zimmern abgeleitete Ausdrucksbewegung ist das Ablösungsklopfen. Hat einer vom Höhlenzimmern genug, dann setzt er sich außen an den Nesthöhleneingang und pickt langsam und betont gegen den Höhlenrand [171].

Wir erwähnten als weiteres Beispiel das Zähnezeigen bei Affen und Menschen als ritualisierte Beißdrohung. Flucht- und Ausweichbewegungen wurden häufig zu Ausdrucksbewegungen ritualisiert. Eine Zauneidechse, die sich einer anderen unterwirft, legt sich flach auf den Boden und tretelt. Sie flüchtet gewissermaßen am Ort, so ihre Fluchtbereitschaft ausdrückend. In den Paarungsvorspielen vieler Säuger ist das Weglaufen der Weibchen ritualisiert worden. Es lädt als »Sprödigkeitsverhalten« zum Nachfolgen ein. Das findet man in besonders hoch differenzierter Form auch in der menschlichen Koketterie. Zuwendung und Abwendung sind typische Elemente menschlichen Flirtverhaltens, hier vor allem ausgedrückt in

19. Dreijähriges Mädchen (Deutschland), sich verschämt hinter der Hand verstekkend (Koketterie). Nach Filmaufnahmen des Verfassers.

der Sprache des Blickes. Hat ein Mädchen den Blickkontakt aufgenommen, dann senkt es den Kopf und schlägt die Lider nieder. Das ist oft mit einem Wechsel der Blickrichtung verbunden. Aber danach nimmt es den Blickkontakt meist schnell wieder auf (Abb. 17 und 18).

Bei leichter Verlegenheit verdecken Menschen in aller Welt ganz oder teilweise ihr Gesicht. Das ist sicher eine ritualisierte Versteckbewegung (Abb. 19–21). Man beobachtet sie auch bei flirtenden Mädchen. Ja selbst bei einem blindgeborenen Buben sah ich, wie er bei Verlegenheit das Gesicht hinter den Händen verbarg.

Bei ihrer Differenzierung zu Signalen erfahren die Verhaltensweisen eine Reihe von typischen Veränderungen[48]. Sie werden in der Regel vereinfacht, zugleich aber im Bewegungsausschlag mimisch übertrieben. Oft wird die Bewegung rhythmisch wiederholt, wie zum Beispiel beim Trommeln des Spechtes. Die Ausdrucksbewegungen treten ferner häufig in einer typischen Intensität auf,

20. Verschämtes Verbergen des Gesichtes: Oben Samoanerin; sie betrachtete das Photo eines jungen Mannes. Reaktion auf die Bemerkung: »Der scheint dich ja ganz besonders zu interessieren.« Darunter: Balinesin: Reaktion auf ein Kompliment. Nach Filmaufnahmen des Verfassers.

was sie als Signal unverwechselbar macht. Daß variable Verhaltensfolgen zu neuen starren Bewegungsmustern zusammengefaßt werden können, zeigt uns der Putzertanz: Der in tropischen Riffen beheimatete Putzerlippfisch lebt davon, daß er andere Fische säubert. Nähert er sich seinen Wirten, dann wippt er beim Schwimmen auf und ab. Das Verhalten entstand im Laufe der Stammesgeschichte aus dem Konflikt zwischen den Impulsen, den Wirt anzuschwimmen und vor ihm zu den schützenden Korallen zu fliehen [44].

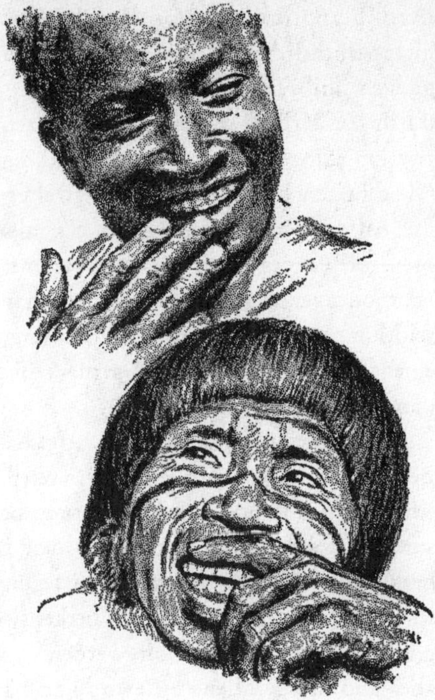

21. Intention zum Verbergen des Untergesichts als Zeichen der Verlegenheit. Oben: Turkana-Krieger nach einem Kompliment über seinen Kopfschmuck (nach Filmaufnahmen von H. Hass); darunter Waika-Krieger. Er flirtete mit meiner Begleiterin (durch Züngeln S. 66), worauf ihn seine Gefährten hänselten. Nach Filmaufnahmen des Verfassers.

Mit der Entwicklung der Ausdrucksbewegungen geht ferner die entsprechende Entwicklung morphologischer Strukturen einher, welche die Bewegung unterstreichen. Wo im Schreck Haare gesträubt werden, entwickeln sich oft Mähnen, wo Federn gesträubt werden, oft Schmuckfedern. Mit der Ritualisierung erhalten die Verhaltensweisen eine neue Funktion, und damit geht ein Motivationswechsel Hand in Hand. Das zur Grußgebärde gewordene männliche Aufreiten der Paviane ist ebensowenig sexuell motiviert wie das schon erwähnte männliche Genitalpräsentieren.

Neben der stammesgeschichtlichen gibt es noch zwei weitere Prozesse der Ritualisierung: die ontogenetische Ritualisierung im Laufe der Jugendentwicklung und die traditionelle Ritualisierung über Generationen hinweg. Sie spielen vor allem bei uns Menschen eine große Rolle. Der formale Ablauf der Ritualisierung bei diesen durch Lernprozesse erworbenen Bewegungen gleicht dem der stammesgeschichtlichen Ritualisierung. Auch hier werden die Bewegungen im Dienste der Signalgebung mimisch übertrieben und durch zusätzliche Einrichtungen akzentuiert. Vereinfachung und rhythmische Wiederholung beobachten wir hier wie dort. Die Gleichheiten brauchen uns nicht weiter zu verwundern, sind doch die Anforderungen seitens des Signalempfängers immer die gleichen, ob es sich nun um eine stammesgeschichtliche, traditionelle oder ontogenetische Ritualisierung handelt. Denn die Signalentwicklung wird ja immer vom Empfänger des Signals diktiert, der einer Verhaltensweise des Partners Bedeutung zuerkennt und sie damit zum Signal erhebt.

Beispiele für ontogenetische Ritualisierung finden wir in den Bettelbewegungen der Zootiere. Wird eine Bewegung von Zuschauern wiederholt durch Fütterung belohnt, dann lernt das Tier sich mit solchen Bewegungen an den Besucher zu wenden. Meist handelt es sich um Intentionsbewegungen des Greifens, Herbeischarrens, Zuschnappens oder Leckens, die dann besonders betont und rhythmisch wiederholt werden. Manchmal erfinden die Tiere aber auch ausgefallenere Bewegungen. Im Berner Bärengraben sah ich einen Bären, der sich im Stand immer um die Längsachse drehte, wenn er etwas wollte. Ein anderer saß auf dem Boden, hielt mit den Pfoten die vorgestreckten Beine an den Zehen eingehakt und wiegte sich in dieser Stellung, wobei er auffordernd das Maul öffnete.

Beim Menschen spielen traditionelle Riten eine große Rolle. Zwar ist uns das Repertoire der mimischen Ausdrucksbewegungen im wesentlichen angeboren. Wir brauchen nicht erst zu lernen, wie man lacht oder weint – vieles aber ist kulturell überliefert. So geben die Ceylonesen durch leichtes seitliches Wiegen des Kopfes zu verstehen, daß sie bereit sind, etwas zu tun. Ein Europäer muß diese besondere Form des Bejahens erst verstehen lernen*. In

* Eine sachliche Bejahung wird bei den Ceylonesen wie bei uns durch Kopfnicken mitgeteilt. Fragt man zum Beispiel: Trinken Sie Kaffee?, dann erhält man

Griechenland verneint man durch ruckartiges Hoch- und Zurückwerfen des Kopfes, wobei auch die Augen fast geschlossen werden. Bei betonter Verneinung werden eine oder beide Hände mit der Handfläche zum Gesprächspartner angehoben, ähnlich wie wir es bei entrüsteter Ablehnung tun. Wahrscheinlich läßt sich diese spezielle Form der Verneinung aus einer allgemein menschlichen Geste der sozialen Ablehnung ableiten. Wir Mitteleuropäer haben mit vielen anderen Völkern das seitliche, abweisende Kopfschütteln zum Nein ritualisiert. Das meiste in unseren Gesten ist traditionell gestaltet, oft jedoch ist eine angeborene Basis nachweisbar. Ähnlichkeiten von Ausdrucksbewegungen und anderen Signalen können ferner durch angeborene Präferenzen des Signalempfängers bewirkt werden (siehe Beispiel Schulterbetonung, S. 29).

Es ist zum Beispiel allgemein verständlich, daß ein Mensch freundlich gesinnt ist, wenn er betont seine Waffen ablegt oder sie zumindest so »präsentiert«, daß sie nicht bedrohlich auf den Partner zeigen. Grüßt ein Waffentragender, dann wird er daher im Prinzip überall das gleiche tun. Der formale Ablauf kann allerdings verschieden sein. Beim militärischen Salut präsentiert man in Europa das Gewehr. Ein Masai, der einen anderen begrüßt, stößt seinen Speer vor sich in den Boden. Ein freundlich gesinnter Waika-Indianer hält Bogen und Pfeile in einer Hand, der mittelalterliche Ritter legte die Waffen ab, bevor er sich einer fremden Burg näherte, und noch heute legt ein Soldat seine Waffen ab, wenn er als Gast ein Haus betritt. Zahlreich sind die Riten der Geschenkübergabe zur Stiftung und Befestigung freundlicher Beziehungen (S. 163).

Wie angeborene Dispositionen die Ausgestaltung kultureller Riten bestimmen, zeigen auch die Parallelen in den Schautänzen der Männer verschiedener Kulturen. Immer handelt es sich um Kraftdemonstrationen nach einem im Grunde gleichen Muster: Man

im Bejahensfalle ein Kopfnicken. Fragt man dagegen: Wollen wir Kaffee trinken? (oder: Kommen Sie mit Kaffee trinken), dann wird durch Kopfwiegen bejaht. Die Verneinung erfolgt wie bei uns durch Kopfschütteln.

22. Das Drohen des Menschen und dessen kulturelle Ritualisierung im Tanz: Vor seinen Feinden drohender Papua (Dugum Dani). Nach einer Aufnahme von M. C. Rockefeller in R. Gardner und K. G. Heider, Gardens of War, New York 1968. Tanzender Kosak (nach einem Titelbild der ›Bunten Illustrierten‹ 49, 1965). Kraftvolles Springen ist ein wesentlicher Bestandteil sehr vieler Männertänze.

stampft gegen den Boden, springt hoch in die Luft und schwenkt oft auch Waffen. Ein schuhplattelnder Tiroler, ein tanzender Schotte, Kosak oder Turkana-Krieger renommieren prinzipiell auf die gleiche Art. Die sensationellen Aufnahmen Gardners* über kriegführende Papuas zeigen, daß die Krieger der Frontlinie sich zu gleichen Kraftdemonstrationen hinreißen lassen (Abb. 22).

Die Ausgestaltung traditioneller Riten erfolgt nach den gleichen Mustern wie die der stammesgeschichtlichen. Die Verhaltensweisen werden vereinfacht und zum Symbol. Das ritterliche Helmabneh-

* Robert Gardner: Dead Birds, Harvard University; s. a. R. Gardner und K. G. Heider: Gardens of War. New York, Random House, 1968.

men als Grußgeste wird zum flüchtigen Hutlüften, das Visierhochklappen zum Tippen an den Kappenrand beim militärischen Gruß. – Die Bewegungen werden auch mimisch übertrieben, man denke etwa an die ritualisierten Formen des Schreitens – im Parademarsch als Kraftdemonstration, im gemessenen Schreiten der Hochschulrektoren bei feierlichen Anlässen als Demonstration der Würde. Bei den ritualisierten Waschungen der Inder am Ganges werden ganz bestimmte Komponenten des Säuberungsverhaltens in vereinfachter und gleichzeitig übertriebener Form wiederholt ausgeführt. Dabei stellt man Verschleifungen und Zusammenfassen der Bewegungen zu neuen Einheiten fest. Das gilt übrigens auch für Ritualisierungen im sprachlichen Bereich. Nur der Eingeweihte wird in dem »Hawidjere« der Wiener die alte Grußformel »Habe die Ehre« und im »Gschamster Diener« das »Ihr gehorsamster Diener« erkennen.

Bei vielen Völkern findet man Spucken als magische Beschwörungsformel, auch bei uns Mitteleuropäern. Wir spucken in die Hand, ehe wir ein Werk beginnen, und das nicht etwa, um besser zufassen zu können, sondern um einen guten Ausgang zu beschwören. Dabei bleibt es meist bei der Geste. Ein ins Verbale ritualisiertes Spucken ist das ›toi, toi, toi‹, mit dem wir jemandem Hals- und Beinbruch wünschen.

Wie die tierischen Ausdrucksbewegungen, so sind auch die menschlichen Riten im Grunde Signale. Sie signalisieren Macht, Unterwerfung, Freundschaft und dergleichen mehr. Eine sehr wichtige Funktion der Riten ist die des Gruppenzusammenhaltes. Menschengruppen entwickeln Bräuche, mit deren Hilfe sie sich von anderen absetzen. Wir werden diesen Komplex noch ausführlicher besprechen.

Wir können festhalten: Verhaltensweisen lassen sich ebenso wie körperliche Strukturen vergleichen, und wenn man die Homologiekriterien der Morphologie zugrunde legt, kann man ihren stammesgeschichtlichen Werdegang rekonstruieren. Manche Ähnlichkeiten des Verhaltens erklären sich aus gleichen Umweltanforderungen. Sie ähneln einander bei verschiedenen Arten, weil sie ähnliche

Leistungen vollbringen, und sind nicht notwendig ein Zeichen gemeinsamer genetischer Abkunft. Im Prozeß der Ritualisierung werden Verhaltensweisen oft unter Hinzutreten besonderer körperlicher Strukturen zu Signalen (Ausdrucksbewegungen) umgewandelt. Sie erfahren dabei Änderungen, die darauf hinzielen, das Signal auffällig und unverwechselbar zu gestalten. Das gilt auch für Signale, die im Prozeß der kulturellen Ritualisierung entstehen.

4 Vorteile der Geselligkeit

Es gibt Tiere, die in Gruppen leben, und es gibt ausgesprochene Einzelgänger, oft aber ist eine Tierart auch gesellig und aggressiv zugleich. Da sich beide Neigungen im Laufe der Stammesgeschichte entwickelten, ist es sinnvoll, nach ihren selektionistischen Vorteilen zu fragen.

Die Vorteile, die einem Tier aus dem geselligen Zusammenschluß erwachsen, sind recht verschiedener Art. Mexikanische Weberknechte *(Leiobunum cactorum)* ballen sich zur Trockenzeit zu Tausenden in Klumpen zusammen. So schützen sie sich vor Austrocknung. Tiere, die sich vom Verband entfernten, streben sogleich wieder zur Gruppe. Besondere Duftstoffe locken sie zu ihresgleichen [190]. Die Kaiserpinguine der Antarktis überstehen die schweren Winterstürme, indem sie, eng aneinandergedrängt, ihre Wärmeabgabe herabsetzen. Sie überdauern so Stürme von über 100 Stundenkilometern und Temperaturen von minus 60 Grad Celsius [149].

Die meisten Fische der hohen See leben in Schwärmen. Ihr Bedürfnis, sich Artgenossen anzuschließen, ist offenbar sehr stark, denn vom Schwarm Abgesprengte suchen, panikartig hin- und herflitzend, wieder Anschluß. Besondere Signale, zum Beispiel schwarze Markierungen an der Rücken- oder Schwanzflosse, sichern den Zusammenhalt. Die Verbände sind offen, jeder Artgenosse kann zu ihnen stoßen. Sie sind überdies anonym; die Mitglieder eines Fischschwarmes kennen sich in der Regel nicht individuell. Der Fischschwarm ist in erster Linie ein Schutzverband gegen Freßfeinde. Das mag zunächst verblüffen, denn auf den ersten Blick sieht es doch so aus, als ob die Konzentration so vieler Fische an einem Ort einem Raubfisch das Beutefangen erleichtern würde. Das trifft jedoch nicht zu. Jeder Raubfisch muß nämlich vor dem Zuschnappen ganz nahe an seine Beute herankommen und sie fixieren können. Bevor er aber einen Schwarmfisch ins Auge fassen kann, ist dieser meist zwischen den anderen untergetaucht, und der Räuber muß sich neu auf die Beute einstellen. Der ständige Wechsel der Zielpunkte verwirrt ihn, und dieser Konfusionseffekt schützt seine Opfer. Ich beobachtete im Indischen Ozean und bei den Galápagos-Inseln, wie Raubfische sich mittels besonderer Taktiken darum bemühten, einzelne Fische vom Schwarm abzusprengen. Glückte es, dann bereitete es ihnen keine weiteren Schwierigkeiten, die Abgesprengten aus dem freien Wasser zu pflücken[42, 44].

Vögel bilden aus gleichen Gründen Schwärme. Darüber hinaus stehen sie einander bei Gefahr bei, indem sie gemeinsam einen Raubvogel angreifen. Die Verbände höherer Wirbeltiere und Insekten sind meist ebenfalls Verteidigungsgemeinschaften. Dohlen greifen einen Hund an, der eine Dohle im Maul trägt. Rhesus-Affen und Paviane attackieren jeden, der sich an einem Jungen vergreift. Dessen Notruf ist ein Signal, das geradezu reflektorisch einen Angriff auslöst. Meine völlig zahmen Pinseläffchen greifen an und bedrohen mich, wenn ihre Jungen den Angstlaut ausstoßen. Da die Kleinen sehr neugierig sind, mich aufsuchen, dann aber über ihren eigenen Vorwitz erschrecken und Angstlaute ausstoßen, bin ich ganz unverschuldet das Ziel solcher Attacken. Der Schutz vor Feinden ist ein wichtiger Faktor, der zur Entwicklung von Tierverbänden führte. Brutschutz und Brutverteidigung gingen sicher der eigentlichen Brutpflege (Ernährung und Säuberung der Jungen) voran. Bei den meisten Fischen und allen Reptilien mit Brutfürsorge ist diese auf den Feindschutz beschränkt. Im einfachsten Falle bleibt ein erwachsenes Tier bei den Nachkommen, oft jedoch – und zwar bereits bei Fischen – bleiben beide Eltern beisammen und verteidigen die Jungen gemeinsam. Hier liegt eine Wurzel der dauerhaften Paarbildung, die im Extremfall zeitlebens beibehalten werden kann. Es gibt allerdings auch Partnerbindung ohne Brutpflege. Schmetterlingsfische halten zum Beispiel zeitlebens zusammen, vielleicht weil bei seltenen Fischen in den Weiten eines Riffs die Chancen, sich wiederzufinden, zu gering sind [198].

Ein weiterer Vorteil des Zusammenschlusses ist die Möglichkeit der Arbeitsteilung. Das Männchen kann den Brutschutz übernehmen, das Weibchen die Ernährung, Säuberung und das Wärmen der Jungen. Im Rudel lebende Wölfe jagen gemeinsam, wobei die einen das Wild überholen und ihm den Weg abschneiden, während die übrige Meute hinterdrein hetzt und die Beute reißt. Ihre höchste Ausbildung erreicht die Arbeitsteilung in den Insektenstaaten. Hier bilden sich verschiedene Kasten mit jeweils anderen Aufgaben aus. Bei den Blattschneiderameisen des tropischen Südamerikas finden wir zum Beispiel drei verschiedene Arbeiter-Kasten: Große Arbeiter verteidigen als Soldaten den Stock, mittelgroße schneiden und transportieren die Blattstücke, und winzige Arbeiter verarbeiten diese Blätter zu Nährböden für Pilze, von denen diese ackerbauenden Ameisen leben. Sie begleiten ferner die mittelgroßen Arbeiter und schützen sie während der Arbeit vor den Angriffen parasitischer Fliegen, die ihre Eier in den Nacken der Arbeitenden abzulegen trachten. Sie reiten selbst während des Blattransportes auf den abgeschnittenen Blattstücken und verteidigen die Trägerin [49]. Arbeitsteilung erlaubt extreme Spezialisierungen und damit Leistungssteigerung. Das gilt auch für die menschliche Gesellschaft.

Das Leben in der Gruppe ermöglicht auch Traditionen zu bilden. Bei verschiedenen Affen werden Erfindungen einzelner von anderen nachgeahmt und durch Tradition über Generationen beibehalten. Als die Makaken der Koshima-Insel (Japan) mit Süßkartoffeln gefüttert wurden, kam ein Weibchen darauf, daß man die störende Erde abwaschen kann. Das ahmten die anderen nach, und nun ist diese Gewohnheit ein gruppenspezifisches Merkmal [93, 96, 97]. Man fütterte die Affen dieses Gebietes auch mit Weizen, den man am Ufer ausstreute. Anfangs lasen sie Korn für Korn auf, bis jenes Weibchen, das das Kartoffelwaschen erfunden hatte, darauf kam, das Sand-Weizen-Gemisch zusammenzuraffen und im Wasser auszuschlämmen. Auch diese Erfindung übernahmen im Laufe der Zeit andere Gruppenmitglieder. Bei Kyoto lernte ein Weibchen sich nach Art der Wächter am offenen Feuer zu wärmen. Nach kurzer Zeit machten das alle Tiere der Gruppe. Auch bei freilebenden Schimpansen gibt es gruppenspezifische, tradierte Gewohnheiten. Die Mitglieder einer Familie oder größeren Gruppe stehen einander oft bis zur Selbstaufopferung bei, und selbst wenn es nicht soweit kommt, tun sie doch vielerlei, was dem Individuum nicht unbedingt Vorteil bringt. Damit erhebt sich die Frage nach der Evolution altruistischen Verhaltens. Kann man sie nach dem Selektionsprinzip erklären?

Die Antwort lautet ja. Wir dürfen nämlich bei geselligen Tieren nicht so sehr an das Einzeltier als an die Gruppe denken, in der ja die Erbanlagen des Einzeltieres ohnedies mit enthalten sind. Eine Gruppe, in der sich Einzelne bis zur Selbstaufopferung der Gruppen- oder Jungenverteidigung hingeben, wird ihr Erbgut erfolgreicher weitergeben, als eine Gruppe, die keine verteidigungsbereiten Individuen produziert. Aus gleichem Grunde werden Individuen, die zum Beispiel den anderen alles wegfressen oder sie hemmungslos bekämpfen, zwar zunächst in ihrer Gruppe gewisse Vorteile haben, die Gruppe als Einheit jedoch schwächen und sie im Konkurrenzkampf mit anderen benachteiligen. Die brutale asoziale Variante mag sich zunächst in der Gruppe durchsetzen, ihr Genom ist jedoch weniger erfolgreich. Sollte zum Beispiel in einer Vogelpopulation eine Mutante auftreten, die alle ihre Nestgeschwister aus dem Nest wirft, dann wird dieses Tier allein überleben. Pro Paar kommt dann allerdings nur ein Junges hoch, während es sonst wesentlich mehr sind. Die Mutante wird sich daher nie in der Population durchsetzen[196].

Die Tierverbände lassen sich nach dem Merkmal der Offenheit oder Geschlossenheit in zwei große Gruppen einteilen. Offene Verbände liegen dann vor, wenn die Verbandsmitglieder anderen, die bisher nicht dem Verbande angehörten, den Anschluß gestatten. Die Mitglieder eines offenen Verbandes kennen einander im allgemeinen nicht, sie sind auch jederzeit austauschbar. Als Beispiel eines offenen Verbandes erwähnten wir den Fischschwarm.

Ein geschlossener Verband ist dagegen eine intolerante Einheit.

Fremde Artgenossen werden nicht ohne weiteres zur Gruppe gelassen; versuchen sie es, dann werden sie vertrieben. Das bedeutet, daß die Gruppenmitglieder einander entweder individuell oder an einem allen Gruppenmitgliedern eigenen Kennzeichen erkennen. Gelegentlich wird eine intolerante Gruppe vorgetäuscht, so bei der blinden Grundel *(Typhlogobius californiensis)*, bei der zwei verschiedengeschlechtliche Tiere ein gemeinsames Revier verteidigen. Das Männchen bekämpft jedes andere Männchen seiner Art, das Weibchen ebenso nur die Weibchen. Gegen andersgeschlechtliche Partner haben diese Fische nichts, und man kann den Partner ohne weiteres gegen einen anderen austauschen. Anders ist dies bei wirklich ehigen Knochenfischen, wie zum Beispiel beim Anemonenfisch *(Amphiprion xanthurus)*, wo Männchen und Weibchen gegen jeden Artgenossen aggressiv sind und nur den ihnen individuell bekannten Ehepartner dulden [197].

Bei vielen paarweise (ehig) lebenden Fischen, Vögeln und Säugern werden die Kinder von beiden Eltern betreut. Sie können, wenn sie selbständig geworden sind, die Gruppe verlassen. Dann löst sich manchmal auch die Paarbindung. Oft aber bleibt das Paar als Kernfamilie beisammen. Bleiben die Jungen bei den Eltern, dann wachsen größere Familienverbände heran, deren Mitglieder einander häufig individuell kennen.

Familienverbände wachsen mitunter zu Sippenverbänden heran, in denen mehrere Generationen vereint sind. Solche »Großfamilien« können bis zu einer gewissen Größe noch individualisierte Verbände darstellen und dann komplizierte Rangstrukturen aufweisen (S. 101). Wächst die Gruppe jedoch über eine bestimmte Größe, dann übersteigt es im allgemeinen die Fähigkeiten des Einzeltieres, seine Gruppenmitglieder individuell zu erkennen. In solchen Fällen erkennen sich die Mitglieder an einem gemeinsamen Abzeichen. Ratten markieren einander gegenseitig mit Harn und schaffen so einen gemeinsamen Gruppenduft. Entfernt man eine Ratte aus einer Gruppe und setzt sie nach drei Tagen wieder zurück, dann wird sie angegriffen, weil sie mittlerweile den Gruppenduft verlor. Umgekehrt wird eine fremde Ratte adoptiert, wenn man sie mit dem Harn verschiedener Mitglieder der ihr fremden Gruppe einreibt. Hier liegen anonyme exklusive Verbände vor. Wir Menschen leben sowohl in individualisierten als auch in anonymen Verbänden verschieden starker Exklusivität (S. 252)[48].

Die kurze Übersicht zeigt, daß der Zusammenschluß in Gruppen verschiedene Vorteile mit sich bringt. Die Evolution altruistischen Verhaltens ist nach Darwinistischen Prinzipien durchaus verständlich. Selbst gegenseitiger Beistand bis zur Aufopferung des einzelnen kann eignungsfördernd* sein. In der Gruppe der Wirbeltiere dürfte die Entwicklung des Beistandsverhaltens erdgeschichtlich gesehen jüngeren Datums sein. Man beobachtet ein solches Verhalten zwar schon bei Fischen, aber nur bei den erdgeschichtlich sehr jungen Knochenfischgruppen. Bei den Amphibien und Reptilien scheinen altruistische Verhaltensweisen auf einige seltene Fälle der Brutverteidigung und des Bruttransportes beschränkt. Erwachsene stehen einander nie bei. Es gibt zwar einige »gesellige« Echsen, aber beobachtet man die Tiere genauer, dann sieht man keinerlei freundliche Interaktion. Die Meerechsen der Galápagos-Inseln liegen zum Beispiel oft zu Hunderten neben- und übereinander auf den Felsen, aber ihr einziger auf den Partner bezogener Kontakt beschränkt sich auf ein gelegentliches Drohen, selbst ihr Werben ist abgewandeltes Drohverhalten. Sie putzen sich nicht gegenseitig, füttern sich nicht und stehen einander bei Gefahr nicht bei; eine individualisierte Bindung fehlt. Das ist bei den meisten Vögeln und Säugern grundsätzlich anders. Sie stehen einander bei und können einander mit einer ganzen Reihe von zärtlichen Verhaltensweisen betreuen. Mit der Fähigkeit zur Kooperation und zum Altruismus haben die geselligen Wirbeltiere – und in paralleler Entwicklung die sozialen Insekten – eine höhere Organisationsstufe erreicht. Auf diesem Fortschritt basiert schließlich unsere menschliche Gesellschaft. Die Frage, was den eigentlich Anstoß für diese Entwicklung gab, wird uns noch beschäftigen.

* Die Eignung eines Organismus bemißt sich nach seiner Fähigkeit, die Präsenz seiner Gene in nachfolgenden Generationen zu sichern.

5 Die Aggression aus der Sicht der Verhaltensforschung

a) Vorteile der Intoleranz

Tiere sehr vieler Arten bekämpfen ihresgleichen, und der Mensch macht dabei keine Ausnahme. Im Gegenteil, seine Geschichte ist unter anderem eine Geschichte von Gewalttaten, und dieser aggressive Zug prägt auch unsere Zeit. Auch wenn wir die eingangs vorgetragene These von der geselligen, freundlichen Natur des Menschen vertreten, so dürfen wir darüber seinen Zug zur Ungeselligkeit und Intoleranz nicht übersehen; er ist eine Gegebenheit, mit der wir uns auseinanderzusetzen haben. Wir werden uns hier ausschließlich mit der innerartlichen Aggression befassen, mit jener merkwürdigen Tatsache also, daß Tiere einer Art gerade den Artgenossen bekämpfen. Es gibt auch eine zwischenartliche Aggression: Raubtiere greifen ihre Beute an, doch wollen wir diese Form hier ausklammern. Wir betonen nur ausdrücklich, daß man beide Formen auseinanderhalten muß. Inner- und zwischenartliche Aggressionen unterscheiden sich oft schon im Bewegungsablauf voneinander: Eine Katze, die eine Maus angreift, verhält sich dabei ganz anders als beim Angriff auf einen Rivalen. Man kann diese grundverschiedenen Verhaltensweisen durch elektrische Reizung von verschiedenen Hirnabschnitten aktivieren.

Wir heben die Notwendigkeit der Unterscheidung deshalb hervor, weil inner- und zwischenartliche Aggression gelegentlich unkritisch als dasselbe behandelt wurde, so etwa in den Diskussionen Y. Z. Kuos[114], dem es gelang, Katzen mit Mäusen in verträglicher Gemeinschaft aufzuziehen, und der daraus folgert, daß wohl auch ein friedliches Zusammenleben des Menschen möglich sei. R. Dart[32] versuchte die Aggressivität des modernen Menschen mit der räuberischen Lebensweise seiner australopithecinen Vorfahren zu erklären. Diese vor etwa 1,7 Millionen Jahren lebenden Affenmenschen erschlugen mit Antilopenknochen ihre Beute, und diese »Aggressivität« sei die Wurzel der menschlichen Aggressivität. Robert Ardrey[7] folgt Darts Argumentation. Was beide übersehen, ist die Tatsache, daß Pflanzenfresser keineswegs friedlicher als Raubtiere sind. Stiere greifen andere Stiere an, und Hähne sind ja zu Symboltieren der Aggressivität geworden*. Eine räuberische Lebensweise ist also keineswegs die Voraussetzung für die Entwicklung der innerartlichen Aggression gewesen. Das drängt die Frage nach möglichen Selektionsvorteilen aggressiven Verhaltens auf. Bei der weiten Verbreitung des Phänomens ist es ja von vorneherein höchst unwahrscheinlich, daß die Aggression nur ein funktionsloses Beiprodukt anderer Lebensäußerungen ist.

In seinem klassischen Werk ›Territory in Bird Life‹ hat Howard[87] bereits eine klare Antwort gegeben. Er zeigte, daß viele Singvögel durch ihr aggressives Verhalten bestimmte Raumbezirke als ihre Reviere (Territorien) abstecken und gegenüber anderen Artgenossen behaupten. Meist verteidigt ein Paar gemeinsam ein Revier. Diese Unverträglichkeit bewirkt, daß Nachbarn nicht allzu nahe beieinander brüten, und das ist wichtig. Der Artgenosse stellt ja unter anderem die gleichen Nahrungsansprüche und ist in diesem Punkte der stärkste Konkurrent. Wären Rotkehlchen nicht unverträglich, dann könnte es vorkommen, daß mehrere Paare unmittelbar nebeneinander brüten. Da diese Vögel keinen sehr weiten Aktionsradius haben, würden sie bei schlechter Witterung sehr schnell ihre Nahrungsquellen erschöpfen, und kein Paar würde seine Jungen hochbringen. Die Aggression bewirkt Abstandhalten und damit die Verteilung der Tiere einer Art über einen größeren Raum. Wer kein Revier eroberte, kann auch nicht brüten. Territoriales Verhalten ist damit zugleich ein wichtiger Mechanismus der Nachwuchskontrolle. Übervölkerung bis zur Erschöpfung der Lebensgrundlage wird auf diese Weise vermieden[203]. Der nachbarliche Druck führt ferner dazu, daß auch weniger günstige Gebiete von

* Tiroler tragen Hahnenfedern als männlichen Schmuck (»Schneidfeder«).

einer Art besiedelt werden. Das fördert die Arterhaltung insofern, als von solchen Gebieten her eine Rückbesiedlung von Lebensräumen erfolgen kann, in denen durch Seuchen oder andere Katastrophen die Bevölkerung ausstarb. Der durch die territoriale Aggression bewirkte Verteilungseffekt gilt auch für Tiere, die in exklusiven Gruppen (S. 74) leben.

In diesen Fällen üben die Gruppen Druck aufeinander aus und bewirken, daß man Abstand hält.

Ein weiterer Vorteil aggressiven Verhaltens ergibt sich bei den Rivalenkämpfen. Sehr viele Wirbeltiermännchen kämpfen zur Fortpflanzungszeit mit ihresgleichen. Die Stärkeren und Gesünderen werden dabei für die Fortpflanzung ausgelesen, und das ist insbesondere dort wichtig, wo die Männchen den Brutschutz übernehmen. Bei den Galápagos-Inseln schwimmen die Seelöwenbullen unermüdlich vor der Küste auf und ab und drängen jene Jungen ihres Harems ins Seichte zurück, die sich zu weit ins Meer hinaus wagen. Sie schützen sie vor Haien[41]. Es leuchtet ein, daß die Stärksten diese Aufgabe am besten erfüllen.

b) Turnierkämpfe

Tiere kämpfen mit Artgenossen oft nach Regeln, die die Gefahr gegenseitiger Beschädigung herabsetzen. Das interpretierte ich wie viele andere Ethologen früher als Anpassung im Dienste der Arterhaltung. Die Kosten-Nutzen-Erwägungen und die darauf aufbauenden Modellrechnungen der Soziologen haben jedoch überzeugend dargelegt, daß solche Turnierkämpfe nicht zur Schonung eines Gegners, sondern individual-selektionistisch zur Minderung des eigenen Risikos entwickelt werden können. Mitempfindung und Mitgefühl spielen bei den niederen Wirbeltieren wie den Fischen und Reptilien dabei ganz sicher keine Rolle. Bei höheren Säugetieren mag auch das dazukommen, da sie ja über Kindappelle Verhaltensweisen der Fürsorglichkeit auslösen können (S. 134). Eindrucksvolle Turnierkämpfe beobachtete ich bereits vor vielen Jahren auf den Galápagos-Inseln.

Dort bevölkert die tangfressende Meerechse zu Hunderten die Lavaklippen. Zur Fortpflanzungszeit grenzen die Männchen wenige Quadratmeter Fels als ihr Revier ab. Sie dulden dort einige Weibchen, greifen aber Männchen an, die sich dem Gebiet nähern. Dabei beißen sie einander nicht mit ihren scharfen Zähnen. Das unblutige Turnier wird durch ein Imponiergehabe eröffnet: Der Revierinhaber richtet seinen Nacken- und Rückenkamm auf und zeigt dem Gegner seine Breitseite. Er reißt das Maul in Beißdrohung auf und nickt mit dem Kopf. Weicht der Rivale nicht, dann stürzt der Revierinhaber auf ihn los. Bevor die Meerechsen aneinandergeraten, senken sie die Köpfe und stoßen Schädeldach gegen Schädeldach aufeinander. Es entwickelt sich nun ein Kampf, in dessen Verlauf jeder den anderen vom Platz zu schieben trachtet. Der Kampf endet, wenn einer vom Platz geschoben wurde. Er kann aber auch abgebrochen werden, wenn einer merkt, daß er seinem Gegner nicht gewachsen ist. Dann legt sich der Betreffende in Demutsstellung flach vor dem Sieger auf den Bauch, dieser hört daraufhin zu kämpfen auf und wartet in Drohstellung darauf, daß der Besiegte das Feld räumt (Abb. 23)[45]. Durch das turnierhafte Kämpfen vermindern rivalisierende Meerechsen das Risiko. Bei Beschädigungskämpfen wäre das Risiko, selbst Schaden zu erleiden, groß. Einen Vorteil hätte ein Beschädigungskämpfer nur dann, wenn er stets nur auf einen Turnierkämpfer träfe, der sich nicht beschädigend zur Wehr setzte. Das ist aber nicht der Fall. Turnierkämpfer verhalten sich zwar zu Beginn so, als würden sie einem Turnierkämpfer gegenüberstehen. Sobald sie jedoch merken, daß es sich um eine Echse handelt, die sich nicht an die Kampfregeln hält, schalten sie auf Beschädigungskampf um. Diese Strategie der Vergeltung verhindert, daß Mutanten, die beschädigend kämpfen, in einer Population zunehmen, denn der Beschädigungskämpfer trifft letzten Endes nur auf solche, die beschädigend zurückkämpfen, während die Turnierkämpfer meist auf ihresgleichen stoßen und damit per Saldo einem geringeren Risiko ausgesetzt sind.

Turnierkämpfe sind im Tierreich weit verbreitet. Klapperschlangen beißen einander nie, die Rivalen ringen nach festen Regeln.

23. Turnierkampf der Meerechsen. Oben: zwei Männchen durch Kopfstoßen kämpfend; darunter: Der Verlierer (rechts) liegt in Demutstellung flach vor dem Sieger. Nach Aufnahmen des Verfassers.

Sie erheben ihr vorderes Körperdrittel, holen aus und schlagen mit den Köpfen gegeneinander, bis einer umfällt und aufgibt. Turnierartig kämpfen auch viele Vögel, Fische und Säuger. Allerdings folgen nicht alle wehrhaften Tiere diesem Muster. Bei Hunden und Wölfen beginnt ein Kampf nach einleitendem Drohen als Beschädigungskampf. Im Verlauf des Bißwechsels merkt einer schließlich, daß er unterlegen ist. Er sucht dann sein Heil in der Flucht oder bricht den Kampf durch ein Demutsverhalten ab. Der Verlierer läßt sich dazu auf den Rücken fallen und harnt dabei ein wenig. Dieses Verhalten gleicht formal dem eines Welpen, der sich zur Reinigung seiner Mutter darbietet, und ist wohl als kindlicher Appell zu deuten. In der Tat kann man oft sehen, daß der Angreifer daraufhin mit Brutpflegeverhalten einklinkt und den

24. Beschwichtigungsverhalten des Wolfes: Demutstellung durch Einnahme der Rückenlage und im Vordergrund durch Futterbetteln. Durch dieses kindliche Verhalten wird der Gegner freundlich gestimmt. Nach R. Schenkel (1967).

Verlierer trockenleckt (Abb. 24)[127,163]. Auf jeden Fall hört er zu kämpfen auf, er ist aggressionsgehemmt. Während die Meerechse durch ihre Demutsstellung die kampfauslösenden Reize abschaltet und damit beschwichtigt, kann der Hund durch kindliches Verhalten den Gegner sogar freundlich stimmen.

Eine Reihe von Wirbeltieren verfügt nicht über aggressionshemmende Mechanismen. Das sind zunächst jene Tiere, die keine gefährlichen Waffen besitzen, ferner Arten, deren Fluchtvermögen so hoch entwickelt ist, daß sie sich nach kurzer Auseinandersetzung vom Gegner entfernen können. Ein Hamster kann sich nach kurzem Bißwechsel mit wenigen Sprüngen aus dem Gebiet seines Gegners entfernen. Dadurch erübrigte sich die Entwicklung besonderer Aggressionshemmungen.

Zahlreiche Untersuchungen haben ergeben, daß das Kampfverhalten der Tiere durch eine Reihe von stammesgeschichtlichen Anpassungen (S. 19) vorprogrammiert ist. Es gibt angeborene und damit arttypische Bewegungsmuster des Kämpfens. Manche Buntbarsche messen sich, auch wenn sie isoliert aufgezogen wurden, mit einem Rivalen durch Schwanzschlag und Maulkampf. Isoliert aufgezogene Meerechsen kämpfen durch Kopfstoßen, Kielschwanzleguane dagegen, indem sie sich mit den Schwänzen peitschen. Isoliert aufgezogene Kampfhähne treten sich mit den Sporen, und von Menschenhand aufgezogene Rehböcke stoßen mit dem Geweih zu, um nur einige Beispiele zu nennen.

Die Verhaltensweisen des Kämpfens werden im allgemeinen durch besondere Signale des Artgenossen aktiviert. Wir erwähnten bereits, daß die blauen Seitenstreifen des Zaunleguans Rivalenkampf auslösen und Rotkehlchen auf den roten Brustfleck aggressiv reagieren. Stichlingsmännchen bekommen zur Fortpflanzungszeit einen roten Bauch, und dieses Merkmal löst Aggressionen bei gleichgeschlechtlichen Artgenossen aus. Auch einfache Wachsscheiben ohne Flossen werden angegriffen, sofern sie unterseits rot sind. Und so reagieren auch Stichlinge, die isoliert aufwuchsen[31, 186]. Ratten, die man durch einen elektrischen Schock aggressiv machte, ignorieren eine Puppe, gleich, ob man sie bewegt oder nicht. Sie greifen jedoch eine lebende oder tote Ratte an, letztere allerdings nur, wenn man sie bewegt[188].

In diesen erwähnten Fällen sind Sozialerfahrungen für die Entwicklung des Verhaltens keine notwendige Voraussetzung. Das haben auch amerikanische Untersucher festgestellt: Tauben, die sozial isoliert aufwuchsen, greifen eine andere Taube an, wenn man im Verlauf einer Dressur plötzlich mit der gewohnten Futterbelohnung aussetzt[9].

Die unterschiedliche Aggressivität verschiedener Mäusestämme ist genetisch bestimmt. Unterschiebt man Müttern friedlicher Mäusestämme Junge aggressiver Mütter, dann werden diese dennoch aggressiv. Und entsprechend bleiben die Jungen friedlicher Mütter auch bei Aufzucht durch aggressive Stiefmütter friedlich*.

c) Der Aggressionstrieb

Ein bemerkenswerter Zug der innerartlichen Aggression ist ihre Spontaneität. Aggressives Verhalten wird keineswegs bloß durch bestimmte Schlüsselreize ausgelöst; wir beobachten vielmehr, daß Tiere, die lange nicht kämpfen konnten, immer kampfbereiter werden, offenbar auf Grund eines ihnen eigenen Antriebsmechanismus. Diese kampfgestimmten Tiere suchen dann auch aktiv nach einer auslösenden Reizsituation, die es ihnen erlaubt, den offenbar gestauten Kampftrieb abzureagieren.

A. Rasa [151] untersuchte Stau und Abreaktion aggressiver Impulse beim Buntbarsch *Etroplus maculatus.* Hält man Männchen über längere Zeit in Einzelhaft, dann kann man sie nicht ohne weiteres verpaaren, denn sie greifen jedes ihnen zugesetzte Weibchen heftig an. Setzt man jedoch zusätzlich noch ein anderes Männchen in das Aquarium, dann stürzt sich das ortsansässige Männchen auf den Rivalen, und nun, da seine aggressiven Impulse am Prügelknaben ihren adäquaten Auslaß finden, kann er auch um das Weibchen werben. Man kann den Versuch auch so aufbauen, daß man den Behälter durch eine Glasscheibe in zwei Abschnitte unterteilt und in jedes Abteil ein Buntbarschpaar setzt. Dann bekämpfen sich die Rivalen durch die Glasscheibe und verpaaren sich mit den ihnen zugesellten Weibchen. Entfernt man jedoch ein Paar, dann stürzt sich das zurückgebliebene Männchen mangels eines Rivalen auf sein Weibchen und bringt es schließlich sogar um.

Die physiologischen Prozesse, die einem solchen Erregungsstau zugrunde liegen, sind noch nicht genau erforscht. Man kann durch

* K. Lagerspetz (1964): Studies on the Aggressive Behaviour of Mice. Suomalaisen Tiedeakatemian Toimituksia. Anm. Acad. Sci. Fennice Ser. B. 131, Helsinki.

elektrische Hirnreizung nicht nur konkretes Kampfverhalten, sondern auch echte Kampfappetenz (= Kampfstimmung) auslösen. Bei einer bestimmten Elektrodenlage im Hirn von im übrigen frei beweglichen Hühnern erzielten v. Holst und v. Saint Paul unruhiges Umherwandern[85]. Es sah so aus, als suche das Huhn etwas Bestimmtes, und dies konnten die Forscher nachweisen, indem sie ihm Verschiedenes anboten. War das Huhn durch den Hirnreiz durstig gemacht, dann suchte es nach Wasser und beachtete gleichzeitig angebotene Rivalen oder Geschlechtspartner nicht. War es dagegen sexuell gestimmt worden, dann reagierte es nur auf Geschlechtspartner, und war es schließlich aggressiv erregt, dann suchte es so lange, bis man ihm einen Rivalen bot, den es sogleich angriff. Bei vielen Wirbeltieren schwankt die aggressive Bereitschaft mit dem Spiegel des männlichen Geschlechtshormons im Jahreszyklus. Zahme Eichhörnchenmännchen werden regelmäßig im Frühjahr aggressiv und greifen dann selbst ihren Pfleger an. Nach der Paarungszeit legt sich das wieder. Man kann auch durch künstliche Hormongaben aggressives Verhalten lange vor der Zeit aktivieren. Putenküken bekämpfen einander nach Testosterongaben, was sie normalerweise nicht tun. Man hat ferner Hinweise für die Annahme, daß der Katecholaminstoffwechsel im Zentralnervensystem beim Aufbau aggressiver Handelnsbereitschaften eine gewisse Rolle spielt, doch sind Einzelheiten nicht bekannt. Die der Aggression unterliegenden Antriebssysteme dürften den Tieren angeboren sein. Kruijt[101] zog Kampfhähne isoliert auf. Die Tiere bekämpften ihresgleichen, als sie erwachsen waren, mit den arttypischen Verhaltensweisen. Gab man ihnen jedoch keinerlei Gelegenheit zum Kämpfen, dann bekämpften sie ihren eigenen Schwanz oder schlugen mit den Sporen nach ihrem Schatten, was deutlich ihre Kampfappetenz demonstrierte. Noch laufende eigene Versuche zeigen, daß in sozialer Isolation aufgewachsene Hamster und Hausmäuse in einem T-förmigen Labyrinth meist jenen Schenkel wählen, dessen Endkammer mit einem frei zugänglichen gleichgeschlechtlichen Artgenossen beködert ist, den sie bekämpfen können. Der auf der Gegenseite befindliche Artgenosse, der in einem kleinen Drahtkäfig sitzt, so daß er nicht angreifen kann, lockt deutlich weniger. Auch sozial unerfahrene Säuger zeigen demnach Kampfappetenz*.

Wir können also feststellen, daß stammesgeschichtliche Anpassungen das aggressive Verhalten sehr vieler Wirbeltiere determinieren. Viele Tiere sind so vorprogrammiert, daß sie auf bestimmte Signale mit aggressiven Verhaltensweisen reagieren. Die Grundmuster der dabei eingesetzten motorischen Abläufe liegen als Erbkoordinationen vor. Das Kampfverhalten ist ferner nicht immer rein reaktiv. Die auch bei sozial unerfahrenen Tieren nachweisbare Spontaneität und Kampfappetenz läßt auf angeborene Antriebsmechanismen schließen.

Hypothesen, denen zufolge die tierliche Aggression etwas ausschließlich Gelerntes sei, sind demnach nicht mehr zu halten. Das bedeutet allerdings nicht, daß Lernen in der Entwicklung aggressiven Verhaltens keine Rolle spiele. Die Versuche von Scott[168] haben sehr deutlich gezeigt, daß man eine Maus durch eine Reihe von Kampferfolgen sehr aggressiv machen kann. Umgekehrt dämpfen wiederholte Niederlagen die Aggressivität.

d) Die Aggression beim Menschen

Über die Natur der menschlichen Aggression gehen die Ansichten sehr auseinander. Nicht einmal über die Verbreitung des Phänomens ist man einer Meinung. Helmuth[74] bestreitet, daß die Aggression ein weltweites Phänomen sei. Er weist auf die Eskimos,

* Allerdings ändert sich das Verhalten der sozial unerfahrenen Hamster und Mäuse sehr schnell. Haben sie einmal herausgefunden, wo der zu bekämpfende Artgenosse sitzt, dann laufen sie einige Male hintereinander gezielt dorthin und kämpfen. Wehrt sich der Partner und werden sie dabei gebissen, dann meiden sie künftig den Konflikt und wählen den Schenkel des Labyrinths, in dem der gekäfigte Artgenosse sitzt. Noch bemerkenswerter ist jedoch die Tatsache, daß auch jene Läufer, die nie gebissen wurden, zuletzt zu kämpfen aufhören. Nach wiederholten Läufen, auf die ein Kampf folgte, erweisen sie sich als zunehmend aggressionsgehemmt. Ich vermute, daß sie mit ihrem Gegner bekannt wurden, was weitere Aggressionen hemmt.

Zuni-Indianer und Buschmänner hin, denen Aggressionen fehlen sollen. Er hat dabei offensichtlich an Gruppenaggressionen in Form kriegerischer Auseinandersetzungen gedacht und nicht generell an Aggression, denn sonst wäre ihm wohl nicht entgangen, daß Eskimos Gesangsduelle (S. 94) ausführen und ihre Frauen verprügeln und daß die Zunis recht grausame Initiationsriten haben, daß Aggressionen also durchaus zum Alltag dieser als friedlich geschilderten Leute gehören. Von den Polar-Eskimos schildert Rasmussen [152] eine Rauferei zwischen Ehegatten. Der Mann verprügelte seine Frau, weil sie ein Messer nicht schleifen wollte. Er ließ aber bald von ihr ab, steinigte jedoch seine Hunde und zerbrach schließlich das Messer, über das sie in Streit geraten waren. Nach einer Stunde hörte Rasmussen beide vergnügt scherzen. Bemerkenswert ist das offensichtliche Bedürfnis, die einmal aktivierte Aggressivität abzureagieren.

Über die Zunis schreibt Helmuth [74]: »Aus keinem Satz der Schilderung R. Benedicts [13] über das Leben der Zunis kann auf etwaige Aggressionen derselben geschlossen werden« (S. 269). Weidkuhn [192], der daraufhin das zitierte Werk Benedicts durchsah, fand, daß sie beschreibt, wie die Frauen über ihre Nebenbuhlerinnen herfallen und sie verprügeln, daß man der Zauberei Verdächtige an den Daumen aufhängt, bis sie gestehen, und wie strafende Maskengötter die Kinder bei den Initiationsriten mit Yucca-Peitschen schlagen.

Als Beispiel kulturell determinierter Friedfertigkeit werden gerne die Arapesh von Neuguinea genannt. Aber auch diese Menschen, die angeblich nie aufeinander einschlagen, sind nicht ohne Aggressionen. Margret Mead [131, 132] schreibt, daß die Kinder darin unterwiesen werden, ihre Wut nicht an anderen Kindern, sondern an Objekten auszulassen. Geraten zwei spielende Kinder in Streit, schaltet sich sofort ein Erwachsener ein und trennt sie. Der Angreifer wird vom Spielplatz entfernt und festgehalten. Er darf im Zorn mit den Füßen um sich schlagen, schreien, sich im Schmutz wälzen und Steine oder Brennholz gegen den Boden werfen – aber er darf kein anderes Kind berühren!

»Die Gewohnheit, seine Wut auf andere, an den Dingen seiner nächsten Umgebung auszulassen, bleibt das ganze Leben hindurch erhalten. Ein zorniger Mann kann eine Stunde damit verbringen, auf seinen Gong zu schlagen oder auf seine eigenen Palmen einzuhacken« (M. Mead[132], S. 50).

Die Hopi-Indianer unterdrücken körperliche Aggressionen und finden Wettkämpfe geschmacklos. Sie lernen, selbst Feinde anzulächeln und im Alltag freundlich mit leiser Stimme zu reden. Sie lernen zu teilen und zusammenzuarbeiten. Aber eine Form der Aggression blieb ihnen offen. »Mit einer Zunge so spitz wie ein Giftpfeil führt er einen ständigen Kleinkrieg mit seinen Artgenossen« (Eggan[38]).

Sicherlich gibt es in der menschlichen Aggression kulturelle Unterschiede. Der überzeugende Nachweis, daß einer Menschengruppe Aggressionen völlig fehlen, ist jedoch bisher nicht erbracht worden. Sie könnte wohl auch nur in sehr geschützten Rückzugsgebieten oder als geduldete Minorität in einem größeren, Schutz gewährenden Volkskörper existieren. Die Aggressivität als Disposition zur Aggression scheint vielmehr auf der ganzen Erde verbreitet. Naturvölker und Kulturvölker scheinen sich dabei in ihrer aggressiven Disposition nicht grundsätzlich zu unterscheiden. Südamerikanische Urwaldindianer, Papuas oder afrikanische Negerstämme sind im allgemeinen keineswegs weniger aggressiv als Vertreter zivilisierter Nationen. Und die Aggression findet im Prinzip weltweit den gleichen Ausdruck. Das aggressive Imponieren durch Schmuck, Waffen und männliches Auftreten zeigt in den verschiedensten Kulturen grundsätzlich gleiche Züge. Man macht sich durch Federschmuck, Bärenfellmützen und dergleichen größer und eindrucksvoller, betont seine Muskulatur und Gelenke durch Muskelbänder und Schmuck und unterstreicht oft die Schulterbreite. Man gibt sich gelassen und trägt eine verächtliche Miene zur Schau. Die Droh- und Wutmimik ist, soweit festgestellt, in allen Kulturen gleich. Auch stampfen Personen aus den verschiedensten Kulturbereichen im Zorn mit dem Fuße auf – wohl eine ritualisierte Angriffsintention –, und im Ärger ballen sie die Fäuste.

Weltweit verbreitet ist ferner die Heroisierung der Aggression, sei es in Heldensagen oder in Form von aggressiven Symboltieren (Adler, Löwe, Bär, Hahn etc.) oder Wappen. Man zeigt auch stolz Narben, die von Raufereien herrühren. Die Waikas (Urwaldindianer am oberen Orinoko) scheren sich sorgfältig das Haupthaar, damit man die Narben sieht, die sie sich bei Stockkämpfen zuzogen (S. 93), und in Europa galt es als männlich, sich Ziernarben mit Fechtwaffen beibringen zu lassen. An Nationalfeiertagen zelebriert man aggressive Ereignisse der Geschichte. Mut gilt überall als Tugend, auch bei den Friedenskämpfern. Die heute weltweite Tendenz, die Aggression mit einem Tabu zu belegen, stellt eine ganz neue und hoffnungsvolle Entwicklung dar. Sie geht auf ein zunehmendes Humanitätsbewußtsein zurück und wurde zweifellos angesichts der drohenden Selbstvernichtung durch die moderne Waffentechnik beschleunigt.

Wie bei den Tieren, so führt auch beim Menschen die Aggression zur territorialen Abgrenzung der Gruppen und innerhalb der Gruppen zur Ausbildung von Rangordnungen. Die territoriale Aggression hat die Verbreitung des Menschen über die Erde gefördert und die Besiedlung selbst unwirtlicher Gebiete bewirkt, indem aggressivere oder in der Waffentechnik fortgeschrittenere Völker andere in Rückzugsgebiete abdrängten. Und das war bis in die Neuzeit so, man denke etwa an die Besiedlung Nordamerikas oder Australiens durch die Europäer. Nach heutigem moralischem Standard ist uns eine solche Feststellung peinlich, aber die Tatsachen sind nun einmal nicht wegzudiskutieren, man lese nur das Alte Testament.

Um jedoch klarzumachen, daß ich damit keine Rechtfertigung der Aggression vortrage, sei noch einmal betont, daß nicht alles, was einst adaptiv war, diese arterhaltende Funktion für immer behält. Bei Änderungen der Umweltbedingungen ist es gar nicht so selten der Fall, daß eine Anpassung sich in ihr Gegenteil verkehrt, daß sie als historischer Rest zwar mitgeschleppt wird, aber dennoch selektionistisch ein Nachteil ist.

Manche Züge menschlichen Territorialverhaltens weisen auf altes Primatenerbe hin. Wir erwähnten die phallischen Statuen, die der Grenzmarkierung und Dämonenabwehr dienen und die an das männliche Genitalpräsentieren der als lebende Grenzpfähle Wache sitzenden Affen erinnern.

Menschen verteidigen sowohl individuelle Reviere (einschließlich individuellen Besitzes) als auch Gruppenreviere. Jeder einzelne zeigt ferner die deutliche Neigung, zu fremden Personen Distanz zu halten, von besonderen Situationen (Straßenbahn, Massenansammlungen) abgesehen. Damit folgt er dem Muster vieler anderer geselliger Tiere, die Individualdistanzen einhalten. Sommer[173] experimentierte in Bibliotheken. Setzte sich eine Person an einen bereits besetzten Tisch, während noch andere frei waren, dann rückte die dort sitzende Person ab. War keine Ausweichmöglichkeit gegeben, dann errichteten die subjektiv Bedrängten symbolische Barrieren zwischen sich und ihrem Nachbarn, indem sie zum Beispiel ein Lineal begrenzend hinlegten. Bei Überschreitung einer bestimmten Distanz verließen sie den Platz, selbst wenn sie objektiv noch genügend Raum hatten. Es gibt sehr viele Situationen des Alltags, in denen diese territorialen Neigungen des Menschen deutlich werden. Wenn jemand ein Eisenbahnabteil besetzt hat, dann hat er das Recht, einen anderen mit Blicken zu mustern, ohne daß dies als Unverschämtheit aufgefaßt wird. Daß der Eintretende das territoriale Recht des bereits dort Sitzenden auch anerkennt, geht aus der Tatsache hervor, daß er höflich fragt, ob denn noch Platz frei sei, ja oft verwendet er die förmliche Anfrage, ob der Eintritt »gestattet« sei.

Derjenige, der zuerst da ist, hat offenbar bestimmte Rechte, die wir ihm zugestehen. Das ist interessanterweise schon bei höheren Primaten ausgeprägt. Hat ein Schimpanse eine Gazelle oder einen jungen Pavian erbeutet, dann gehört die Beute ihm. Selbst wenn der erfolgreiche Jäger von niedrigem Range ist, wird ihm ein Ranghoher nur selten seinen Besitz streitig machen[119]. Setzt man zu einem gefangenen Mantelpavian ein Weibchen und kurz danach ein weiteres Männchen, dann wird das neu dazugekommene Männchen sich nicht um dieses Weibchen bemühen, vielmehr wird es betont wegsehen. Es respektiert die Tatsache, daß der andere das Weibchen vor ihm besaß. Der Besitzer zeigt übrigens ein bemerkenswertes Verhalten: Er präsentiert lippenschmatzend seine Kehrseite und beschwichtigt den anderen, ähnlich wie wir eine für einen Mitmenschen unangenehme Mitteilung durch eine freundliche Bemerkung entschärfen. In unsere Sprache übersetzt, sagt der Pavian: »Es tut mir leid, sie gehört mir« (H. Kummer, mündl. Mitteilung).

Wir betrachten gewisse Raumbezirke vorübergehend oder ständig als unser eigen und neigen dazu, auf Überschreitungen seitens anderer ärgerlich zu reagieren. Besonders deutlich ist dies bei heranwachsenden Kindern und bei manchen Geisteskranken, die zum Beispiel ihren Sitzplatz an einem Tisch oder ihr Bett mit großer Erbitterung verteidigen (Staehelin[179]).

Eine Familie betrachtet ihre Wohnung und ihren Garten als ihr Gebiet und eine Dorfgemeinschaft ihr Dorf und ihre Felder. Ja selbst eine Gemeinschaft, die sich nur vorübergehend, etwa in einem Eisenbahnabteil, zusammenfindet, etabliert sich auf Zeit zu einem Verband mit exklusiven Neigungen, und es bedarf beschwichtigender Riten, wenn man dazustoßen will.

Spezifisch menschlich ist die Ausstrahlung der Aggression in geistige Bereiche. Wir verteidigen geistiges Eigentum, ja versuchen Ideen aggressiv zu verbreiten, selbst humanitäre Ideale.

Weltweit verbreitet ist die Lustmotivation der Aggression. Nicht immer muß sie sich in direkter Rauflust äußern, obgleich nicht nur die Tiroler in Wirtshäusern gelegentlich Händel suchen. Es gibt sehr viele Formen von Kampfspielen. Der Rahmen spannt sich von Wettkämpfen nach dem Muster des Fingerhakelns bis zum Schach oder Fußballspiel. Diesem aggressiven Wetteifern liegt eine Lust zugrunde. Offenbar reagiert man aggressive Impulse auf diese Weise ab, während ein Aggressionsstau als unlustvolle Spannung erlebt wird. Die Erscheinung des Aggressionsstaus und der entspannenden Abreaktion wird nicht nur subjektiv erlebt, man kann einen Aggressionsstau experimentell hervorrufen, messend nachweisen und ebenso die Abreaktion gestauter Aggressionen verfolgen.

Man lud Studenten zu Versuchen ein, in deren Verlauf man sie absichtlich verärgerte. Die Verärgerung konnte man am Ansteigen des Blutdruckes ablesen. Die Verärgerten teilte man in zwei Gruppen und gab vor, der Versuchsleiter würde nunmehr bestimmte Aufgaben lösen. Zugleich forderte man die Versuchspersonen auf, dem Versuchsleiter durch Drücken eines Knopfes mitzuteilen, daß er einen Fehler mache. Der einen Gruppe wurde glaubhaft gemacht, daß sie dem Versuchsleiter einen elektrischen Strafreiz erteilen würde, während die andere nur ein blaues Lichtsignal betätigen konnte: Bei jenen, die den Versuchsleiter zu bestrafen glaubten, sank der Blutdruck rasch. Sie reagierten ihre gestauten Aggressionen ab. Jene dagegen, die nur Lichtblitze auslösen konnten, blieben weiterhin verärgert, ihr Blutdruck sank nicht nennenswert[81].

In weiteren ähnlich aufgebauten Versuchsreihen[57,80] fand man, daß es sehr verschiedene Wege der Aggressionsableitung gibt. Man kann Personen durch beleidigende Noten verärgern. Können diese darauf ebenso antworten, dann sinkt ihr Blutdruck wieder. Man kann Aggressionen auch abreagieren, indem man einen Film aggressiven Inhalts betrachtet; offenbar identifiziert man sich mit dem Geschehen. Das große Angebot von Filmen mit aggressivem Inhalt durch Kino und Fernsehen zeigt, daß hier ein Bedürfnis – ein Markt – vorliegt. Menschen reagieren gerne auf diese Weise aggressive Impulse ab. Die Filme sind meist so aufgebaut, daß zuerst die Aggressionen der Zuschauer aktiviert und danach wieder abreagiert werden, etwa an einem »Bösewicht« *. Im Alltag reagieren wir aktivierte Aggressionen oft auch durch Handlungen an Ersatzobjekten ab, etwa, indem wir Türen zuschlagen oder gar Gegenstände zertrümmern. Ein taubblind geborenes Mädchen, das ich beobachtete, biß sich in die Hand, wenn es sich ärgerte. Viele Völker haben Ventilsitten entwickelt, die es ihnen erlauben, auf »friedliche« Weise, etwa in Gesangsduellen oder Sportwettkämp-

* Das Ansehen aggressiver Filme aktiviert Aggressionen, und nicht immer sind die Filme so aufgebaut, daß diese Aggressionen des Betrachters auch wieder abgebaut werden. Das hohe Angebot an Gewalt, Brutalität und Sadismus, das in den Massenmedien in Erscheinung tritt, ist daher höchst bedenklich.

fen, ihre Aggressionen auszuleben und auch Dispute unblutig zu regeln.

Die sehr aggressiven Waikas (Urwaldindianer am oberen Orinoko) kennen verschiedene Stufen aggressiver Auseinandersetzungen. Bei ihren Festen kommt es oft zu ritualisierten Kämpfen zwischen Gastgebern und Gästen, die in der Regel durch eine Art Faustkampf ausgetragen werden, in dessen Verlauf die Gegner einander abwechselnd mit der Faust gegen die Brustmuskulatur boxen. Bei einer anderen Form des Turniers schlagen die Gegner einander mit der flachen Hand kräftig gegen die Seiten. Ernstere Dispute tragen die Waikas durch Stockschlagduelle aus: Die Gegner schlagen einander mit langen Stöcken so kräftig auf den Schädel, daß tiefe Platzwunden entstehen. Auf die vernarbten Wunden sind sie später so stolz wie Mitglieder schlagender Studentenverbände auf ihre Schmisse[28]. Durch die ritualisierten Kämpfe wird bei diesen Urwaldindianern der ernste Streit zwischen befreundeten Dörfern abgefangen, was wichtig ist, da es zwischen verfeindeten Dörfern ohnedies genug der ernsten Kämpfe gibt. Ähnliches kennt man von den zentralaustralischen Eingeborenen. Haben sich zwei Frauen zerstritten, dann nimmt jede einen Hartholzprügel. Sie stellen sich einander gegenüber auf, und eine hält ihren Kopf der Gegnerin hin, um den ersten Schlag zu empfangen. Danach darf sie zuschlagen, und damit ist die Auseinandersetzung im allgemeinen beendet, es sei denn, die Zuschauer ergreifen Partei und beginnen ihrerseits mit einer Schlägerei. Die Schläge mit dem Hartholzprügel werden mit voller Wucht ausgeführt. Daß die Turniere nicht tödlich ausgehen, verdanken die Eingeborenen den im Vergleich zu uns Europäern überaus dicken Scheitelbeinen. Auch die Männer kämpfen ritualisiert, indem sie mit ihrem Speer gegen die Oberschenkel ihres Gegners zielen. Gründe für solche Auseinandersetzungen sind Ehebruch, Sozialkontakte über die Kastenlinien hinweg oder auch die Verletzung gewisser Riten[19].

Auch die Eskimos regeln die meisten Auseinandersetzungen auf eine unblutige, ritualisierte Weise. Bei den Stämmen Sibiriens, Alaskas, des Baffinlandes und Nordwestgrönlands ringen die Gegner miteinander. Das kann gelegentlich zum Tode führen. Die am arktischen Kreise lebenden zentralen Eskimo-Stämme von der Hudson-Bucht bis zur Bering-Straße ohrfeigen einander. In West- und Ostgrönland, auf den Alëuten und an der Westküste Alaskas gibt es Gesangsduelle, wobei man sich auf Grönland zusätzlich noch mit den Köpfen stößt. Der Stil der vorgetragenen Gesänge folgt einem traditionellen Muster, die Texte werden jedoch für die Anlässe jeweils individuell gestaltet. Das Publikum ist Richter und applaudiert dem besseren Sänger – auch wenn er objektiv im Unrecht ist[78]. Alle Streitgründe, Mord im allgemeinen ausgenommen, werden auf diese Weise geregelt. Ein Ostgrönländer kann allerdings selbst für einen Mord an einem Verwandten auf diese Weise Genugtuung fordern, dann nämlich, wenn er für einen physischen Kampf zu schwach ist und wenn er sich im Singen so gut weiß, daß er seines Sieges sicher ist (Holm)[82]. Wir bringen ein Beispiel, das Hoebel[78] aus Rasmussen 1922 zitiert. E. hatte die geschiedene Frau des alten Mannes K. geheiratet. Nun wollte K. die Frau wieder zurückerhalten. E. wollte sie nicht aufgeben, und so kam es zu einem Gesangsduell, das von Tanz und Gesten begleitet war.

K:
Now shall I split off words – little,
sharp words
Like the wooden splinters which I
hack off with my ax.
A song from ancient times – a breath
of the ancestors
A song of longing – for my wife.
An impudent, black – skinned oaf has
stolen her,
Has tried to belittle her.
A miserable wretch who loves
human flesh –
A cannibal from famine days.

E (antwortet zu seiner Verteidigung):
Insolence that takes the breath away
Such laughable arrogance and effrontery.
What a satirical song! Supposed to
  place blame on me.
You would drive fear into my heart!
I who care not about death.
Hi! You sing about my woman who
  was your wench.
You weren't so loving then – she was
  much alone.
You forgot to prize her in song, in
  stout, contest songs.
Now she is mine.
And never shall she visit singing,
  false lovers.
Betrayer of women in strange households.

Die Gegner sangen in dieser Weise abwechselnd eine Reihe von Strophen. Von den Tiv (Nigeria) beschrieb P. Bohannan[23] einen ähnlich ritualisierten Disput.

Im bayerisch-österreichischen Raum sind vergleichbare Gesangsduelle auch heute noch üblich. Ein typischer, etwas derberer Wechselgesang lautet:

Jetz hot oana gsunga
is eams Rotz owagrunna
wann er no amoi singt
dann schneuz ma eam gschwind!

– Und's Rotz-owarinna,
des geht di nix o,
leich mir dei Tüachl,
nocha putz i mir's scho!

Und's Tüachl-herleicha,
des is net der Brauch,
du nimm dir an Hadern
und putz dir dein Schlauch!

Die Gesänge haben offensichtlich eine stark aggressive Motivation, und wenn man schon nicht tätlich kämpft, dann findet man andere Ventile. Es läßt sich einfach nicht wegleugnen, daß es eine Spannungsunlust, eine Entspannungslust, ein Triebziel und ein Objekt der Aggression gibt. Das sind aber die wesentlichen Bestimmungsmerkmale für einen Trieb! Und daß diese Disposition nicht erst erworben wird, ist bei der weiten Verbreitung der Aggression unter den Menschen im speziellen und unter den Wirbeltieren im allgemeinen viel wahrscheinlicher als die These, die aggressive Bereitschaft werde erlernt.

Die Streitgesänge der Eskimos sind deshalb so bemerkenswert, weil es sich hier um ernsthafte, zu Entscheidungen führende aggressive Auseinandersetzungen handelt, die dennoch völlig ritualisiert sind. Sie sind durchaus den Wortgefechten moderner Parlamentarier vergleichbar, die sich vor einem Wählerpublikum darstellen, dessen Beifall Sieg und Niederlage bestimmt.

Es hat immer wieder Ansätze zu einer Ritualisierung der menschlichen Aggression gegeben. Selbst bei kriegerischen Auseinandersetzungen. In verschiedenen Kulturen entwickelte man gewisse Kampfregeln der Fairness und Ritterlichkeit. Zu den Ritualisierungen gehört die Anerkennung der Unterwerfung durch Schonung des Besiegten. Das setzt allerdings ein gewisses Maß an gegenseitigem Vertrauen voraus. Der Sieger muß sich darauf verlassen können, daß der Besiegte sich an die Regeln des Vertrages hält und nicht etwa einen Partisanenkrieg beginnt, während der Besiegte erwarten darf, daß er nicht terrorisiert und ausgebeutet wird. Da zwischen Kombattanten aus verständlichen Gründen Mißtrauen herrscht, genügen Übergriffe Einzelner, um eine Eskalation des Mißtrauens und damit der Entritualisierung der Auseinandersetzungen einzuleiten, wie das der Zweite Weltkrieg in ganz besonderem Maße zeigte. Noch heute blockiert das damals aktivierte Mißtrauen das überall vorhandene starke Kontaktstreben. Man hält nicht viel von Verträgen, nachdem so viele gebrochen worden sind.

Fehlt die Möglichkeit, Aggressionen abzureagieren, dann kommt es beim Menschen zu einem Aggressionsstau. Der kann, wie im Falle des Polarkollers, zu gefährlichen, heftigen Entladungen führen. Im Alltag erleben wir periodische Schwankungen der inneren aggressiven Handlungsbereitschaft, das heißt, wir sind gelegentlich ärgerlich und damit leichter reizbar, ohne daß die Umwelt dafür verantwortlich gemacht werden kann. Das weist auf Antriebsmechanismen hin, die denen ähnlich sein dürften, die der tierlichen Aggression zugrunde liegen. Dafür spricht unter anderem auch die gleiche Abhängigkeit vom männlichen Geschlechtshormon wie beim Tier. Adler[2], Freud[63] und Lorenz[127] haben die Spontaneität der Aggression mit der Annahme eines angeborenen Aggressionstriebes gedeutet, und die Hypothese hat, wie gesagt, viel für sich. Sie erklärt auch unsere erstaunliche Bereitschaft zur kollektiven Aggression. Je weniger Gelegenheit wir haben, diesen Trieb im Alltag auszuleben, desto bereiter werden wir sein, auf aggressionsauslösende Reize anzusprechen. Eine sehr wirksame auslösende Reizsituation ist die gegebene oder fingierte Bedrohung der eigenen Gruppe. Sie löst hohe Emotionen aus, und Demagogen aller Zeiten haben es verstanden, diese Art von Begeisterung zu wecken und für ihre Zwecke einzuspannen. Nun wird Aggression auch aktiviert, wenn eine Bedürfnisbefriedigung verhindert (frustriert) wird. Aufbauend auf dieser durch viele Experimente gestützten Tatsache haben Dollard[36] und seine Mitarbeiter die Hypothese entwickelt, die Aggression des Menschen entspringe überhaupt erst seinen Entbehrungserlebnissen (Frustrationen). Das kann man natürlich behaupten, wenn man das Konzept weit genug überdehnt. Konrad Lorenz hielt den Vertretern der Frustrationshypothese entgegen, daß die extrem permissive Erziehung bekanntlich extrem aggressive Menschen erzeuge. Darauf antwortete Plack, daß solche Menschen wohl ihre ärgste Frustration beim Abstillen erlebt hätten. Man kann bisher keine Bedingungen angeben, die eine Aufzucht ohne die geringsten Entbehrungserlebnisse und Enttäuschungen garantiert. Irgendwelche Frustrationen kann man immer annehmen, notfalls eben solche des Abstillens oder gar ein Erlebnis bei der Geburt, und so jede Aggression »erklären«. Damit verliert aber die Frustrationshypothese ihren wissenschaftlichen Wert *.

Einige amerikanische Vertreter der Frustrationshypothese urteilen darüber neuerdings wesentlich vorsichtiger. Berkowitz [16] weist darauf hin, daß die Beziehung zwischen Frustration und Aggression nicht ausschließlich gelernt werden muß und daß Lernen und angeborene Determination beim Menschen koexistieren können.

Tatsache ist, daß sich aggressive Neigungen unter den verschiedensten Erziehungsbedingungen entwickeln. Sie können stärker oder weniger stark entwickelt sein und die gesellschaftlichen Kontrollen wechseln, nachweisbar sind sie immer. Sicherlich fördert eine Erziehung, die viele Entbehrungserlebnisse setzt, die aggressive Haltung eines Menschen. Man kann Aggressionen auch durch Übung fördern, wenn man einem Kinde das freie Ausleben aggressiver Impulse gestattet oder diese gar noch belohnt. Die gelegentlich geäußerte Ansicht, solche Kinder würden ihre Aggressionen ausleben und dann zu friedlichen Bürgern werden, basiert auf einem falsch verstandenen Triebkonzept, nämlich auf der Annahme, daß jeder Mensch ein bestimmtes Quantum an Aggression mitbekomme, das er ausleben könne.

Welche Konsequenzen ergeben sich für das menschliche Zusam-

* A. Mitscherlich hat sich in seiner Rede anläßlich der Verleihung des Friedenspreises des Deutschen Buchhandels in Frankfurt dazu im gleichen Sinne geäußert: »Mit der Neigung, den Menschen weniger als Wesen auch mit einer Naturgeschichte, sondern nur mit sozialer Geschichte zu sehen, tritt in neuerer Zeit wieder die Auffassung in den Vordergrund: feindselig reagiere der Mensch nur auf das, was die Gesellschaft ihm als Individuum an Enttäuschungen und Leid zufüge. Von Natur aus sei er friedfertig. Ich teile diese Auffassung nicht. Was ist das für eine »Natur«, die bis heute nie endgültig zum Zuge gekommen ist? Woher kommt es, daß der Mensch friedfertig sein soll, die Menschen aber von Generation zu Generation voller destruktiver Phantasien sind, die sie auch ausleben? Ist dieser Glaube an die gute Natur nicht eine Illusion, die das Erkennen der psychischen Realität verstellt?«

menleben aus der Annahme eines angeborenen Aggressionstriebes? Sicherlich muß jede Menschenführung zunächst einmal eine dauernde Aggressionsbereitschaft einkalkulieren, die sich selbst gegen erzieherische Anstrengungen entwickelt. Sie wegzuzüchten wird ebensowenig gelingen, wie aus der Umwelt des Menschen alle Reize zu entfernen, die möglicherweise Aggressionen auslösen. Aber was bedeutet das für die menschliche Gesellschaft?

L. Berkowitz[14] meint, die Existenz eines angeborenen Aggressionstriebes eröffne schreckliche Perspektiven: »Ein angeborener Aggressionstrieb«, so schreibt er, »kann weder durch soziale Reformen noch durch Beseitigung jeglicher Frustrationen zum Verschwinden gebracht werden. Weder völlige elterliche Nachgiebigkeit noch die Erfüllung jedes Wunsches wird diesem Konzept zufolge den Konflikt zwischen Personen völlig beseitigen können. Die Folgerungen für eine Sozialpolitik sind offensichtlich: Zivilisation und moralische Ordnung müssen letzten Endes auf Gewalt und nicht auf Liebe und Güte basieren« (S. 4).

S. Freud dagegen ist der Ansicht, daß man die Aggression zwar nicht abschaffen, wohl aber durch Aktivierung aller jener Kräfte neutralisieren könne, die Gefühlsbindungen zwischen Menschen herstellen. Er schreibt: »Wenn die Bereitwilligkeit zum Krieg ein Ausfluß des Destruktionstriebes ist, so liegt es nahe, gegen sie den Gegenspieler dieses Triebes, den Eros, anzurufen. Alles, was Gefühlsbindungen unter den Menschen herstellt, muß dem Krieg entgegenwirken. Diese Bindungen können von zweierlei Art sein. Erstens Beziehungen wie zu einem Liebesobjekt, wenn auch ohne sexuelle Ziele. Die Psychoanalyse braucht sich nicht zu schämen, wenn sie hier von Liebe spricht, denn die Religion sagt dasselbe: Liebe Deinen Nächsten wie Dich selbst. Das ist nun leicht gefordert, aber schwer zu erfüllen.

Die andere Art von Gefühlsbindungen ist die durch Identifizierung. Alles was bedeutsame Gemeinsamkeiten unter den Menschen herstellt, ruft solche Gemeingefühle, Identifizierungen hervor. Auf ihnen ruht zum guten Teil der Aufbau der menschlichen Gesellschaft« (S. Freud, Ges. Werke 16, 1950, S. 20).

Zwei grundsätzlich verschiedene Thesen stehen einander gegenüber. Die pessimistische von Berkowitz sagt, daß bei Annahme eines Aggressionstriebes nur Gewalt und Unterdrückung Zivilisation und moralische Ordnung bewirken könnte, jene von Freud hingegen sieht in der Liebe den natürlichen Gegenspieler der Aggression. Wer hat nun recht?

Berkowitz sieht einseitig die dynamische Seite des Aggressionstriebes, der immer bereit ist und daher nach seiner Meinung nur durch Unterdrückung beherrscht werden kann. Sicherlich geht das bis zu einem gewissen Grade. So wie man durch Belohnung aggressiver Akte in Richtung auf gesteigerte Aggression erziehen kann, so kann man durch Bestrafung Aggressionen auch unterdrücken. Eine solche Befriedung trifft aber zugleich die Initiative, die positiv mit der Aggression korreliert ist. Wir »verbeißen« uns in Aufgaben, »attackieren« Probleme und »bewältigen« sie. Schon die Umgangssprache drückt aus, daß auch kulturschöpferische Leistungen von der Aggression gespeist werden. Das ist wohl auch einer der Gründe, weshalb man die »Leistungsgesellschaft« neuerdings kritisch prüft. Als aggressionssteigernd wird sie von den Vorkämpfern für eine friedfertige Gesellschaft abgelehnt. Ich glaube jedoch, daß ein so radikales Rezept nicht nötig ist. Außerdem helfen repressive Maßnahmen gegen die Aggression nur zum Teil. Man weiß zwar, daß Triebunterdrückung degenerative Effekte in der physiologischen Maschinerie der Aggression bewirkt, eine gewisse aggressive Bereitschaft bleibt jedoch und ist um so eher bereit, sich bei bietender Gelegenheit durchzusetzen, je länger keine Möglichkeit zur Abreaktion geboten wurde. Eine Reduktion der Aggression ist möglich, eine völlige Beseitigung sicher nicht. Es ist daher, wie Freud sagt, eine »Erziehungssünde«, wenn man den Menschen nicht auf die Aggression vorbereitet, mit der er sich später auseinandersetzen muß. Jede Verharmlosung der Aggression unter Hinweis auf deren angebliche Gelerntheit ist angesichts der vorliegenden Evidenz in hochstem Grade unverantwortlich.

Wir wissen, daß die Abreaktion gestauter Aggressionen keineswegs im menschlichen Gegeneinander erfolgen muß. Auch eine gemeinsame Aufgabe verbraucht Aggressionen. Es lassen sich ferner aggressionsableitende Ventilsitten der verschiedensten Arten kultivieren, zum Beispiel Kampfsportarten. Sicherlich ist die Aggression auf diese Weise kontrollierbar, allerdings nur, wenn man darüber hinaus die natürlichen Gegenspieler der Aggression zur vollen Entfaltung bringt. Ohne die Aktivierung der, wie Freud sagt, »libidinösen« Kräfte wird eine Aggressionskontrolle nicht möglich sein.

e) Rangordnung bei Mensch und Tier

Setzt man Hühner verschiedener Herkunft zusammen, dann beginnen sie zunächst miteinander zu kämpfen. Die Auseinandersetzungen nehmen jedoch im Laufe einiger Tage an Heftigkeit ab, und schließlich lebt die Gruppe friedlich miteinander. Beobachtet man genauer, dann stellt man fest, daß im Verlauf der Auseinandersetzungen eine Rangordnung festgelegt wird. Die Hühner kämpfen reihum und stufen einander nach Sieg und Niederlage ein. Ein Huhn a, das über die Hühner b, c und d siegte, ist diesen künftig überlegen. Es darf zuerst ans Futter, an den bevorzugten Schlafplatz, und es darf auch eine untergeordnete Henne hacken, wenn diese ihr den Vortritt am Futterplatz streitig macht. Siegte das Huhn b seinerseits über c und d, dann ist es diesen Hennen überlegen, und so können sich lineare Rangordnungen ausbilden. Es gibt aber auch kompliziertere Verhältnisse. Das den Hennen b und c unterlegene Huhn d kann seinerseits zufällig über a einen entscheidenden Sieg errungen haben, dann bleibt es zwar b und c untergeordnet, ist aber a übergeordnet.

Durch eine solche Rangordnung werden dauernde aggressive Auseinandersetzungen in der Gruppe vermieden; sie ist ein Mittel der Aggressionsbewältigung. Bei höheren Wirbeltieren übernehmen die Ranghohen * jedoch auch besondere Aufgaben im Dienste der

* Bei den höheren Affen beschreibt die einfache Rangordnungsterminologie (Alpha-Tier, Beta-Tier etc.) die Sozialbeziehungen der Tiere nicht mehr ausrei-

Gruppe. Bei den Babuinen (gelbe Paviane) bilden die Ranghohen bei Gefahr die »Scouts« und suchen einen Ausweg. Sie bestimmen Aufbruchszeit und Wanderrichtung der Gruppe und wählen die Schlafplätze. Sie schützen Jungtiere und Rangniedere vor Übergriffen anderer Gruppenmitglieder und schlichten Streit. Rangniedere flüchten zu Ranghohen.

Die vielfältigen Aufgaben der Ranghohen erfordern eine Reihe von Eigenschaften, wobei gesellige Eigenschaften und Erfahrung bei höheren Tieren in zunehmendem Maße neben Körperkraft und Aggressivität zählen. Die Rangstellung eines Pavians oder Makaken ist keineswegs ein Ergebnis hemmungsloser Aggression. Nicht der besonders Aggressive erklimmt die höchsten Rangstufen, sondern der besonders Freundliche, der die Sympathien der anderen zu gewinnen versteht. Bei Pavianen, Rhesus-Affen und japanischen Makaken ist die Fähigkeit eines Männchens, mit anderen Freundschaft schließen zu können, Voraussetzung für eine hohe Rangstellung. Ein ranghohes Männchen muß Jungtieren gegenüber tolerant sein und diesen gestatten, auf ihm herumzuturnen. Er muß ferner ein guter Beschützer sein. Soziale Eigenschaften entscheiden über die Rangstellung und nicht allein die Aggressivität des nach Range Strebenden. Seine Rangstellung hängt von der Anerkennung durch andere Gruppenmitglieder ab, und diese wird einem ausschließlich aggressiven Tiere verweigert. Das gilt allerdings nur für Affen, die unter natürlichen Bedingungen leben. Unter den gedrängten Bedingungen der Zoohaltung erringen Tyrannen ranghohe Positionen[158].

Gewiß gehört zu einer hohen Rangposition auch eine gewisse Aggressivität, die das Rangstreben motiviert. Aber die Auseinandersetzungen sind weitgehend ritualisiert. Wir erwähnten Jane van Lawick-Goodalls Schimpansen, der im Rang aufstieg, nachdem er entdeckt hatte, daß er mit leeren Benzinkanistern gut Lärm erzeugen konnte.

chend. Hier wird die soziale Position am besten durch eine Rollenbeschreibung definiert (Bruder, Tante, peripheres Männchen etc.). Die Rolle wird durch die Frequenz bestimmt, mit der bestimmte Verhaltensweisen ausgeführt werden. Wird sie gewechselt, dann wird ein neuer Verhaltenstyp angenommen.

Neben den sozialen Eigenschaften entscheidet für die Rangstellung auch die individuelle Erfahrung. Bei Pavianen zählt diese sogar mehr als körperliche Kraft, was aus der Tatsache hervorgeht, daß alte Männchen eine Gruppe führen können, auch wenn ihre körperliche Kraft nachgelassen hat. Meist tun sich dann zwei oder drei Alte zu einer zentralen Hierarchiegruppe zusammen[37]. Diese Affen bekommen im Alter ein eindrucksvolles Altersprachtkleid, einen langhaarigen silbrigen Pelz, der ihr Erscheinungsbild hebt und die körperlichen Schwächen zu kompensieren hilft. Gleiches beobachtet man bei Gorillas, Schimpansen und schließlich beim Menschen[48].

Die Ausbildung einer Rangordnung setzt zwei Bereitschaften voraus, die wir bei einzelgängerisch lebenden Tierarten vermissen. Die Tiere müssen erstens Rangstreben* zeigen, zweitens aber auch die Bereitschaft, sich unterzuordnen, wenn sie die Spitze nicht erreichen können. Beim Menschen ist beides nachweisbar. Vance Packard[146] hat in seiner vortrefflichen Studie gezeigt, wie wir Menschen nach Rang streben und jede erreichte Stufe der Rangpyramiden durch entsprechende Status-Symbole markieren. Der Appell an den Status ist ein wirksamer Werbefaktor, denn wenn einer schon nicht selbst eine hohe Rangstufe erreicht hat, mimt er sie doch gerne, indem er sich wie ein Ranghoher kleidet, einen gleichen Wagen fährt oder gleichen Schmuck trägt. »Men of destiny wear...« ist ein bekannter Werbeslogan. Morris[141] wies auf die interessante Erscheinung der »Rangmimikry« hin. Man folgt den ranghohen Vorbildern in Mode, Schmuck und Sitten, was jene wiederum dazu veranlaßt, neue Moden zu entwickeln, um sich neuerlich von den Nachbarn abzusetzen. O. Koenig zeigt an verschiedenen Beispielen, daß Uniformen von Siegerstaaten gerne nachgemacht werden. Die Uniform der ungarischen Husaren fand in Österreich, Deutschland, Rußland und Frankreich Imitatoren.

* Zum Rangstreben gehört nicht allein die Aggression gegen einen Artgenossen, sondern auch die Toleranz. Ungesellige Tiere beenden ihre Aggression erst, wenn sich der Rivale zurückgezogen hat. Bei geselligen Tieren endet die Auseinandersetzung, sobald der Rangniedere seine untergeordnete Position anerkennt.

Die Ungarn haben ihrerseits die berüchtigte türkische Gardetruppe der Delis nachgeahmt, die nach Opiumgenuß blindwütig als erste in den Schlachten angriffen und die Leibwachen der allerhöchsten Würdenträger stellten. Der Stärkere wird gern imitiert. Morris wies überdies auf die Tatsache hin, daß verhinderte Pyramidenkletterer sich selbst die Berge schaffen, deren Spitze sie erklettern können, indem sie bestimmte Hobbies pflegen und dabei Gleichgesinnte zu überflügeln trachten. So kann ein Taubenzüchter oder ein Bierfilzsammler in seiner Gruppe zum König aufsteigen. Diese Ersatzpyramiden sind ein harmloser Weg zur Befriedigung des Rangstrebens. Sie sind für uns lehrreich, weil sie zeigen, wie stark dieser Trieb in uns wirkt. Die Tatsache, daß man bisher das Modell einer Gesellschaft ohne Ränge nicht in die Praxis umsetzen konnte – auch die radikale Beseitigung etablierter Hierarchien brachte uns dem Ideal nicht näher, denn neue Rangsysteme entwickelten sich schnell –, zeigt, daß es sich hier wahrscheinlich um eine angeborene Disposition handelt, die wir als Primatenerbe mitschleppen. Im individualisierten Verband entscheiden über die letztlich eingenommene Rangstellung menschliche Qualitäten wie Einsatzbereitschaft, Nächstenliebe, Wissen, und nicht allein Aggressivität. In der individualisierten Kleingruppe, wo jeder jeden ziemlich gut kennt, kann ein Gruppenmitglied den anderen nur schwer diese Eigenschaften vortäuschen. Das ist in der anonymen Gemeinschaft ganz anders (S. 252).

Auch beim Menschen wird Alter mit Weisheit gleichgesetzt. Das war früher sinnvoll, denn die Alten waren ja im Besitze reicher Lebenserfahrung und akkumulierten Wissens. So spielt der Rat der Alten (Senat) bei Natur- und Kulturvölkern eine große Rolle. Besonders Ranghohe werden stets als würdige Alte porträtiert. Die Erhöhung des Lebensalters führt jedoch heute dazu, daß vom Altersabbau gezeichnete Personen entscheidende Positionen einnehmen. J. D. Frank[59] hat darauf kürzlich hingewiesen: »Offenkundige Geisteskrankheit«, schreibt er, »ist bei Führern moderner Demokratien selten, aber schleichende Unfähigkeit unter dem Druck des Alters und der Belastungen des Amtes ist leider viel weiter verbreitet, als man sich dies klarmacht. Allein in diesem Jahrhundert waren mindestens sechs britische Premierminister und eine sehr große Anzahl von Kabinettsministern während ihrer Amtsführung krank; die Vereinigten Staaten liefern die Beispiele von Präsident Wilson und Franklin Roosevelt, welche während der letzten Monate ihrer Amtsführung an einer fortgeschrittenen Arterienverkalkung litten... An Wilsons Unfähigkeit, die Regierungsgeschäfte tatkräftig zu führen, lag es zweifellos, daß Amerika versäumte, dem Völkerbund beizutreten. Roosevelt, dessen Kräfte man schon in Quebec nachlassen sah, war in Jalta ein sterbender Mann, der unfähig war, sich für die Konferenz gehörig zu informieren...« (S. 85/86). Solche Beispiele ließen sich auch aus der jüngsten deutschen Geschichte anführen. In der Politik, die offenbar für ihre Führungsspitzen kein Pensionierungsalter kennt, ist das besonders kraß und für die Gesellschaft gefährlich. Hier führt uns eine angeborene Ehrfurcht vor dem Alter offensichtlich in eine Sackgasse.

Wir erwähnen damit bereits die zweite Bereitschaft, die Voraussetzung für die Bildung einer Rangordnung ist, nämlich die Bereitschaft zur Unterordnung, die auf Furcht vor den Ranghohen (»Ehr-Furcht«) basiert. Einzelgängerischen Tieren ist diese Bereitschaft fremd. Als ich einen Dachs aufzog, war es mir nicht möglich, diesem Tier etwas zu verbieten. Schalt ich ihn, wenn er einen Schrank öffnete und meine Wäsche herauszog, dann schaute er mich höchstens an, und gab ich ihm einen Klaps auf die Schnauze, dann griff er an. Er ordnete sich nicht unter. Ein Hund gehorcht dagegen schnell.

Die Rangordnung ist ein Mittel gesellschaftlicher Ordnung und damit der Aggressionsbewältigung. Solange sie sich auf Charakter und Wissen aufbaut, ist sie für die Gesellschaft auch akzeptabel. Autorität, die auf Sachwissen basiert, wird man anerkennen müssen. Das hat H. Marcuse[129] kürzlich in einer Diskussionsbemerkung ausgeführt. »Was wahrscheinlich biologisch unmöglich ist«, schreibt er, »ist auszukommen ohne irgendwelche Repression. Sie mag selbst auferlegt sein, sie mag von anderen auferlegt sein...

Die Herrschaft zum Beispiel des Piloten in einem Flugzeug ist rationale Herrschaft. Es ist unmöglich, sich einen Zustand vorzustellen, in dem die Passagiere dem Piloten diktieren, was er zu machen hat. Der Verkehrspolizist sollte auch ein typisches Beispiel rationaler Autorität sein. Diese Dinge sind wahrscheinlich biologische Notwendigkeiten, aber politische Herrschaft, Herrschaft die auf Ausbeutung beruht, Unterdrückung, ist es nicht« (S. 41).

Formen ererbten Führungsanspruches sind ebenso wie Klassen- oder Kastensysteme abzulehnen. Gruppen, die sich voneinander abschließen, stehen einander schließlich feindselig gegenüber (siehe Pseudospeziation, S. 52). Jede solche Barrierenbildung fördert die Gefahr aggressiver Auseinandersetzungen. Wenn unser Ziel allumfassende Menschenliebe ist, dann gilt es, die Spaltung der Menschheit in Klassen zu überwinden. »Die wahre Liebe zur Menschheit wird sicher einmal kommen, aber erst nach Beseitigung der Klassen auf der Welt«, schreibt Mao Tse-tung*. Bereits im erblichen Häuptlingstum liegt der Keim der Entartung. Wenn Duldsamkeit und Demut die Menschen zu blinder Unterwerfung führen, hören sie auf, Tugenden zu sein. Damit sind wir beim Problem des Bewertens von Verhaltensnormen angelangt, das wir im folgenden Kapitel ausführlicher behandeln.

* Mao Tse-tung, Reden an die Schriftsteller und Künstler im neuen China. Ost-Berlin 1952, S. 59.

6 Die biologische Verankerung ethischer Normen

a) Über das Werten

Woher wissen wir eigentlich, was gut und was böse ist? Wir haben diese Begriffe bisher in unserer Betrachtung tunlichst vermieden und uns auf die Diskussion der selektionistischen Vorteile beschränkt. Dabei ergab sich, daß gewisse Verhaltensweisen, zum Beispiel altruistische, für die Arterhaltung vorteilhaft sind, andere, etwa das Töten eines Artgenossen, dagegen von Nachteil. Wollten wir bewerten, dann könnten wir alles, was der Arterhaltung entgegenwirkt, als das Böse – Abzulehnende – bezeichnen. Wir richten uns wahrscheinlich ganz unbewußt danach, wenn wir alle Antriebe, die zu pathologischer Entartung neigen und damit unser Zusammenleben gefährden, negativ bewerten, wie das insbesondere für die Aggression gilt. – Aber woher weiß nun der einzelne, was zu tun und was zu unterlassen ist? Lernt er die Gebote oder deduziert er sie, indem er sich etwa die Frage stellt: »Kann ich wollen, daß andere so handeln, wie ich es gerade gern tun möchte?« Handeln wir mit anderen Worten nach dem sittlichen Grundgesetz Kants so, daß die Maxime unseres Willens jederzeit zur Grundlage einer allgemeinen Gesetzgebung erhoben werden könnten, in freier vernünftiger Entscheidung, unabhängig von irgendwelchen Mechanismen der Natur? Oder fühlen wir darüber hinaus auch a priori, was gut und was böse ist? Mit anderen Worten, gibt es neben den kulturell gesetzten, in der Praxis erprobten und deduzierten Normen auch uns angeborene und mithin biologisch verankerte? Die Moraltheologie nimmt an, daß der Mensch als Gebot fühlt, daß er Gutes tun soll und Böses unterlassen. Das sei ihm angeboren. Was nun im einzelnen gut und böse ist, sei zu deduzieren, wobei als Richtlinie die Achtung vor der Persönlichkeit – die Liebe – zu gelten hat. Das beinhaltet die Achtung vor dem Leben des Nächsten. Kurz, die Normen werden nach dieser Ansicht nur in allgemeinster Form geliefert und die konkreten Verhaltensregeln von ihrer Beachtung abgeleitet. Noch vor einigen Jahren ergab zum Beispiel eine Rundfrage zur Frage der künstlichen Besamung mit Fremdspendersamen, daß die Mehrzahl der männlichen Ehepartner das ablehnte. Mit der Achtung der Persönlichkeit – in diesem Falle des männlichen Ehepartners – begründete die Moraltheologie die Ablehnung der künstlichen Besamung durch Fremdspender. Neuerdings ergab eine Rundfrage zum gleichen Thema, daß beide Ehepartner meist damit einverstanden wären, und damit bestehen nun auch von theologischer Seite keine Einwände gegen diese Form des »Ehebruches«. Ähnlich begründet ist die Monogamie.

Darüber hinaus versucht die Moraltheologie die gottgewollte Ordnung in der Natur abzulesen. Die theologische Naturrechtslehre nimmt dabei an, daß die geschaffene Welt die Realisierung göttlicher Ideen darstellt. Die vernunftlosen Geschöpfe würden durch Naturzwang auf ihr Ziel hin von Gott geordnet. Daher könnten wir uns auch an dieser Welt orientieren und sie als Wegweiser für unser bewußtes Handeln nützen. Die Natur verkünde den Willen Gottes, aus ihr ergeben sich Maßstäbe, gewissermaßen natürliche Sittengesetze. In einer Ansprache zur Eröffnung des IV. Jahres der Päpstlichen Akademie der Wissenschaften am 3.12.1939 sagte Papst Pius XII.: »Fügt sich unser Verstand nicht der Wirklichkeit der Dinge, oder ist er taub gegen die Stimme der Natur, so phantasiert er im Reich der Träume und läuft einem Trugbild nach. Zwischen Gott und uns steht die Natur« (Wickler[198]).

Wer sich allerdings an der Natur orientieren und aus ihr ethische Normen ableiten will, darf sich nicht auf Teilkenntnisse stützen, sonst geht er in die Irre. Die gegenwärtige Diskussion um die Zulässigkeit verschiedener Methoden künstlicher Empfängnisverhütung ist dafür ein gutes Beispiel. Aus der Tatsache, daß der Begattungsakt bei den Tieren meist nur der Fortpflanzung dient, schlossen Moraltheologen, daß dies im wesentlichen auch beim Menschen der gottgewollte Zweck sei und man daher künstliche Empfängnisverhütung als gegen diese Ordnung verstoßend ablehnen müsse. Man übersah dabei, daß gerade beim Menschen der Geschlechtsakt eine neue partnerbindende Funktion erfüllt[48, 198]. Grundsätzlich ist diese Art der Normenableitung richtig, sofern man sich immer der Tatsache bewußt bleibt, daß wir auf Grund des Studiums der Tiere nur Hypothesen entwickeln können, die mit größerer oder geringerer Wahrscheinlichkeit für den Menschen zutreffen. In allen Fällen muß ihre Tragfähigkeit erst durch Studien am Menschen geprüft werden. Wer allein aus der Verbreitung eines Verhaltens im Tierreich Normen für das menschliche Verhalten ableitet, verstößt gegen die wissenschaftliche Disziplin. Dennoch geschieht gerade das immer wieder, wobei die Wahl der Beispiele dann meist die Neigungen des Autors widerspiegelt. In seiner Schrift »APO und Establishment aus biologischer Sicht« argumentiert Frank[58] auf diese unwissenschaftliche Weise. Da er sich so betont als Biologe ausgibt, muß festgestellt werden, daß wohl nur wenige Biologen allein aus der Lebensweise der Waldspitzmäuse, Mauswiesel, Berglemminge, Feldmäuse, Wildkaninchen und Präriehunde Allgemeingültiges für das Verhalten des Menschen ableiten würden. Solch ein zoologisch durchzogenes Plädoyer für das »Establishment« liest sich ziemlich qualvoll.

Noch ein weiteres ist zu beachten: In der Natur gibt es die Erscheinung des Funktionskonfliktes. Es ist zum Beispiel für manche Tierarten vorteilhaft, möglichst viel in kurzer Zeit zu fressen. Dann kann man aber nicht gut kauen, was wiederum ein Nachteil ist. Viel fressen und gut kauen, das sind zwei Anforderungen, die einander deutlich widerstreiten. Als Ausweg entwickelten verschiedene Huftiere das Wiederkäuen. Viele Fische tragen auffällige Arterkennungszeichen an den Körperseiten. Diese oft bunten Signale sind aber auch für Raubfische gut sichtbar, und Fische, die im freien Wasser oder über deckungslosem Meeresboden leben, können sich Auffälligkeit nicht leisten. Die Forderung, einem Artgenossen signalisieren zu können und für den Freßfeind unscheinbar zu sein, führte zu verschiedenen Kompromissen. Einige Fische

»erfanden« die Fähigkeit zum Farbwechsel. Sie erstrahlen in bunten Farben, wenn sie einem Artgenossen signalisieren, wechseln aber danach sogleich wieder in ein unscheinbares Kleid. Andere tragen ihre auffälligen Signale verborgen auf normalerweise zusammengefalteten Flossen, die sie nur zum Zwecke des Signalisierens entfalten[42, 44].

Vergleichbare Konflikte ergeben sich auch im menschlichen Verhalten. Mitleid kann mit Gehorsamsforderungen in Konflikt geraten. Beide sind ethische Werte, und für beide dürfte, wie wir noch diskutieren wollen, eine angeborene Disposition vorliegen. In einem solchen Falle kann der Mensch sich nicht unbedingt auf das »Parlament seiner Instinkte« verlassen und dem stärkeren Zuge nachgeben, vielmehr muß er aus Einsicht den Konflikt zu lösen suchen. Einsicht in was? wird man entgegenhalten. Zunächst sicher in die Zweckmäßigkeit. Es leuchtet wohl ein, daß man der Arterhaltung Entgegenwirkendes negativ bewerten kann. Aber gibt es darüber hinaus eine Rangordnung der Werte? Kann ich eine angeborene Neigung höher bewerten als die andere? Ist etwa Mitleid oder die Nächstenliebe eine edlere, also höher zu bewertende, Regung als die Angriffslust? Das ist sicher sehr problematisch, denn alle diese Regungen sind adaptiv. Wenn eine Menschengruppe eine andere ausrottet, dann könnte man sagen, der Sieger sei eben biologisch erfolgreicher als der Verlierer, und es sei durchaus richtig, daß sich der Tüchtigere auf diese Weise durchsetze. Nach meinem Dafürhalten kann man eine Wertung begründen, nach der solche Ansichten unzulässig sind. Ich gehe dabei von der Tatsache der Evolution aus. Kaum ein Biologe betrachtet die Natur wirklich wertfrei. Wir sprechen von einer Höherentwicklung der Organismen im Laufe der Stammesgeschichte, von höheren und niederen Tieren, und meinen damit mehr oder weniger differenzierte. Nun sind jene Bindungstriebe, deren subjektives Korrelat bei uns die Nächstenliebe ist, nicht nur jüngeren Datums als die Aggression, sie führten vielmehr darüber hinaus zu einer ungeheuren Differenzierung unseres Sozialverhaltens. Die erstaunliche Entfaltung der menschlichen Kultur basiert auf Zusammenarbeit und gegenseitigem

Beistand. Mit der Fähigkeit zur Liebe sind die höheren Wirbeltiere über die Aggression hinausgewachsen. Sie haben eine als »höher« zu bewertende Evolutionsstufe erreicht. Mit der Aggression allein ausgerüstet, würden wir wohl noch immer auf der Stufe der Reptilien stehen.

Mit dem gleichen Argument kann sich der Biologe für den Wert der individuellen Freiheit einsetzen. Unsere kulturelle Entfaltung und damit die beschleunigte und »rationalisierte« Evolution (S. 52) beruht auf ihr. Und das ist schließlich ein Evolutionsschritt, dessen Folgen wir noch gar nicht absehen können.

Bei der Normenableitung müssen wir darauf achten, daß manches historische Belastung sein kann. Wir erwähnten schon, daß Tiere Strukturen mitschleppen, die einst als Anpassung entwickelt wurden, die aber durch Umweltänderungen ihren arterhaltenden Wert einbüßten (S. 45). In gleicher Weise können auch manche tiefverwurzelten Neigungen veraltet, das heißt unzweckmäßig sein. Das gilt zum Beispiel für den Konformitätszwang. Menschen in aller Welt neigen dazu, auf Außenseiter und von der Mehrheit abweichende Minoritäten mit heftigen Ausstoßreaktionen anzusprechen. Demagogen haben sich zu allen Zeiten auf das »gesunde Volksempfinden« berufen, wenn sie gegen Minoritäten aufputschen wollten. Diese Neigung zeigen bereits Kleinkinder, wenn sie hinkende oder stotternde Spielgefährten hänseln. Das Verhalten erzwingt die Angleichung jener, die sich anzupassen vermögen, und das mag früher von selektionistischem Vorteil gewesen sein, da es die Einheit der Gruppe festigte.

Heute ist dies aber ganz sicher nicht mehr vorteilhaft. Die Begabung des Außenseiters ist in einer Gesellschaft mit so differenzierter Arbeitsteilung wertvoll. Außerdem haben wir eine Bewußtseinsstufe erreicht, die es uns zu erkennen erlaubt, daß auch die von der Norm abweichenden Mitmenschen uns im Grundsätzlichen gleichen. Dieses Bewußtsein gilt es weiter zu erhellen, denn sie ist das einzige Mittel, unsere archaische Intoleranz zu bewältigen. Die Feststellung, daß uns eine Neigung angeboren ist, rechtfertigt sie noch nicht.

Die Neigung zur Konformität tritt auch in verschiedenen Mustern der Höflichkeit zutage. Man kleidet sich zu bestimmten Anlässen ähnlich und demonstriert damit Gleichheit. Aus der Reihe zu tanzen gehört nicht zum guten Ton. Selbst bei Tisch neigen die Leute dazu, Gleiches zu bestellen, allerdings ist hier der Zwang zur Konformität weniger stark.

Ein weiteres Begriffspaar, das dem von gut und böse nahesteht, aber sich nicht mit ihm deckt, ist das Gegensatzpaar gesund – krank, beziehungsweise normal – abnormal. Will man die Norm feststellen, dann darf man sich nicht allein nach der zahlenmäßigen Verbreitung eines Merkmals in einer Population richten. Selbst wenn in einer Population die Anzahl der Zuckerkranken über 80 Prozent betragen sollte, würde wohl keiner auf den Gedanken kommen, diese gestörte Form des Zuckerstoffwechsels als die normale anzusehen. Sie erhält sich ja nur durch ärztliche Maßnahmen und bedeutet offensichtlich einen selektionistischen Nachteil. Es gibt also neben der statistischen Norm, die allein über die zur Erhebungszeit vorliegende zahlenmäßige Verteilung von Merkmalen Aufschluß gibt, noch die ideale Norm, die man bei Berücksichtigung des Selektionswertes von Merkmalen ermitteln kann.

Aus diesem Grunde irrt Kinsey[98], wenn er behauptet, daß die Begriffe normal und abnormal in der Wissenschaft wohl fehl am Platze wären, wobei er sich allerdings dann des Begriffes normal durchaus bedient, wenn es darum geht, sexuelle Aberrationen zu bewerten *.

* Über die Sodomie schreibt Kinsey[98]: »Es liegen Berichte von auf Farmen aufgewachsenen Leuten vor, die in ständiger Furcht vor der Entdeckung ihrer Vergangenheit lebten. Der Arzt, der diesen Individuen versichern kann, daß ihre Betätigung biologisch und psychologisch ein Teil der normalen Verhaltensweise der Klasse Säugetiere ist und daß Kontakte in einem so hohen Prozentsatz der männlichen Landbevölkerung vorkommen, kann erheblich zur Lösung der Konflikte beitragen.« Abgesehen davon, daß die Argumentation nicht stichhaltig ist, muß noch festgestellt werden, daß die Aussage, Vergleichbares sei bei Säugetieren eine normale Erscheinung, ganz falsch ist. Wir kennen von freilebenden Wildtieren weder zwischenartliche Paarungen noch Homosexualität. Künstlich können wir solche Erscheinungen durch Prägung erzielen[167].

b) Die Aggressionshemmung

Das Gebot »Du sollst nicht töten« findet man in irgendeiner Form bei allen Völkern, auch bei Kopfjägern und Kannibalen. Nirgends ist es generell erlaubt, einen Mitmenschen zu töten. Das ist sicher schon aus Zweckmäßigkeitserwägungen vernünftig; ein soziales Zusammenleben von Menschen wäre ohne eine solche Regelung kaum vorstellbar. Die interessante Frage ist jedoch, ob wir uns allein verstandesmäßig zu diesem Gesetz bekennen oder ob wir darüber hinaus auch angeborenen Neigungen folgen. Sollte letzteres zutreffen, dann wird unsere Hoffnung auf ein friedliches Zusammenleben sicher besser begründet sein, als wenn uns nur Zwang und reine Vernunft zur Gesetzestreue bringen.

Wir erörterten bereits die Tatsache, daß bei verschiedenen Tieren der Mord am Artgenossen durch Einhaltung bestimmter Kampfregeln und durch das Vorhandensein angriffshemmender Mechanismen verhindert wird. Viele Tiere können sich im Verlauf einer Auseinandersetzung dem Artgenossen unterwerfen. Ihre Demutsgebärden hemmen einen weiteren Angriff. Diese »moralanalogen« Verhaltensweisen (Lorenz[127]) sind den Tieren angeboren. Auch wir Menschen verfügen über ein reiches Repertoire an Beschwichtigungs- und Demutsgebärden. Die meisten sind uns angeboren. So weinen und klagen Menschen in den verschiedensten Kulturen in prinzipiell gleicher Weise, und zwar nicht nur mit den gleichen Gebärden, sondern auch mit den gleichen Klagelauten. Daß auch taubblind geborene Kinder weinen, erwähnte ich schon. Auch in jenen Gesten der Unterwerfung, die kulturell ausgestaltet werden, stecken angeborene Elemente. So macht man sich kleiner, wenn man sich unterwirft. Im einzelnen kann das durch Fußfall, Kniefall oder durch eine Verbeugung geschehen. Hilflosigkeit, Schwäche und kindliches Verhalten erregen ebenfalls Mitleid (S. 150).

Unser wichtigstes freundliches Signal ist das Lächeln. Mit dieser angeborenen Verhaltensweise sind wir in der Lage, uns mit völlig Unbekannten anzufreunden. Ein Lächeln entwaffnet. Erst kürzlich las ich von einem amerikanischen Sergeanten, der sich plötzlich zwei Vietcong-Soldaten gegenüber fand. Sein Gewehr versagte, und da lächelte er, was seine Gegner hemmte. Mißtrauen und Angst ließen den angebahnten Kontakt jedoch sofort wieder ersterben. Der Amerikaner lud durch und tötete seine Gegner. Kypselos, der spätere Tyrann von Korinth, entging der Sage zufolge als Säugling seinen Häschern, weil er sie anlächelte.

Zudem wirken die Kindchenmerkmale (siehe Kindchenschema, S. 34) an sich schon beschwichtigend. Es gibt zwar genügend verbürgte Berichte von Gewalttätigkeiten wehrlosen Kindern gegenüber, doch werden solche Vorkommnisse von den Chronisten stets als etwas Außergewöhnliches und Schreckliches bezeichnet. Es ist bezeichnend, daß alle Welt sich über das Massaker von Mylai empört, während sie das anonyme Morden einer weit größeren Zahl von Zivilisten durch Bombenabwürfe relativ ruhig zur Kenntnis nimmt. Die Vorstellung, daß jemand Frauen und Kinder erschießt, ist zu allen Zeiten schrecklich gewesen und empört das Empfinden. Wieso Derartiges dennoch passieren kann, werden wir im Folgenden erörtern. Da ein Kind allein durch seine Erscheinung Aggressionen hemmt, benützt man den Appell über das Kind recht häufig zur Beschwichtigung. Wollten zum Beispiel australische Eingeborene den Kontakt mit Weißen aufnehmen, dann schoben zwei alte ranghohe Männer ein kleines Kind vor sich her, auf dessen Schultern sie ihre Hände legten. Sie verließen sich darauf, daß niemand einem kleinen Kinde etwas antun würde[12]. Wir werden dieses Prinzip noch durch weitere Beispiele belegen. Es genügt hier festzuhalten, daß wir Menschen, was die Aggressionshemmungen betrifft, keineswegs aus der Reihe der höheren Wirbeltiere tanzen. Wir können mit wenigen Signalen in Sekundenschnelle beschwichtigen. Es ist geradezu verblüffend, wie rasch man durch ein Lächeln, durch submisses Verhalten (oft mit vorgetäuschter Hilflosigkeit als Kindchenappell) und mit einer gestammelten Entschuldigung einen aufbrausenden Wütenden besänftigt.

Die mitleiderregenden und beschwichtigenden Appelle reichen nun nicht immer aus, einen Mord am Artgenossen zu verhindern. Damit erhebt sich die Frage, warum das so ist. Lorenz meint, wir seien nur gegen uns bekannte Mitmenschen ausreichend angriffsgehemmt. Die Forderung, alle unsere Menschenbrüder zu lieben, vermöge zwar unsere Vernunft voll zu erfassen, aber so wie wir jetzt konstruiert sind, seien wir nicht fähig, diese Forderung zu erfüllen. Das warme Gefühl von Liebe und Freundschaft verbinde nur mit Einzelmenschen, und daran würde auch der beste Wille nichts ändern. Damit bleibt nach Lorenz nur die Hoffnung, daß sich unsere Nachkommen unter dem Selektionsdruck genetisch wandeln und so die Fähigkeit erlangen, alle Menschen ohne Ansehen der Person zu lieben. Der heutige Mensch sei nicht gut genug für die Anforderung des modernen Gesellschaftslebens. Das ist in der Tat der Eindruck, den man gewinnt, wenn man die schonungslosen kriegerischen Auseinandersetzungen der Völker erlebt.

Sicher sind wir anlagemäßig Fremden gegenüber weniger gehemmt. Jeder Autofahrer weiß, wie leicht man sich über Fremde erregt, die einen beim Verkehr behindern. Erst kürzlich erlebte ich, wie mich ein Überholender schnitt. Ich setzte schon zum Schimpfen an, da erkannte ich im Fahrer einen guten Bekannten von mir, und gleich schwang meine Stimmung um, wir lächelten uns an, grüßten freundlich, und mein Ärger war verflogen. Fremden gegenüber sind wir weniger tolerant.

Das ist eine uns angeborene Disposition, die wir mit jenen geselligen Säugern teilen, die exklusive Verbände bilden. Dazu gehören auch die meisten Affen der Alten Welt. Bei all diesen Tieren führt jedoch die aggressive Auseinandersetzung normalerweise nicht zum Mord. Obgleich Gorillas, Schimpansen und Orangs über gewaltige Körperkräfte und ein kräftiges Gebiß verfügen, ist bisher nur einmal beschrieben worden, wie ein Gorilla-Mann einen anderen erwürgte, und auch das sah der Berichterstatter nicht selbst, sondern hörte es von einem Wildhüter. Meines Wissens hat sonst kein Beobachter beschrieben, daß ein Menschenaffe einen anderen in freier Wildbahn getötet hätte. Beim Menschen ist das ganz anders. 25 Prozent aller männlichen Waika-Indianer kommen nach neuesten Schätzungen[28] bei kriegerischen Auseinandersetzungen ums Leben. Und diese Tatsache erklärt sich nicht allein aus der geringeren Hemmung Fremden gegenüber. Es kommen zwei weitere Faktoren hinzu.

Voraussetzung für das Wirksamwerden beschwichtigender Demutsgebärden ist, daß der Angegriffene genügend Zeit hat, die Signale der Unterwerfung zu senden, und daß sein Gegner sie auch wahrnehmen kann. Diese Voraussetzungen sind meist nicht mehr gegeben, wenn Menschen mit Waffen aufeinander losgehen. Bereits mit der Erfindung des Faustkeils konnte der Mensch seinen Gegner durch einen einzigen Schlag außer Gefecht setzen und ihm damit von vornherein jede Möglichkeit zur Unterwerfung nehmen. Es ist sicher kein Zufall, daß wir mit dem Auftreten der ersten Waffen auch die ersten eingeschlagenen Menschenschädel finden: Von den Australopithecinen-Schädeln, die Dart in Südafrika ausgrub, zeigten die meisten Spuren von Gewalteinwirkung *. Unsere angeborenen Angriffshemmungen sind auf unsere biologische Ausstattung abgestimmt. Wenn Menschen einander mit bloßen Händen angreifen, dann kann sich schließlich einer unterwerfen und unser Mitleid erregen. Mit der Erfindung der ersten Waffe änderte sich das schlagartig, und wir dürfen annehmen, daß sich der Mensch damals in einer ähnlichen Krisensituation befand wie wir im Zeitalter der Atomwaffen. Es gelang unseren Vorfahren, sich anzupassen, aber jede neue Waffe stellte sie von neuem vor das Problem, neue kulturelle Kontrollen zu erfinden, und stets hinkte die Entwicklung ritterlicher Verhaltensregeln der Waffentechnik nach. Welche Schwierigkeiten neu eingeführte Waffen den Menschen bereiten, erlebte ich kürzlich am oberen Orinoko. Die dort ansässigen Waika-Indianer erhalten seit einigen Jahren über die Missionen Haumesser (Macheten). In einem Dorf hatte während meiner Anwesenheit ein Mann gerade mit der Machete seine Frau verprügelt und ihr tiefe Schnitte an Schulter und Armen zugefügt. Dann erst hatte er sich besonnen und die Frau zum Verbinden zur

* Roper[154] hat die Evidenz über Schädelverletzungen pleistocäner Menschen zusammengetragen. Manche wurden sicher zu Unrecht als von Menschenhand verursacht gedeutet, doch bleiben genügend Fälle zur Unterstützung der These.

nahen Mission gebracht, wobei er sie durchaus sorgsam betreute. Solche Unfälle passieren des öfteren. Den Waikas ist offenbar die Gefährlichkeit dieser Haumesser noch nicht völlig ins Bewußtsein gedrungen. Sie benützen sie im Affekt wie einen Prügel. Nie würden sie innerhalb ihrer Gruppe ähnlich sorglos mit ihren Giftpfeilen umgehen.

Eine Waffe erlaubt es, leicht und schnell zu töten. Ja, beim Zielen auf Distanz ist sich ein Schütze im allgemeinen gar nicht bewußt, daß er im Begriff ist, einen Mitmenschen zu töten. Er zielt auf einen dunklen Fleck im Gelände und krümmt dabei nur einen Finger. Daß dies für den Mitmenschen so ungeheure Folgen hat, vermag sein Gefühl nicht zu begreifen. Und wollte man von einem Bomberpiloten verlangen, seine Opfer einzeln zu töten, er wäre über diese Zumutung empört. Insofern hat die technische Entwicklung unsere angeborenen Hemmungen überlistet, und wir müssen dies mit unserer Einsicht verstandesmäßig kompensieren, wenn wir als Art überleben wollen. Aber die Hemmungen, und das wollen wir nicht vergessen, sind vorhanden. Uns sind die Appelle und die angeborene Fähigkeit zum Mitleid als stammesgeschichtliche Anpassungen gegeben.

Vielleicht noch schwerer als die Erfindung der Waffen wiegt die Fähigkeit des Menschen, seinen Gegner zu verteufeln. Menschen können sich dank ihres hochentwickelten Intellekts einreden, daß ihre Gegner keine Menschen, sondern bestenfalls Tiere oder höchst gefährliche Unmenschen seien; solches »Ungeziefer« darf man, ja muß man töten. Die brasilianischen Mundurucu-Indianer teilen die Welt in sich und in »Pariwat« – alle übrigen – ein. Diese anderen gelten als Jagdwild, und man spricht auch von ihnen wie von Tieren (Murphy [142]). Auf Java gebraucht man für menschlich und Zugehörigkeit zur eigenen Gruppe das gleiche Wort. Eine Untersuchung amerikanischer Kriegs-Comics ergab, daß selbst die Todes- und Entsetzensschreie der Amerikaner anders dargestellt wurden als jene der Gegner [185]. Und damit die Krieger nicht über den Kontakt mit ihren Feinden schließlich doch erkennen, daß es sich hier um Mitmenschen handelt, erläßt man strenge Non-Fraternisations-Gesetze, die den Kontakt mit den Feinden auch nach ihrer Unterwerfung unterbinden sollen. Der gewaltige Aufwand einer Kriegspropaganda wäre sicher nicht notwendig, wäre der Mensch nicht im Grunde kontaktbereit und bis zu einem gewissen Grade gegen jeden Mitmenschen angriffsgehemmt. Die Bereitschaft, ein Band zum Nächsten zu knüpfen, ist in der Tat so groß, daß immer die »Gefahr« besteht, zwei feindliche Gruppen könnten sich anfreunden, wenn sie einander nur lange und nahe genug gegenüberliegen. Im Ersten Weltkrieg waren die Schützengräben der Westfront einander so nahe, daß Franzosen und Deutsche bei monatelangem Stillstand der Front nicht umhin konnten, im Gegner menschliche Eigenschaften zu entdecken, und allein die Einsicht, daß der da drüben eigentlich auch hungrig ist und unter den Nöten des Alltags ebenso leidet, war genug, um die Truppen zu »demoralisieren«. War es dann so weit, daß sie Zigaretten austauschten, dann war es für die Generalität Zeit, die Truppen auszuwechseln. In diesen Fällen genügte also offensichtlich die Erkenntnis, daß andere eben auch Menschen sind, um die Angriffsbereitschaft zu hemmen und die Bereitschaft, ein Band zu stiften, zu wecken. Für die Angriffshemmung ist also eine individualisierte Bindung keineswegs Voraussetzung, sie fördert sie allerdings erheblich (S. 144).

Die Verteufelung besteht nicht allein darin, daß man den Gegner zum Unmenschen stempelt, sondern vielmehr auch in der Erwekkung von Angst und Mißtrauen. Und Angst verschließt, wie jeder Reisende weiß, die Türen. Naturvölker sind Fremden gegenüber oft nur aus Angst aggressiv. Besucht man solche Menschen mit einer größeren Gruppe, dann muß man schon sehr deutlich die friedliche Absicht bekunden. Ja, bei den aggressiven Waikas wird Freundschaftsbesuch von Dorf zu Dorf nur dann gestattet, wenn die Besucher auch Frauen und Kinder mitbringen. Auf meinen zahlreichen Reisen zu Naturvölkern war ich sehr oft allein, und nie ist mir jemand feindlich entgegengetreten. Allein löste ich nie Angst, sondern nur freundliche Neugier aus, und das gab mir Gelegenheit, mich mit diesen Menschen über das Lächeln und mit Hilfe anderer bandstiftender Verhaltensweisen (S. 149) anzufreunden.

Die große Bedeutung, die der Kriegspropaganda beigemessen wird, zeigt, wie stark die Menschen an sich zum friedlichen Kontakt neigen. Und ist ein solcher Kontakt zwischen Menschen einmal hergestellt, dann bestehen starke Angriffshemmungen. Schon Darwin[34] meinte, daß es eine entscheidende Aufgabe des zivilisierten Menschen sei, über die Kleingruppenverbundenheit hinaus die Sympathiegefühle, die ihn mit seinen Bekannten verbinden, auf alle Menschen auszudehnen:

»Wenn der Mensch in der Kultur fortschreitet und kleinere Stämme zu größeren Gemeinschaften vereinigt werden, so wird das einfachste Nachdenken jedem Individuum sagen, daß es seine sozialen Instinkte und Sympathien auf alle Glieder derselben Nation auszudehnen hat, selbst wenn sie ihm persönlich unbekannt sind. Ist dieser Punkt einmal erreicht, so besteht dann nur noch eine künstliche Grenze, welche ihn abhält, seine Sympathien auf alle Menschen aller Nationen und Rassen auszudehnen« (S. 158) *.

Unsere Erörterung hat gezeigt, daß wir auch Unbekannten gegenüber mit Angriffshemmungen ausgerüstet sind, sofern wir nicht Barrieren errichten, die Kontakte verhindern, und Waffen einsetzen, die uns vom Gegner so distanzieren, daß wir seine menschlichen Reaktionen nicht wahrnehmen können. In der Tatsache, daß diese Angriffshemmungen nicht erst als kultureller Überbau geschaffen werden, liegt unsere große Hoffnung. Wäre es nicht so, eine mitleidlose Kultur könnte sich nur allzuleicht etablieren – es gäbe ja keine verbindlichen Normen. So aber wird das Töten von Mitmenschen überall als Konflikt erlebt.

Von den angeführten Faktoren, die es dem Menschen ermöglichen, sich über die angeborenen Hemmungen hinwegzusetzen, halte ich seine Fähigkeit, die Mitmenschen zu verteufeln, für die gefährlichste. Diese Fähigkeit, das Mitleid auszuschalten, ist es ja letztlich, die ihn zum kaltblütigen Mörder macht. In diesem Sinne meint

* Diesen Gedanken hat auch A. Gehlen[65] neuerdings aufgegriffen, der von einem enlargierten Sippenethos spricht. »Das Ethos der Nächstenliebe ist das familiäre, es ist zuerst innerhalb der Großfamilie lebendig, aber der Erweiterung fähig, bis es der Idee nach die ganze Menschheit umfaßt« (S. 121).

auch Lorenz, daß der reine, nicht auf seine innere Stimme horchende Verstandesmensch (als utopisches Zukunftsbild) ganz sicher kein Engel wäre, sondern weit eher das Gegenteil.

c) Gehorsam und Loyalität

Die Fähigkeit zum Mitleid ist uns sicher angeboren. Wieweit andere ethische Grundhaltungen durch stammesgeschichtliche Anpassungen determiniert werden, ist aber noch weitgehend ungewiß. Immerhin fällt auf, daß gewisse Tugenden über die Kulturen hinweg Geltung haben, zum Beispiel Mut, Freundestreue, Nächstenliebe, Aufopferungsbereitschaft, Hilfsbereitschaft, Ehrfurcht und Gehorsam. Nun können solche Gemeinsamkeiten durchaus parallele kulturelle Entwicklungen sein. Für den Autoritätsgehorsam liegt uns jedoch eine experimentelle Untersuchung vor, die darauf hinweist, daß uns Menschen diese Disposition angeboren ist.

Autoritätsgehorsam war und ist in verschiedenen Kulturen ein ethischer Wert. Geistliche Orden fordern noch heute die blinde Unterwerfung, und Abrahams Bereitschaft, seinen Sohn zu morden, steht heute noch als schauriges Symbol über unserer abendländischen Kultur. Allerdings wird der blinde Autoritätsgehorsam mehr und mehr abgelehnt. Gehorsam soll nur aus Einsicht erfolgen, und er soll enden, wenn gefordert wird, daß man einem Mitmenschen Leid zufüge. Aber selbst in Kulturen, die dieses Ideal vertreten, kann sich unter besonderen Bedingungen die Gehorsamsbereitschaft gegen das Mitleid durchsetzen. Das hat Milgram [134-136] in sehr eindrucksvollen Versuchen bewiesen. Er lud Personen aus verschiedenen Berufsgruppen dazu ein, an einem fingierten Experiment teilzunehmen. Den Eingeladenen wurde gesagt, man wolle durch bestimmte Experimente den Einfluß von Strafreizen auf den Lernfortschritt prüfen. Es wurde ihnen eine Person gezeigt, die im Nebenraum auf einem Stuhl festgeschnallt war und an deren Armen Elektroden befestigt waren. Die Aufgabe bestand darin, über einen im Nebenraum befindlichen Apparat elektrische Strafreize zu erteilen, wann immer der Festgeschnallte einen Fehler machte, und zwar sollte die Reizstärke von Fehler zu Fehler ansteigen. Der Reizapparat hatte dazu eine Reihe von 30 Drucktasten von 15 bis 450 Volt. Die letzten Reizstufen waren zusätzlich als »gefährlich« gekennzeichnet. Als eine Personengruppe befragt wurde, wie denn ein so aufgebautes Experiment ausgehen würde, erklärten alle Personen übereinstimmend, daß wohl kaum einer bis zur letzten Reizstufe gehen würde. Er würde sich dem sicher widersetzen. Nur 0,1 Prozent würden die Aufgabe gehorsam bis zum Ende durchführen. Die Wirklichkeit wich gegen diese kulturelle Erwartung in erschreckender Weise ab. Obgleich mit den höheren Reizstärken über Tonband fingierte Proteste aus dem Nebenraum erklangen (»Es tut mir weh«, »hör auf« etc.) folgten 62,5 Prozent den Anweisungen des Versuchsleiters. Dabei erlebten die Folgsamen einen deutlichen Konflikt. Ihr Mitleid wurde durch das Klagen erweckt, und sie schlugen dem Versuchsleiter vor, doch aufzuhören. Aber wenn dieser daraufhin sagte, sie sollten weitermachen, dann taten sie das, oft unter hysterischem Lachen und betonend, daß sie keine Verantwortung übernehmen würden. War der Versuchsleiter nicht selbst im Raume anwesend, gab er seine Anweisungen telephonisch, dann schwindelten die Versuchspersonen. Sie gaben vor, die Strafreize wie befohlen von Fehler zu Fehler anzuheben, taten das aber nicht. Das zeigt, daß sie nicht sadistisch motiviert waren. Die Bereitschaft zu gehorchen nahm bei Abbau der Autorität deutlich ab. Kamen die Versuchspersonen zu einem bereits laufenden Experiment, in dem ein Komplize des Versuchsleiters den Apparat bediente und im Verlaufe des Versuchs fragte, ob der Versuchsleiter Doktor sei, dann stieg die Zahl der nachfolgenden Gehorsamsverweigerer, wenn der Versuchsleiter es verneinte. Die Milgramschen Versuche zeigen, daß sich sehr wahrscheinlich angeborene Dispositionen gegen kulturelle Aufprägungen durchsetzen. Die durch diese Versuche aufgedeckte Gehorsamsbereitschaft ist eine gefährliche Neigung des Menschen. Sicher ist die Bereitschaft, zu gehorchen, auch sich unterzuordnen, ein ethischer Wert, doch kann sie dazu führen, daß Menschen zum willenlosen Werkzeug werden.

Man muß sich dessen bewußt sein, will man dem entgegenwirken.

Eine weitere Disposition ist die Gefolgschaftstreue, und sie wird leicht mißbraucht. Daß wir unseren Freunden beistehen und unserer Gruppe gegenüber loyal sind, ist sicher »gut«. Lorenz beschreibt, wie Menschen besonders bei Gefahr von außen ihren Gruppenangehörigen, notfalls unter Einsatz ihres Lebens, zur Seite stehen. Solcher Einsatz ist von der Emotion der »Begeisterung« und von archaischen Zusatzbewegungen begleitet (S. 28). Das Sträuben der Körperhaare erleben wir als »heiligen Schauer«, der uns überläuft. Der Trieb zum Beistand wird leicht ausgebeutet, und jede Diktatur versteht es, über eine fingierte Gefahr Beistandsverhalten zu aktivieren und damit die Gruppe zu einen. Ihre Aggressionen richten sich dann gemeinsam gegen den Feind. Wenn allerdings Arthur Köstler * das dahingehend interpretiert, daß die großen Katastrophen in der Menschheitsgeschichte nicht auf ein aggressives Grundverhalten des Menschen zurückzuführen seien, sondern auf ein Zuviel an Loyalität des einzelnen gegenüber dem sozialen Ordnungsgefüge, dann geschah dies wohl mit um der journalistischen Wirkung willen. Das Zuviel an Loyalität wird doch nur deshalb gefährlich, weil dem Menschen ein aggressives Grundverhalten innewohnt.

Wir können zusammenfassend feststellen, daß es durchaus angeborene Normen für unser ethisches Verhalten gibt. So ist es überall Mord, wenn man einen Menschen tötet, mit dem man verbunden ist. Was allerdings als Band gilt, ist von Kultur zu Kultur verschieden. Bei vielen Polynesiern war die Kindestötung erlaubt, solange das Kind noch nicht an der Mutter getrunken hatte. Danach allerdings galt sie als Mord. Auf den Molukken durfte ein Kopfjäger seinen Gegner nur von hinten töten[184]. Hatte er ihm ins Gesicht geschaut und tötete er ihn danach, dann war das Mord. Ein erwiderter Gruß verpflichtete die Rwala-Beduinen zum Beistand (S. 194). Wenn ein Papua mit einem anderen Menschen ge-

* Vortrag, gehalten auf dem 14. Nobel-Symposium in Stockholm 1969.

speist hatte, dann war er dessen Freund und durfte ihn nicht töten[144].

Darüber hinaus ist beim Menschen eine angeborene Tötungshemmung nachweisbar, deren subjektives Korrelat das Mitleid ist. Ihre Wirksamkeit ist zwar abgestuft nach dem Grad der persönlichen Bekanntschaft, aber sie kann auch durch bestimmte Verhaltensweisen eines Fremden aktiviert werden. Die Fähigkeit, den Gegner zu verteufeln, und die Erfindung der Waffe ermöglichten es dem Menschen, sich über die Hemmungen hinwegzusetzen.

Nicht allen der uns angeborenen Neigungen sollten wir unbedingt nachgeben. Das gilt insbesondere für den Gehorsam und die Loyalität. Beide Dispositionen bieten sich für den Mißbrauch durch Demagogen an. Sie sind in diesem Sinne nur bedingt ein ethischer Wert. Angeborene Neigungen, die der Aggression entgegenwirken, sind höher zu bewerten als jene. Die Interpretation des Evolutionsgeschehens erlaubt meines Erachtens eine solche Rangordnung der Werte. Auch die Nächstenliebe hat in diesem Sinne einen höheren Rang. Die stammesgeschichtlichen Wurzeln dieses Ethos werden im folgenden aufgezeigt.

7 Die Gegenspieler der Aggression

a) Bandstiftende Riten

Tiere können gesellig und aggressiv sein. Das scheint sich zunächst gar nicht vereinen zu lassen, denn wenn der Artgenosse neben freundlichen Impulsen der Annäherung zugleich auch solche der Abweisung wachruft, dann scheint dies einen unlösbaren Konflikt hervorzurufen. Tatsächlich haben sich alle Tiere, die in geschlossenen Verbänden leben, mit dieser Problematik auseinanderzusetzen, und es bedurfte einer Reihe von Erfindungen, um diese Aufgabe zu lösen. Unter anderem mußten beschwichtigende und bindende Riten entwickelt werden. Aggressive Tiere, die in Gruppen leben, sind ständig in Aktion, um den Frieden zu erhalten. Ein Seelöwenbulle muß viele Male am Tag Frieden stiften. Streiten zwei seiner Weibchen, dann robbt er schnell an Land und drängt sich zwischen die beiden, nach beiden Seiten grüßend. Ranghohe Paviane greifen in den Streit von Gruppenmitgliedern ein, indem sie ihrerseits drohen; nützt dies nichts, greifen sie an, was den Streit sofort beendet. – Grußriten spielen im Leben geselliger Tiere eine große Rolle, und ihre beschwichtigende Funktion bei Mensch und Tier ist erwiesen (S. 126). Versäumt es ein Nachtreiher einmal beim Landen am Nest, die Seinen zu grüßen, dann wird er von Kindern und Ehepartner mit Schnabelhieben empfangen. Und grüßen wir unsere Freunde probeweise einmal längere Zeit nicht, dann laufen wir Gefahr, es uns mit ihnen zu verderben. Beobachtet man gesellige Tiere, dann stellt man fest, daß die meisten ihrer Riten der Beschwichtigung dienen, ganz so wie unser Lächeln. Mögliche Spannungssituationen werden durch freundliche Gebärden entspannt. Wir erinnern an den Mantelpavian (S. 90), der in den Besitz eines Weibchens kam, weil er als erster mit ihm

Kontakt aufnehmen konnte, und der seinen leer ausgehenden Rivalen durch Präsentieren und Lippenschmatzen beschwichtigt. Wir Menschen pflegen unangenehme Mitteilungen mit einer Entschuldigung oder durch andere freundliche Gesten zu entschärfen. Die Aggressionsbeschwichtigung ist eine zentrale Aufgabe sozialer Riten. Wie sehen diese nun im einzelnen aus, und woraus sind sie entstanden?

Die Fähigkeit zu beschwichtigen, haben bereits die ungeselligen Reptilien. Eine Zauneidechse, die von einer anderen besiegt wurde, legt sich flach auf den Bauch. Das ist genau das Gegenteil der herausfordernden Drohstellung; die kampfauslösenden Signale werden abgeschaltet, und der Kampf endet, weil das Tier ganz einfach nicht mehr kampfauslösend wirkt. Ob darüber hinaus eine Kampfhemmung ausgelöst wird, läßt sich in diesem Falle schwer sagen*. Das Prinzip, die kampfauslösenden Signale zu verbergen und sich damit weiteren Angriffen zu entziehen, ist weit verbreitet. Viele Buntbarsche, die im Kampf unterlagen, wechseln vom Prachtkleid in eine unauffällige Färbung, die gelegentlich dem Jugendkleid gleicht. Riten, die über eine Beschwichtigung hinaus ein Band stiften, sind im allgemeinen etwas komplizierter.

Vor ein paar Jahren saß ich auf einem Lavafelsen am Ufer der Galápagos-Insel Narborough und schaute den flugunfähigen Kormoranen zu, die hier gerade ihre Jungen aufzogen. Vor mir waren zwei Nester, auf denen je ein Altvogel mit ausgebreiteten Schwingen die Jungen vor der Sonne schützte. Sie hechelten heftig in der Hitze, die wirklich kaum auszuhalten war. Gelegentlich sanken die Vögel dösend in sich zusammen, aber gleich schreckte sie das Betteln der Kleinen oder eine Bewegung des Nachbarn wieder auf. Dann schnappte einer mit aufgerissenem Schnabel nach dem anderen. Aber die Nester waren gerade so weit voneinander entfernt, daß sich die Nachbarn nicht erreichen konnten. So blieb es bei diesen Demonstrationen der Ungeselligkeit.

* Die Demutsstellung ist bei vielen Reptilien zugleich weibliche Paarungsaufforderung. Männchen von Mauereidechsen versuchen gelegentlich, einen sich unterwerfenden Rivalen zu begatten.

Die Luft über den schwarzen Felsen zitterte und verschleierte die Vulkaninsel im Hintergrund. Ich war schon im Begriff, mir einen schattigen Platz zu suchen, da sah ich, wie von der Küste ein klitschnasses Kormoranmännchen angewatschelt kam. Von seinem Schnabel baumelte ein Tangbüschel. Es kam geradewegs auf eines der Nester zu und weckte sein Weibchen, das mit steil zum Himmel gerichtetem Schnabel ein tief-gurgelndes »Cro cro« rief. Das Männchen verbeugte sich, das Weibchen entriß ihm bei dieser Gelegenheit mit einer ungestümen Bewegung das Tangbüschel und baute es in den Nestwall ein. Das Männchen trocknete unterdessen Flügel und Körpergefieder, und als es nach fünf Minuten damit fertig war, bestieg es den Nestrand, umfaßte kurz mit seinem Schnabel den seines Partners, beknabberte ihn danach am Nacken und zeigte anschließend mit dem Schnabel nach unten ins Nest. Auf diese Aufforderung hin erhob sich das Weibchen und entfernte sich (Abb. 25)[45].

In der Folge sah ich noch mehrere solcher Ablösungszeremonien, und jedesmal brachte der heimkehrende Vogel ein Geschenk mit, meist ein Tangbüschel, manchmal auch einen Seestern oder ein angeschwemmtes Hölzchen. Nie kam er ohne Gabe an, und das bewegte mich zu folgendem Experiment.

Als wieder einmal ein Männchen mit seinem Geschenk anwatschelte, ging ich hin und stahl ihm die Gabe aus dem Schnabel. Da diese Kormorane, wie sehr viele Galápagos-Tiere, zahm sind, ging das mühelos. Der Kormoran schaute zwar einen Augenblick verdattert, aber offenbar erfaßte er nicht ganz, was geschehen war, denn er watschelte weiter zum Nest, und nun spielte sich ein kleines Ehedrama ab. Statt mit Grußgeschrei wurde das Männchen mit Schnabelhieben empfangen. Es suchte schnell das Weite, holte sich ein angeschwemmtes Hölzchen und versuchte die Annäherung von neuem. Und jetzt klappte sie. Das Weibchen nahm das Geschenk und duldete die Nähe des Männchens.

Offensichtlich löst bei diesen Vögeln der Artgenosse heftige Aggressionen aus, die erst durch das Überreichen von Nestmaterial beschwichtigt werden. Man kann dabei beobachten, daß der Vogel,

25. Das Ablösungszeremoniell des flugunfähigen Kormorans. Das heimkehrende Männchen übergibt dem Weibchen zunächst ein Tangbüschel. Er kann dann in ihrer Nähe sein Gefieder trocknen. Durch angedeutete Knabberbewegungen (ritualisierte Gefiederpflege) fordert er danach das Weibchen zur Nestübergabe auf. Nach Aufnahmen des Verfassers.

der das Geschenk übernimmt, dieses meist mit heftigen Bewegungen an sich reißt. Das erweckt den Eindruck, als diene das Geschenk unter anderem als Blitzableiter für gestaute Aggressionen. Und das ist durchaus möglich, denn der Bewegungsablauf des Zustoßens und Schnappens gleicht formal einem aggressiven Akt, die Entladung würde also in den entsprechenden Bewegungsabläufen erfolgen. Wir wissen überdies, daß Tiere Aggressionen an einem Ersatzobjekt abreagieren können: Wenn Zootiere das Objekt ihrer Wut nicht erreichen können, weil es sich im Nachbarkäfig befindet, dann fallen sie häufig über einen Käfiginsassen her. Das geschieht auch, wenn ein Tier mittleren Ranges von einem hochrangigen angegriffen wurde. Der Angegriffene wagt dann nicht zurückzuschlagen, er wird seine aktivierten Aggressionen aber los, indem er einen Dritten angreift, der im Range unter ihm steht. Grzimek[67] hat dieses Verhalten treffend als »Radfahrer-Reaktion« bezeichnet.

Vögel reagieren ihre Aggressionen häufig an Objekten in ihrer Umgebung ab. Kämpfende Austernfischer picken zwischen den Kampfrunden Nestmaterial auf, Sumpfmeisen reißen zwischen den Disputen Moos von den Zweigen, und Silbermöwen rupfen bei Grenzstreitigkeiten an Grasbüscheln[187].

Das Überreichen des Nestmaterials bei den sich ablösenden Kormoranen mag diese aggressionsableitende Funktion erfüllen. Und das könnte der stammesgeschichtliche Ansatz für die Ritualisierung dieses Verhaltens zur Grußgeste gewesen sein. Wenn der im Nest befindliche Vogel seinem zum Nestbauen ankommenden Partner regelmäßig das Nestmaterial wegschnappte und dabei Aggressionen abreagierte, dann genügt dies wohl als Ausgangssituation für eine Ritualisierung.

Wie immer sie zustande gekommen sein mögen, die Gesten des Nestmaterialüberreichens sind heute weit verbreitete Grußgesten der Vögel, sie haben eine deutlich beschwichtigende Funktion. Das erfuhr ich als Student auf sehr dramatische Weise, als ich auf der Biologischen Station Wilhelminenberg bei Wien arbeitete. Otto Koenig hatte vom Neusiedler See einen halbwüchsigen Reiher mitgebracht, der sich nicht füttern ließ. Immer wenn wir uns ihm näherten, stieß er abwehrend mit seinem Schnabel zu. Nach einigen vergeblichen Fütterungsversuchen hatte Koenig einen Einfall: Er nahm einen Schilfhalm und hielt ihn dem Vogel vor den Schnabel. Der Reiher stieß wie in Angriffsabsicht zu, schnappte den Halm und baute ihn unter sich ins Nest ein. Danach verhielt er sich uns gegenüber grundsätzlich anders. Von nun an ließ sich der Vogel füttern. Graureiher überreichen einander bei der Paarbildung Schilfhalme, und unser Jungvogel hatte die freundliche Geste durchaus richtig verstanden.

Sehr viele Vögel überreichen einander auch bei der Paarbildung Nestmaterial. Der männliche Sarus-Kranich schiebt bei der Balz seinem Partner Strohhalme zu. Bei den Skuas legen die Weibchen Gras vor den Männchen ab. Viele Singvogelmännchen balzen mit einem Halm im Schnabel, so unter anderen die Zebrafinken. Bei den Haubentauchern hält jeder Partner beim Werben ein Büschel

Nestmaterial im Schnabel. Männliche Graugänse holen bei den Paarungsvorspielen vor dem Weibchen Nestmaterial vom Grunde des Gewässers und machen die Nestbaubewegung. Männliche Diamanttäubchen überreichen ihrem Weibchen bei der Kopulation einen Halm.

Adelie-Pinguine legen dem Weibchen ein Steinchen vor die Füße, und ähnlich verhalten sich viele Tölpel, interessanterweise auch der Blaufußtölpel, der kein Nest mehr baut. Hier überlebte die aus dem Nestbau abgeleitete Ausdrucksbewegung die Reduktion der ursprünglichen Verhaltensweise. Es gibt eine entsprechende Beobachtung vom mitteleuropäischen Kuckuck, derzufolge ein Weibchen einen Zweig im Schnabel hielt, als es von einem Männchen umworben wurde. Die roten Paradiesvögel brechen bei der Balz Blätter ab, die sie kurz im Schnabel halten und dann zu Boden fallen lassen. Dabei entstehen unter den Balzbäumen richtige Blätterteppiche. Auf solchem Wege mag aus dem Blattanbieten das Schmücken einer Balzplattform mit abgerissenen Blättern geworden sein, ein Verhalten, das für verschiedene Laubenvögel typisch ist.

Im Zeremoniell der Ablösung beobachteten wir beim flugunfähigen Kormoran als weitere Verhaltensweisen das Schnabelumfassen und das Beknabbern des Nackengefieders.

Das Schnabelumfassen ist eine ritualisierte Geste der Fütterung. Sie leitet sich aus dem Brutpflegeverhalten ab und dient ebenfalls der Beschwichtigung des Partners. Solche Gesten der Fütterung spielen im zärtlichen Verhalten vieler Tiere eine große Rolle. Oft wird der Partner sogar richtig gefüttert und so über eine Belohnung das Band gestiftet. Seeschwalbenmännchen umwerben ihr Weibchen, indem sie diesem einen Fisch anbieten. Meisen, Raben, Papageien und viele andere Singvögel füttern ihren Partner, als wäre der ein Junges (Abb. 26). Die Deutung, daß es sich hier um ein vom Brutpflegefüttern abgeleitetes Verhalten handelt, wird durch die Tatsache bekräftigt, daß der Gefütterte oft wie ein Jungvogel bettelt. Ein Meisenmännchen zittert beim Werben mit den Flügeln, als wäre es ein Junges; es löst damit Fütterung aus, und umgekehrt füttert das Männchen, wenn sein Weibchen kindliche Signale sen-

26. Flußseeschwalbe, ihr Junges fütternd; daneben: Männchen mit einem Fisch um das futterbettelnde Weibchen werbend (aus W. Wickler 1969); darunter: Junge fütternder Kolkrabe und Rabenpaar beim Balzfüttern. Nach Aufnahmen von E. Gwinner.

27. Spechtfinkenweibchen, durch Flügelzittern und Sperren ihr Männchen anbettelnd. Sie wird gefüttert. Darunter: Männchen am Nesteingang, durch Flügelzittern das Weibchen lockend. Nach Filmaufnahmen von H. Sielmann.

28. Lachmöwe, werbend um Futter bettelnd. Nach einer Aufnahme von N. Tinbergen.

det. Das Betteln löst aber nicht nur Fütterung aus, sondern lockt auch das Weibchen herbei. Auf den Galápagos-Inseln filmten wir, wie ein Spechtfinkenmännchen ein Weibchen flügelzitternd zum Nesteingang lockte (Abb. 27)[51].

Das Zärtlichkeitsfüttern wurde sehr oft zu reinen Gesten ritualisiert. So tauschen Gimpel beim »Schnabelflirt« kein Futter mehr aus. Sie schnäbeln bloß. Als freundliche Geste kann das ritualisierte Füttern selbst den Abbau des Brutpflegefütterns überdauern. Der Kuckuck füttert sein Weibchen, obgleich er gar keine Jungen betreut. Bei den ebenfalls brutparasitischen Breitschwanzparadieswitwen füttert das Männchen vor dem Weibchen ritualisiert in die Luft. Als Gegenstück dazu beobachten wir bei der Spitzschwanzparadieswitwe, daß die Männchen vor den Weibchen ein hochritualisiertes Bettelverhalten als Schaubalz aufführen[145].

Bei den Säugern haben sich aus der Mund-zu-Mund-Fütterung verschiedene Formen der Schnauzenzärtlichkeit entwickelt. Schakale füttern ihre Jungen wie viele andere hundeartige Raubtiere direkt von Mund zu Mund oder indem sie das Futter vorwürgen. Bei den Schakalen und Hyänenhunden füttern sich auch die Erwachsenen gegenseitig. Wölfe und Haushunde beschwichtigen einen Artgenossen, indem sie mit der Schnauze futterbettelnd gegen den

29. Schnauzenzärtlichkeit: Pelzrobbenweibchen, ihr Junges durch Schnauzenreiben begrüßend. Daneben rechts: Seelöwenbulle, ein Weibchen begrüßend. Nach Aufnahmen des Verfassers

Mundwinkel des Partners stoßen und lecken, was dieser duldet. Bei einer Reihe von Raubtieren entwickelte sich aus solchen Vorstufen ein zärtliches Schnauzenreiben. Seelöwenweibchen begrüßen ihre Jungen mit Schnauzenreiben. Man beobachtete diese Art der Begrüßung ferner zwischen Männchen und Weibchen (Abb. 29). Auf die Ableitung des menschlichen Kusses gehen wir noch ein (S. 155).

Befriedigend und bandbestärkend wirken ferner die Verhaltensweisen der sozialen Körperpflege. Viele Vögel und Säuger putzen sich gegenseitig, und zwar so, wie Mütter ihre Kleinen säubern: Sie lecken den Partner, reiben ihn ab und kämmen sein Fell oder Gefieder durch. Oft bleibt es bei einer flüchtigen Geste. Der das Weibchen ablösende Kormoran knabbert nur einige Male an dessen Nackengefieder. In anderen Fällen putzen sich die Erwachsenen gegenseitig ausdauernd und mit Hingabe. Das kann jedermann bei Affen im Zoo beobachten. Interessant ist, daß die soziale Putzaktivität zwischen Mitgliedern einer Affengruppe, wenn Junge anwesend sind, sprunghaft ansteigt. Meine drei Pinselaffen putzten sich gegenseitig dreimal so oft wie vorher, als ein Weibchen Junge geboren hatte, was die Deutung der sozialen Körperpflege als abgeleitete Brutpflegehandlung stützt. Offensichtlich waren die Äffchen brutpflegemotiviert, denn sie bemühten sich auch, an die Neugeborenen zu gelangen, was ihnen der Vater jedoch verwehrte. Entsprechende Beobachtungen machte man an Halbaffen. Wird bei den Larven-Sifakas *(Propithecus verreauxi)* ein Junges geboren, dann putzen sich die Erwachsenen gegenseitig viermal so häufig wie sonst[95].

Die beschwichtigende Funktion der sozialen Körperpflege ist durch eine Reihe von Beobachtungen belegt. Im Schönbrunner Tiergarten lebte ein wilder Onagerhengst, der den früheren Direktor Otto Antonius immer angriff, wenn er sich dem Gehege näherte. Da sich Antonius immer außer Reichweite hielt, konnte der Hengst seine Aggressionen nicht an ihm abreagieren. Er wandte sich dann regelmäßig einem Nachbarn zu. Dabei stand er einmal so, daß seine Kruppe Antonius zugekehrt war. Antonius nahm seinen Schlüsselbund und kraulte den Hengst: »Der Erfolg war verblüffend: wie von einem elektrischen Schlag durchzuckt, ließ der Hengst augenblicklich von seinem Nachbarn ab, stand mäuschenstill und gab sich leise flehmend der Wollust dieses Hautreizes hin. Seither war sein Verhältnis zu mir vollständig geändert: wenn ich sichtbar oder hörbar wurde, kam er herbei, drehte sich um und kehrte mir die Kruppe zu, um gekrault zu werden«[7] (S. 300).

Ich selbst habe mich über soziale Hautpflege mit einem anfangs recht scheuen Riesengalago anfreunden können. Das Tier forderte mich zuletzt durch Hochheben eines Armes dazu auf, es in der Achselhöhle und an der Brust zu kraulen. Offensichtlich wird soziale Körperpflege vom Geputzten als angenehm empfunden.

Die Verhaltensweisen der sozialen Körperpflege wurden oft zur reinen Geste ritualisiert. Der Mongoz-Maki macht zur Begrüßung mit dem Unterkiefer die Fellkämmbewegungen in die Luft und leckt dabei auch ins Leere. Makaken schnattern und züngeln, auch wenn sie einen befreundeten Menschen begrüßen. Ich sah das ferner bei einer zahmen Halsbandmangabe *(Cercocebus torquatus)* und bei einem Klammeraffen *(Ateles geoffroyi).* Auf formal recht ähnliche Bewegungen des Menschen werde ich noch hinweisen.

Bei der Besprechung des Balzfütterns erwähnten wir, daß der Gefütterte oft wie ein Jungtier bettelt und auf diese Weise die Kontaktinitiative ergreift. Das Flügelschlagen des bettelnden Jungvogels wurde in ganz verschiedenen Vogelgruppen zu Balzbewegungen ritualisiert. Das singende Starenmännchen flattert mit den Flügeln, und der männliche Fregattvogel stellt sich mit ausgebreiteten Schwingen zur Schau und schlägt mit den Flügeln, wenn ein Weibchen vorbeifliegt. Landet das Weibchen bei ihm, dann legt er seinen Kopf leicht zurück und schüttelt ihn schnell. Das ist eine weitere ritualisierte Bettelbewegung.

Albatrosse schlagen beim Werben mit schnellen seitlich geführten Bewegungen die Schnäbel aneinander. Dabei öffnen und schließen sie sie wie futterbettelnde Junge.

Junge Spitzhörnchen lecken Speichel vom Mund der Mutter. Das werbende Männchen beleckt die Lippen des Weibchens. Rangniedere Hunde beschwichtigen wie futterbettelnde Welpen, indem sie mit ihrer Schnauze gegen den Mundwinkel des Ranghohen stoßen. Selbst aus dem Verhaltensrepertoire des Säuglings können Elemente ins Repertoire der Erwachsenen übernommen werden. Aus dem Milchtritt der Welpen wurde das freundliche Bepföteln der Hunde, eine Geste der Kontaktaufnahme. Sich unterwerfende Hunde beschwichtigen, wie erwähnt, indem sie sich wie Welpen in Rückenlage zur Säuberung darbieten. Dabei harnen sie, und das löst oft Trockenlecken aus. Auf jeden Fall hemmt das kindliche Verhalten Aggressionen. Afrikanische Hyänenhunde verwenden zur Begrüßung ein aus dem Saugen abgeleitetes Gesäugelecken[111]. Der Uganda-Kob hält nach der Paarung sein Weibchen bei sich, indem er ihm das Euter leckt[26]. Eine Damhirschkuh nähert sich dem Hirsch mit vorgestrecktem Hals wie ein zum Trinken kommendes Jungtier.[20]* Ähnlich verhalten sich Gemsen[107]. Junge Grantgazellenböcke unterwerfen sich älteren in dieser Haltung.

Die Babuine (gelbe Paviane) grüßen einander durch Schmatzen, und dieses Verhalten ist auch Bestandteil des Paarungsvorspieles. Nach Anthoney[6] handelt es sich dabei um schnell wiederholte Saugbewegungen: Das Schmatzen entwickelt sich in kontinuierli-

* Ewer[55] meint allerdings, es könne sich hier auch um eine Intentionsbewegung zum Abliegen handeln. Damhirsche beschwichtigen, indem sie sich mit vorgestrecktem Hals auf den Boden legen.

chem Übergang im Laufe der Jugendentwicklung aus dem Saugen. Es wird durch den Anblick der rosa Brustwarzen, des ähnlich gefärbten Penis, der weiblichen Gesäßpartie und des ebenfalls rosafarbenen kindlichen Gesichtes ausgelöst. Diese Körperteile wirken auf die Paviane anziehend und tragen so zum Zusammenhalt der Gruppe bei.

Aus dem bisher Gesagten dürfte klar sein, daß kindliche Verhaltensweisen durchaus zum normalen Verhaltensrepertoire erwachsener Tiere gehören. Man bedient sich ihrer, wenn es darum geht, Beschwichtigung und Betreuung auszulösen. Mein zahmer Dachs saugte noch lange nach dem Abstillen in meiner Ellenbeuge, wenn er sich fürchtete. Ein Hänflingsmännchen, das sich ein Bein gebrochen hatte und wie ein Jungtier bettelte, wurde von einem anderen gefüttert. In einer Brutkolonie fand man einen ausgewachsenen Fregattvogel, der nur einen Flügel hatte, und einen ausgewachsenen blinden Pelikan. Beide können nur überlebt haben, weil sie von Artgenossen gefüttert wurden [115].

Man bezeichnet das Zurückfallen in kindliche Verhaltensweisen als Regression und die kindlichen Verhaltensweisen als Infantilismen (S. 150). Infantilismen sind im Repertoire der Erwachsenen auch die Lautäußerungen des Nestlings. Wenn Hamstermännchen einem Weibchen werbend folgen, rufen sie wie Jungtiere, die aus dem Nest gefallen sind [40]. Eichhörnchenmännchen verwenden in der gleichen Situation den Stimmfühlungslaut der Jungen [39]. Die brünstige Rehgeiß lockt den Bock mit Fieplauten, die jenen gleichen, mit denen Kitze nach ihrer Mutter rufen.

Beim afrikanischen Schmuckbartvogel *(Trachyphonus d' arnaudii)* singen beide Ehepartner gemeinsam eine Melodie, und zwar jeder abwechselnd nur bestimmte Teile. Sie singen so perfekt aufeinander abgestimmt, daß man nicht ohne weiteres bemerkt, daß hier zwei Vögel an einer Weise wirken. Bei diesen Duettgesängen mischt das Männchen an einer bestimmten Stelle einen »Schräh«-Ruf in den Gesang, der sich von den Bettellauten der Jungen ableitet (Abb. 30) [199]. Dazu gibt es ein interessantes Gegenstück. Das Schnabelklappern der Prachtfinkengattungen *Lonchura* und *Sper-*

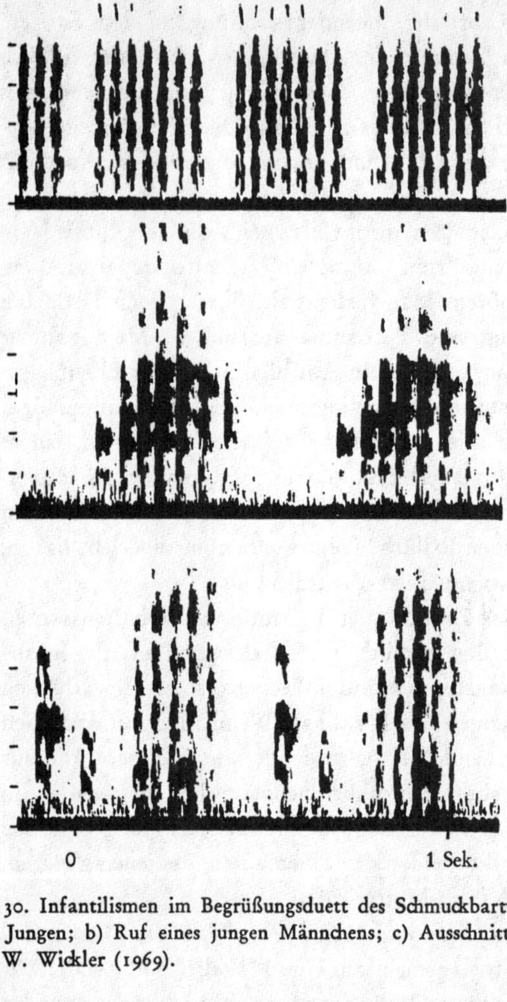

30. Infantilismen im Begrüßungsduett des Schmuckbartvogels: a) Bettelruf der Jungen; b) Ruf eines jungen Männchens; c) Ausschnitt aus einem Duett. Aus W. Wickler (1969).

mestes ist eine ritualisierte Fütterungshandlung, die in der Balz auftritt. Bei einigen *Lonchura*-Arten (Mövchen) wird dieses Schnabelklappern in den Werbegesang eingebaut[169].

Männliche Berberaffen appellieren direkt über das Kind, ganz ähnlich wie das Menschen tun (S. 114). Sie nähern sich Ranghohen mit einem ausgeborgten Baby und beschwichtigen dadurch dessen

Aggression (Crook, mündl. Mitteilung). Erwähnt sei, daß beim japanischen Makaken die Beschäftigung mit einem Kind die soziale Rangstellung des Männchens heben kann. Itani[93] beobachtete ein Männchen, das durch Herzen eines Kindes den Anschluß an die zentrale Gruppe erreichte und zugleich im Rang aufstieg. Meist werden jedoch die kindlichen Signale nicht so unmittelbar ausgenützt.

Bei den höheren Wirbeltieren sind die meisten dieser Verhaltensweisen umgewandelte Infantilismen und Brutpflegehandlungen. Von den acht bekannten Balzhandlungen der Prachtfinken sind drei vom Betteln des Jungtieres, zwei vom Füttern und zwei vom Nestbauen abgeleitet. Der Ursprung der achten Balzhandlung ist unbekannt[69]. Sämtliche Ermutigungsgesten im Grußrepertoire der Schimpansen (Kuß, Betätscheln, Halten, Umarmen und Lausen) leiten sich vom Kontakt zwischen Mutter und Kind ab.

Es ist bemerkenswert, daß auch bei den sozialen Insekten die Verhaltensweisen der Brutpflege in den Dienst der Gruppenbindung gestellt werden. Ameisen, Termiten und Bienen füttern sich gegenseitig. Heimkehrende Bienen oder Wespen werden von den Stockgenossen umringt und unter lebhaftem Fühlerspiel angebettelt, bis sie einen Futtertropfen auswürgen. Die Gefütterten werden dann ihrerseits angebettelt, und so wird die Nahrung verteilt. Der Ameisenforscher Forel bezeichnete den Kropf der Hautflügler als »sozialen Magen«, da ja der Kropfinhalt auf diese Weise nach und nach auf alle Stock- bzw. Nestbewohner verteilt wird. Bei Wespen und Bienen kann man feststellen, daß das Füttern beschwichtigt. Eine Wespe würgt als Demutsverhalten Futter aus. Bienen, die sich verirrt haben, können in fremden Stöcken adoptiert werden. Sie sind zunächst Angriffen ausgesetzt. Gelingt es ihnen jedoch, schnell ringsum zu füttern, dann befrieden sie die Angreifer und finden Aufnahme.

Bei Wespen und Hornissen füttern die Larven die Arbeiterinnen. Sie sondern zwischen ihren Kiefern eine klare eiweißreiche Flüssigkeit ab, die von diesen gierig aufgenommen wird. Schon Wheeler[193] sprach die Vermutung aus, daß der gegenseitige Nahrungsaustausch eine der Wurzeln des Soziallebens der Insekten sei. Die Insektenstaaten sind ihm zufolge Dauerfamilien, und der gegenseitige Nahrungsaustausch ist der Kitt, der die Gruppe zusammenhält. Nur brutpflegende Insekten können sich gegenseitig füttern, und nur sie bilden Staaten.

Die Verhaltensweisen aus dem Brutpflegebereich sind für die Gruppenbindung deshalb besonders geeignet, weil das Betreuungsverhalten vom Kinde primär als freundlich verstanden wird. Umgekehrt ist die Mutter an die Signale, die vom Jungtier ausgehen, angepaßt und reagiert auf sie mit Betreuung. Auf die entsprechenden Verhältnisse beim Menschen gehen wir noch ein.

Beschwichtigung und Bandstiftung kann auch über sexuelle Signale erfolgen. Der Buntbarsch *Tropheus moorei* verwendet die Rüttelbewegung – eine Balzbewegung des Männchens – als Beschwichtigungsgebärde. Mantelpaviane beschwichtigen, indem sie sich das Hinterteil zukehren. Auch Männchen nützen diese ursprünglich weibliche sexuelle Präsentiergeste, und es kommt vor, daß die ranghohen Männchen daraufhin symbolisch kurz aufreiten. Das Verhalten gehört zu den bei Begegnung ausgeübten Grußriten. Rangniedere Mantelpaviane grüßen Ranghohe auch im Vorbeigehen durch kurzes Zuwenden des Hinterteils. Bei einer Reihe von Affen, die durch weibliches Präsentieren grüßen, haben die Männchen nicht allein die weibliche Präsentiergeste in ihr Verhaltensrepertoire übernommen. Beim Mantelpavian zum Beispiel zeigen die Männchen eine rote Schwellung der Gesäßpartie als innerartliche Nachahmung des weiblichen Signals [198]. Heterosexuelle Bindungskopulationen, die nicht zur Ejakulation führen, kennt man vom Mantelpavian.

b) Bindetriebe

Der Zusammenschluß einer Gruppe von Tieren zum Verband setzt nicht nur die Existenz bandstiftender und aggressionsbeschwichtigender Verhaltensweisen voraus, sondern auch den Antrieb, diese Mittel einzusetzen, ganz allgemein eine Appetenz des Einzeltieres nach der Nähe des Artgenossen, also das Bedürfnis, diese Nähe zu suchen und zu erhalten. Das gilt bereits für Tiere, die in offenen Verbänden leben.

Als Taucher ist man immer wieder von den Fischschwärmen beeindruckt. Wenn Tausende silbriger Leiber aus dem tiefen Blau des Meeres auftauchen, einen lautlos umströmen und wieder in die Ferne der Meeresabgründe entschwinden, dann ist das ein unvergeßliches Erlebnis. Ich habe viele Stunden mit der Beobachtung von Schwarmfischen zugebracht, und dabei fiel mir besonders das starke Anschlußbedürfnis dieser Fische auf. Vom Schwarm abgesprengte Einzelfische suchten, geradezu panikartig hin- und herschießend, den Anschluß an den Schwarm. Befanden sie sich wieder zwischen den anderen, dann waren sie ganz ruhig und verhielten sich sozial indifferent. Sie suchten nur die Nähe der anderen, nahmen aber keinen weiteren Bezug aufeinander*. Schwarmfische verhalten sich also im allgemeinen so, als wäre der Artgenosse eine Zuflucht vor Gefahr.

Schutzsuche ist nun in der Tat eines der mächtigen Motive für den Anschluß an den Artgenossen, vielleicht eines der ältesten. Die Fluchtschwelle des Schwarmfisches ist wesentlich niedriger, wenn er allein ist, als wenn er im Schwarme schwimmt.

Höhere Wirbeltiere suchen zunächst bei der Mutter Zuflucht. Das gilt für Hühner ebenso wie für Menschen. Bei Pavianen sucht das Junge in den ersten Lebensmonaten immer die Mutter auf, später Schutz auch bei anderen ranghohen Erwachsenen. Meist ist das ranghöchste Männchen Fluchtziel, interessanterweise selbst dann, wenn es die Flucht auslöste. Findet sich kein Ranghoher, dann können zwei Jungtiere oder zwei Erwachsene sich zueinander flüchten und einander umklammern. Allein gelassen, umklammert sich ein ängstliches Äffchen sogar selbst. Ursprünglich ist das Fluchtziel aber immer die Mutter; an sie klammert sich das Äffchen an und

* Es gibt auch Fische, die in kleineren Schwärmen leben und die dann ihre Schwarmgenossen individuell kennen. Das sind jedoch Ausnahmen. Im typischen Fall ist der Fischschwarm ein anonymer Verband.

31. Eine Wurzel menschlichen Kontaktstrebens ist die Schutzsuche bei der Mutter. Ängstliche Säuglinge bergen sich an der Brust der Mutter und saugen zu ihrer Beruhigung oder nehmen nur die Brustwarze in den Mund, wie in unseren Abbildungen das Rhesus-Affenkind und das Neger-Baby. Nach Aufnahmen des Verfassers.

saugt bisweilen auch zur Beruhigung an ihrer Brust (Abb. 31). Die Fluchtschwelle steigt dann deutlich an. Was eben noch Flucht auslöste, wird nunmehr von der sicheren Position aus interessiert betrachtet. Die beruhigende Wirkung der Mutter läßt sich auch durch Attrappen erzielen. Isoliert aufgezogene Rhesus-Äffchen flüchten, wenn man sie ängstigt, auf ein mit Stoff bespanntes Drahtgestell und klammern sich dort fest[70]. Menschenkinder beruhigen sich, wenn man ihnen einen Schnuller gibt, und sie halten zum Einschlafen gerne weiche Gegenstände wie Teddybären oder Wolldeckchen in der Hand. Meist schreit ein Säugling, wenn er abgelegt wird; er beruhigt sich sogleich, wenn man ihn aufnimmt. Sobald das Kind krabbeln oder laufen kann, strebt es, wenn es durch irgend etwas beunruhigt ist, zur Mutter und klammert sich an ihr fest (Abb. 32 und 33).

32. Ängstliche suchen beieinander Schutz. Das jüngere Sonjo-Kind (rechts) klammert sich an dem älteren Geschwisterchen fest, und dieses umfängt es seinerseits schützend. Darunter: Rhesus-Affenmutter mit älterem Jungen. Der Kontakt mit der Mutter beruhigt. Nach Aufnahmen des Verfassers.

In all diesen Fällen können wir eine von der Fluchtstimmung aktivierte Appetenz nach Geborgenheit feststellen. Was für die Maus das Mauseloch und für den Korallenfisch die Deckung im Riff ist, ist in diesen Fällen der Artgenosse. Er bietet Deckung und Schutz und gewinnt damit gewissermaßen Heimvalenz. Das ist ganz sicher eine Wurzel des Kontaktstrebens. Der Artgenosse wird zum Fluchtziel, seine Nähe bedeutet Geborgenheit. Daher gelingt es, über eine Angstmotivierung die Bindung an ein Gruppenmitglied zu festigen. Hess berichtete, daß Entenküken der Mutter um so enger auffolgen, je stärker man sie durch elektrische Reize dafür bestraft[75]. Wenn ein Mantelpavianweibchen seinem Männchen nicht nachfolgt, läuft das Männchen zum Weibchen und beißt es kräftig

33. Die beruhigende Wirkung des körperlichen Kontaktes bleibt bis ins Erwachsenenleben erhalten. Etwa vierjähriges Schimpansenweibchen, unter der Hand eines Männchens geborgen (nach einer Aufnahme von J. und H. van Lawick-Goodall). Ein Pärchen. Nach einer Aufnahme des Verfassers.

in den Nacken; daraufhin folgt es ihm wieder. Oft genügt es auch, daß das Männchen das Weibchen drohend anstarrt[112]. Auch beim Menschen festigt Angst die Gruppenbindung, und das wird ja politisch ausgenützt (S. 191).

Wahrscheinlich ist die Bindung über den Fluchttrieb sehr alt, denn sie wirkt bereits im offenen anonymen Verband. Der Anschluß des Kindes an die Mutter dürfte ursprünglich so motiviert sein. Die Bindung ist instinktiv und nicht erst sekundär über die Fütterung erworben, wie gelegentlich behauptet wird (S. 240). Kinder, die in Kinderkrippen aufwachsen, schließen sich Gleichaltrigen an und suchen beieinander Schutz, obgleich sie einander nie füttern. Die Rhesus-Äffchen klammern sich bei Angst an einer Stoffattrappe fest und nicht an einem Drahtgestell, obwohl dort ihr Milchfläschchen befestigt ist, das sie zum Trinken aufsuchen[70].

Die Bindung der Mutter an ihr Kind ist dagegen vom Brutpflegetrieb motiviert. Das Kind stellt für die Mutter nicht den Artgenossen mit Heimvalenz dar, sondern ist primär ein Betreuungsobjekt. Bei allen Säugern senden die Jungtiere bestimmte Signale aus, die Betreuung auslösen. Sie können geruchlich, akustisch oder optisch sein, wobei innerhalb der Primaten optische Kindchensignale zunehmend an Bedeutung gewinnen. Junge Paviane haben bis zum sechsten Lebensmonat ein schwarzes Fell. Das schwarze Fell löst Beistand und freundliches Interesse bei den Erwachsenen aus. Sogar alte Männchen nehmen so ein Junges, um es zu säubern, und stehen ihm bei, wenn es angegriffen wird. Auch junge Meerkatzen besitzen eine Fellfarbe, die von der der Erwachsenen abweicht. Männchen der grünen Meerkatze greifen sogar Menschen an, die sich an einem solchen Jungtier vergreifen. Dagegen reagieren sie nicht mit Beistand, wenn ein schon ausgefärbtes Junges oder eine erwachsene Meerkatze gefangen werden. Die dunkelbraunen Brillenlanguren haben als Babies ein fast goldgelbes Fell. Solange sie so gefärbt sind, werden sie von allen Weibchen betreut*. Schimpansenbabies besitzen ein weißes Fellbüschel am Rumpfende, das beim Präsentieren besonders auffällig ist. Die Kindchensignale des Menschen erörterten wir bereits.

Oft zeigt die Mutter ein ausgesprochenes Hüteverhalten. Paviane halten ihr Kleines bei den ersten Exkursionen am Schwanze fest und holen es bei Gefahr sofort zu sich. Die Weibchen der Menschenaffen überwachen ebenso die Ausflüge ihrer Kinder, und sie holen sie zurück, wenn sie sich zu weit entfernen. Auch hier handelt es sich um echtes Hüteverhalten, das übrigens gelegentlich auch im Verkehr der Erwachsenen untereinander beobachtet werden kann. Galápagos-Seelöwen holen Weibchen, die sich von ihrem Harem entfernen, mit der gleichen Technik zum Ufer zurück, mit der sie Jungtiere, die sich zu weit ins Meer wagten, ins Seichte drängen[41]. Gesellige Vögel zeigen auch Hüteverhalten. Ob es vom

* Die durch das Jugendkleid der Languren bewirkte Angriffshemmung wirkt jedoch nicht auf gruppenfremde Männchen. Erobert ein Männchen die Führung in einer Langurengruppe, dann tötet es bisweilen alle Jungtiere, schont aber jene, die nach der Gruppenübernahme geboren werden, obgleich sie ebensowenig von ihm abstammen. Dieses mörderische Verhalten ist allerdings bisher nur von einem Forscher[182] beobachtet worden.

Brutpflegeverhalten abzuleiten ist, müßte erst festgestellt werden. Lorenz[127] beschrieb, wie Dohlen von Gruppenmitgliedern in den Verband zurückgeholt werden. Als sich 1929 eine Gruppe von Dohlen und Krähen in der Nähe seiner Dohlenkolonie niederließ, mengten sich die flüggen Jungtiere dieses Jahres unter die Fremden, so daß Gefahr bestand, sie würden in dieser Wanderschar aufgehen, wenn diese abflog. Zwei alte Männchen der Kolonie holten jedoch die Jungvögel im Verlaufe einiger Stunden einzeln zurück, indem sie mit gefächertem Schwanz von hinten knapp über sie hinwegflogen und den Fluglockruf äußerten.

Die Bindung der Mutter an ihr Kind ist sehr häufig – aber nicht immer – individualisiert, daß heißt, die Mütter erkennen ihre eigenen Jungen individuell. Das gilt vor allem für Mütter, die ihre Jungen führen und über eine längere Zeit betreuen. Bei solchen Tieren ist es sicher nicht zweckmäßig, wenn eine Mutter nicht zwischen fremden und eigenen Jungen unterscheidet und unterschiedslos Junge annimmt, denn das könnte dazu führen, daß ein Weibchen zu viele Junge um sich sammelt, die es zuletzt gar nicht mehr nähren und betreuen könnte. Hier liegt zweifellos ein Selektionsdruck vor, der die Ausbildung individualisierter Beziehungen fördert. Fremde Jungtiere werden von den Müttern oft heftig angegriffen. Seelöwenweibchen packen fremde Jungtiere, die bei ihnen saugen wollen, oft recht derb und schleudern sie zur Seite. Graugänse greifen fremde Gössel an, und Silbermöwen bringen fremde Junge, die sich in ihr Gebiet verirrten, sogar um[187]. In diesen Fällen hemmt nur die Bekanntheit Aggressionen. Dieses Muster: Bekannt = Freund, Fremd = Feind bestimmt in der Regel auch das Zusammenleben der Erwachsenen. Einander fremde haben daher bei der Paarbildung große Schwierigkeiten. Die Silbermöwen und Lachmöwen müssen anfangs immer beschwichtigen. Die Lachmöwen zum Beispiel, die in beiden Geschlechtern eine aggressionsauslösende schwarze Gesichtsmaske haben, dürfen einander zu Beginn der Paarbildung nie voll von vorne ansehen. Sie müssen das aggressionsauslösende Signal durch ein besonders betontes Wegwenden des Kopfes (»head flagging«) verbergen, und können sich anfangs nur aus den Augenwinkeln betrachten. Sobald sie einander jedoch persönlich kennen, brauchen sie dergleichen nicht mehr tun. Auf die aggressionshemmende Wirkung persönlicher Bekanntschaft beim Menschen wiesen wir bereits hin. Das persönliche Band entstand wahrscheinlich in den meisten Fällen Hand in Hand mit der Entwicklung der Brutpflege.

Konrad Lorenz [127] sieht noch einen anderen Ursprung des individualisierten Bandes. Er meint, daß die Freundschaft, der Zusammenschluß zweier oder mehrerer Individuen zu einer Verteidigungsgemeinschaft, der Ausgangspunkt der Entwicklung individualisierter Beziehungen war. »Das persönliche Band der Liebe«, so schreibt er, »entstand zweifellos in vielen Fällen aus der intraspezifischen Aggression, in mehreren bekannten auf dem Wege der Ritualisierung eines neu orientierten Angriffs oder Drohens« (S. 327). Dieser Deutung liegt die Beobachtung zugrunde, daß bei vielen Tieren Verhaltensweisen des Drohens die Bindung an den Partner stärken und als Grußriten Verwendung finden. Der afrikanische Juwelenfisch bedroht einen Rivalen, indem er heranschwimmt, plötzlich genau neben ihm anhält, imponiert und den Schwanzschlag ausführt. Begrüßt er sein Weibchen, dann zeigt er das gleiche Verhalten, mit einem Unterschied: Er führt den Schwanzschlag und das Imponieren im Vorüberschwimmen aus. Die Orientierung ist also eine andere, und es wird auf diese Weise symbolisiert, daß die Gattin nicht Gegenstand des Angriffs ist. Verpaarte Graugänse begrüßen einander mit dem »Triumphgeschrei«, wobei die Hälse aneinander vorbeidrohen. Man droht gewissermaßen gemeinsam gegen einen Dritten, was die Partner verbindet. Bei der Graugans verbindet das Triumphgeschrei aber nicht nur die Ehepaare, sondern der aggressive Ritus ist generell zum bandstiftenden geworden, der Gruppen befreundeter Individuen zusammenhält. Graugänse stiften auch beim Werben über die Aggression das Band zum Ehepartner. Ein Ganter greift zunächst wirklich oder zum Schein irgendeinen Artgenossen oder auch den am Ufer stehenden Menschen an, kehrt dann zu seiner Auserwählten zurück und grüßt mit Triumphgeschrei. Das wiederholt er so lange, bis seine Erwählte darauf eingeht und auch Triumph schreit. Scheinangriffe auf irgendeinen Nachbarn und nachfolgendes Triumphgeschrei mit dem Partner festigen später das Band[127].

Männliche Rhesus-Affen, die einen Freund gewinnen wollen, halten sich zunächst einmal in dessen Nähe auf. Sie versuchen, sich durch Lauseanträge anzubiedern. Darüber hinaus greifen sie vorbeiziehende Affen ganz unvermittelt an, das heißt, sie versuchen ihren prospektiven Freund zu einer gemeinsamen Aktion mitzureißen, was gelegentlich gelingt. Und haben die beiden einmal gemeinsam jemanden verprügelt, dann sind sie gute Freunde[202]. Beim Menschen finden wir Vergleichbares (S. 188).

Die Beobachtungen an Graugänsen führten Lorenz[127] zu der Annahme, daß die Liebe ein Kind der Aggression sei. Dafür spricht seiner Meinung nach auch die Tatsache, daß die intraspezifische Aggression um Millionen Jahre älter ist als die persönliche Freundschaft und Liebe. »Es hat durch lange Epochen der Erdgeschichte Tiere gegeben, die ganz sicher außerordentlich böse und aggressiv waren. Fast alle Reptilien, die wir heute kennen, sind es, und es ist nicht anzunehmen, daß die der Vorzeit es weniger waren. Ein persönliches Band aber kennen wir nur bei Knochenfischen, Vögeln und Säugern, bei Gruppen also, von denen keine vor dem späteren Erdmittelalter auftauchte. Es gibt also sehr wohl intraspezifische Aggression ohne ihren Gegenspieler, die Liebe, aber es gibt umgekehrt *keine Liebe ohne Aggression*« (S. 327).

An dieser Tatsache ist nun sicher nicht zu zweifeln. Aber in allen Fällen, in denen die das Band festigende Funktion umorientierter Aggression nachgewiesen wurde, war eine individualisierte Bindung bereits Voraussetzung für diese Wirkung. Lorenz betont, daß es zum Wesen dieser besonderen Art von Befriedungszeremonie gehöre, »daß jeder der Bundesgenossen sie nur mit dem anderen und nicht mit einem beliebigen Individuum seiner Art ausführen kann« (S. 269). Man kann ferner feststellen, daß es zwar keine Freundschaft ohne Aggression gibt, aber, von seltenen Ausnahmen abgesehen, auch keine Freundschaft ohne Brutpflege. Mir ist ferner kein Fall bekannt, daß sich Tiere allein über die Aggression, ohne gleichzeitige Brutpflege zusammengeschlossen hätten. Dies, ebenso wie die Tatsache, daß die Wirksamkeit eines Drohgrußes bei Tieren stets ein Band voraussetzt, scheint darauf hinzuweisen, daß die Liebe zumeist nicht primär ein Kind der Aggression ist, sondern wohl mit der Entwicklung der Brutpflege entstand. Brutpflege beinhaltet Brutverteidigung; und da die Gruppe als erweiterte Familie angesehen werden kann, ist die Gruppenverteidigung mit ihren starken Emotionen wohl aus der Brutverteidigung und Familienverteidigung abzuleiten. Gemeinsame Brutverteidigung bzw. Gruppenverteidigung bindet. Von den nicht brutpflegenden Tieren, wie etwa den Reptilien oder Amphibien, kennen wir keine Gruppenverteidigung und keine Kampfpartnerschaften. Ihre Aggression ist in diesem Punkte von jener der brutpflegenden Arten deutlich unterschieden.

Die Brutpflege dagegen bedingt bereits sehr früh individuelle Partnerschaften und individualisierte Jungenbetreuung und bietet damit die Voraussetzungen für ein differenzierteres Gesellschaftsleben. Mir ist kein Landwirbeltier bekannt, das sich zu gemeinsamen Tätigkeiten wie Jagd oder Kampf zusammenschließt, dabei ein persönliches Band zu anderen Artgenossen stiftet und das nachweislich in seiner Ahnenkette keine brutpflegenden Formen aufzuweisen hat. Sekundär kann so ein Zusammenschluß durchaus seine eigene Motivation bekommen. Das soll nach Tiger[185] zum Beispiel für den Zusammenschluß des Menschenmannes zu Männergruppen gelten.

Eine starke Motivation zur Kontaktsuche resultiert aus dem Geschlechtstrieb. Dieser Trieb ist mindestens so alt wie die Aggression, vielleicht sogar älter, denn er bewegt bereits die Einzeller. Es liegt daher nahe zu fragen, ob nicht auch über den Geschlechtstrieb eine dauerhafte Bindung zum Artgenossen hergestellt werden kann. Interessanterweise ist dies seltener der Fall, als man erwarten würde. Eine solche Ausnahme ist der Mensch. Gesellige Tiere verwenden zwar Riten aus dem sexuellen Repertoire zur Beschwichtigung, aber eine Dauerbindung über den Sexualtrieb wird eigentlich nur beim Menschen und bei einigen Affen (S. 177) hergestellt, und sie ist sicher sekundär und zusätzlich zur Festigung des Bandes entwickelt worden.

Unsere eingangs gestellte Frage nach den »Bindungstrieben« können wir nunmehr folgendermaßen beantworten: Bei Wirbeltieren lassen sich zwei Hauptwurzeln der Geselligkeit nachweisen. Einmal wird das Kontaktstreben über den Fluchttrieb motiviert. Der Artgenosse ist Fluchtziel; man findet in seiner Nähe Geborgenheit, er hat Heimvalenz. Das ist bereits bei Schwarmfischen so und gilt bis hinauf zu den höheren Primaten. Eine zweite Motivationswurzel ist der Brutpflegetrieb. Er bindet die Eltern ans Kind und eignet sich offenbar ausgezeichnet dazu, das Band zwischen Erwachsenen zu festigen. Wir wiesen darauf hin, daß nur brutpflegende Tiere exklusive Verbände bilden. Nur sie konnten über die Aggressionsbarriere hinweg ein Band stiften. Und sie tun es alle mit Verhaltensweisen der Betreuung, die dem Brutpflegebereich entstammen, und unter Nützung kindlicher Signale, die solche aktivieren.

Die Aggression festigt ein Band nur sekundär, und diese Funktion (»Kampfgemeinschaft«) ist wohl über die Jungen- und Familienverteidigung entwickelt worden. Primär und ausschließlich über die Aggression ist meines Wissens kein Wirbeltier mit seinem Artgenossen verbunden. Auch die individualisierte Beziehung – die Liebe – entwickelte sich primär aus der Brutpflegebeziehung. Der Sexualtrieb ist nur ein recht selten benütztes Mittel der Bindung, spielt aber bei uns Menschen in dieser Hinsicht eine große Rolle. Obgleich er einer der ältesten Antriebe ist, hat er interessanterweise nicht zur Entwicklung dauerhafter individualisierter Bindungen Anstoß gegeben, von einigen seltenen Ausnahmen abgesehen. Die Liebe wurzelt nicht in der Sexualität, bedient sich ihrer jedoch zur sekundären Stärkung des Bandes.

8 Was bindet uns Menschen?

Als geselliges Wesen mit aggressiven Neigungen hat sich auch der Mensch mit dem Problem der Aggressionsbewältigung auseinanderzusetzen. Innerhalb der Gruppe vermeidet er Provokationen und er stiftet Frieden, wenn zwei streiten. Auseinandersetzungen, die sich nicht vermeiden lassen, entschärft er durch den Einsatz beschwichtigender Riten. Sehen wir uns gezwungen, den Wunsch eines Mitmenschen abzulehnen, dann entschuldigen wir uns oder wir sagen es nicht direkt, sondern »durch die Blume«. Ja, vielfach ist schon die Anfrage »verblümt«. Eine solche Verblümung der Umgangsformen vermindert die Schärfe von Abweisungen und erhält damit das soziale Band. Das wird zum Beispiel in den Werbesitten deutlich. In der Eifel bringt der Bursche eine Flasche Wein, wenn er die Erwählte besucht. Er stellt sie auf den Tisch, und wenn das Mädchen ein Glas holt, gibt es damit sein Einverständnis kund. In Süddeutschland und in der Schweiz schenkte man dem Mädchen früher ein Kuchenherz. Nahm sie es an, dann bekundete sie damit ihr Interesse an der Werbung. Anfrage und Ablehnung konnte auch verblümt über einen Vermittler erfolgen. In der Hirschberger Gegend klopft der Freier bei den Eltern an und bittet um Tabakfeuer. Wird ihm geantwortet: »Mer hon ke Tobakfeuer«, dann gilt seine Werbung als unerwünscht[175]. Im Alltag versüßen wir die bittere Pille der Ablehnung, indem wir unser Bedauern ausdrücken. »Es tut mir leid, aber das kann ich nicht machen«, sagen wir, oder in der mehr geschäftlichen Form »Wir bedauern, Ihnen mitteilen zu müssen...«. Wir geben uns »verbindlich« und erhalten auf diese Weise den Frieden innerhalb der Gruppe. Müssen wir die Mittel, die wir dazu einsetzen, erst erlernen, oder sind sie uns zum Teil auch angeboren, ähnlich wie uns das von anderen Wirbeltieren bekannt ist? Was können wir an stammesgeschichtlichen Anpassungen in den Dienst der Bindung stellen? Wie friedlich sind wir gewissermaßen von Natur? Und schließlich: Können wir auch über die Aggression gebunden werden? Die Fragen sollen uns in den folgenden Abschnitten beschäftigen.

a) Betreuungsappelle und Kindchenappelle im menschlichen Verhalten

Kürzlich sah ich als Titelbild einer Illustrierten, die über den Vietnam-Krieg berichtete, die Aufnahme eines jungen Soldaten, der offenbar unter dem Schock der Kriegsereignisse zusammengebrochen war und weinend seinen Kopf an der Brust eines Kameraden barg. Ein anderes Foto zeigte einen Soldaten, der seinen Gefährten tröstend mit den Armen umfing (Abb. 34). So verhält sich jede Mutter ihrem Kind gegenüber und schließt sich damit direkt an vergleichbare Verhaltensmuster der uns nächststehenden Primaten an (S. 139; Abb. 32). Auch beim Menschen handelt es sich um Verhaltensweisen, die aus dem Repertoire der Eltern-Kind-Beziehung entlehnt sind, also um Brutpflegehandlungen und kindliche Appelle. Wie ich im folgenden ausführen werde, sind sie im Grunde über die Kulturen hinweg gleich, und die Tatsache, daß es überaus ähnliche Verhaltensmuster bei den uns nächststehenden Schimpansen gibt, weist auf die angeborene Grundlage dieser Verhaltensweisen hin.

Je weniger »zivilisiert« eine Volksgruppe ist, desto unmittelbarer und spontaner sind die Gesten der Zuneigung oder Ablehnung. Eine Begrüßung bei den Waikas am oberen Orinoko wird mir unvergeßlich bleiben. Unsere kleine Gruppe hatte das Dorf Yasubueteri erreicht und mittels kleiner Geschenke den freundlichen Kontakt hergestellt. Nun standen wir in dem Runddorf, jeder umringt von einer Gruppe neugieriger und freundlicher Indianer.

34. Der Trost suchende Mensch birgt seinen Kopf an der Brust des Nächsten, als wäre er ein Kleinkind. Der Trost gewährende umfängt ihn wie eine Mutter. Amerikanische Soldaten in Korea nach einem Photo von Al Chang (U.S. Signal Corps).

Die Frauen zeigten ein besonderes Interesse an meiner Begleiterin, Frau Elke Goetz. Es war zum Teil sachlich motiviert. Die blonden Haare wurden hin- und hergewendet und ihre bedeckte Brust betätschelt. Eine junge Indianerin aber wollte sich mit ihr anfreunden. Sie schmiegte sich eng an meine Begleiterin, umfing deren Beine mit einem Fuß, wie es Kinder tun, wenn sie an einem hochklettern wollen, und rieb ihre Stirn mit seitlichen Kopfbewegungen an ihrer Wange, wobei sie Elkes Kopf mit den Händen festhielt. Ich bat Elke, das zu erdulden und immer nur freundlich zu lächeln. Sie erfüllte meine Bitte, und ich filmte die Verhaltensmuster, mit denen die Indianerin den Kontakt herzustellen suchte. Da Elke nur lächelte, aber sonst nicht weiter auf das Verhalten der Indianerin einging, probierte diese praktisch ihr gesamtes freundliches Repertoire aus. Ihr Stirnreiben wurde zunächst immer gröber: wohl eine aggressivere Form der Anfrage und vielleicht auch ein Austesten der Toleranz ihrer Partnerin. Zwischendurch setzte sie immer wieder ab und schaute lächelnd und fragend in Elkes Gesicht.

Einmal berührte sie kußartig die Wange mit den Lippen, dann rieb sie die Lippen mit seitlichen Kopfbewegungen an der Wange, und zwischendurch blies sie mit aufgepreßten Lippen aus vollen

Backen, ein Verhalten, mit dem Waika-Mütter ihre kleinen Kinder zu erheitern pflegen. Auch das bei so vielen Völkern übliche Nasenreiben – Nasenspitze gegen Nasenspitze – führte sie aus. Und immer wieder unterbrach sie, um meine Begleiterin anzulächeln. Ein bezauberndes Bild ergab sich, als sie ihren Kopf seitlich an Elkes Schulter legte und sich deren lange blonde Haare über den Kopf strich, so daß sie davon eingerahmt war. Sie folgte dabei wohl einer spontanen Eingebung, denn zum Unterschied von allen anderen Verhaltensweisen tat sie das nur dieses eine Mal. Schließ-

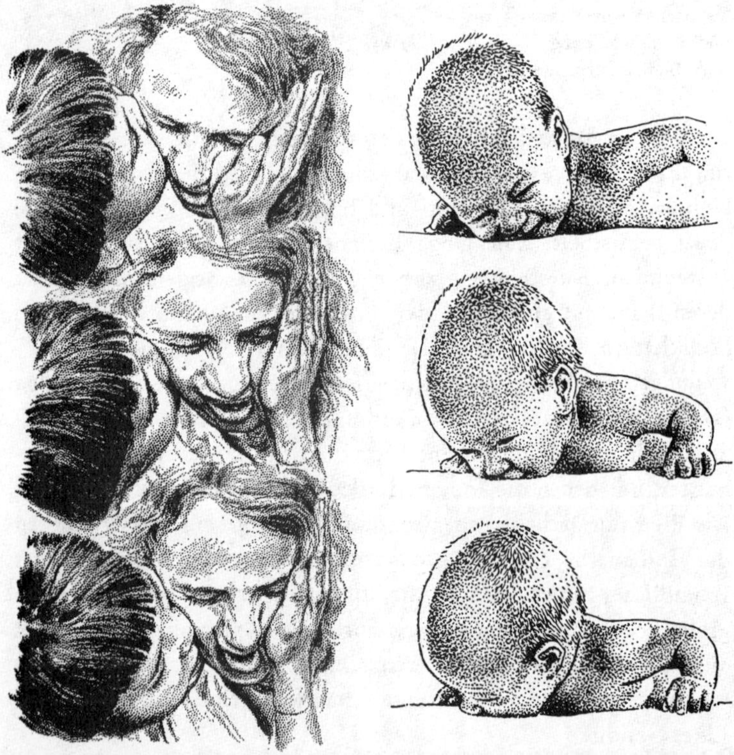

35. Eine Waika-Indianerin reibt zur Begrüßung ihren Mund an der Wange einer Europäerin (nach Filmaufnahmen des Verfassers); daneben: der Suchautomatismus eines Säuglings. Nähere Erläuterungen im Text.

36. Freundliches Nasenreiben und zärtliches Beknabbern der Grußpartnerin. Nach Filmaufnahmen des Verfassers.

lich begann sie damit, Elke ganz zart in die Wangen zu beißen, und daraus wurde ein zartes Beknabbern (Abb. 35 und 36).

Ich selbst wurde einmal von einem Waika-Mann fast ebenso freundlich begrüßt. Wir hatten gerade das Ufer erreicht und ich saß noch im Boot, als der freundliche Indianer mich zu betätscheln begann. Ich muß wohl etwas zusammengezuckt sein, weil er nicht ganz sauber war, denn der Indianer stutzte, wusch sogleich seine Hände im Fluß und setzte mit nunmehr nassen Händen unverdrossen seine Begrüßung fort. Als ich ihm eine Kleinigkeit schenkte, umarmte er mich, betätschelte meinen Rücken und schließlich küßte er mich auf die Wange und rieb seine Lippen an ihr.

In diesen Begrüßungen liefen eine ganze Reihe von Verhaltensweisen wie Umarmung, Kuß, Betätscheln, Nasenreiben, Lippenreiben und Beknabbern ab, die ich auch später noch bei diesen

Indianern als Gesten der freundlichen Kontaktnahme beobachten konnte. Wie sind sie im einzelnen zu deuten? Wir wollen das im folgenden über den Kulturenvergleich zu ergründen suchen.

Die Eröffnung des Kontaktes durch Stirnreiben habe ich bisher nur bei den Waikas beobachtet. Kürzlich aber sah ich in einem Forschungsfilm, wie Schimpansen zur Begrüßung mit dem geneigten Kopf Körperkontakt aufnahmen. Mit der gleichen Geste fordern sie zur sozialen Fellpflege auf, und hier mag eine Wurzel dieses Verhaltens liegen (S. 155).

Das Mundreiben deutete ich zunächst als Nasenreiben. Erst die Durchsicht des Films ergab, daß nicht die Nase, sondern der Mund an der Wange der Partnerin gerieben wurde. Dabei machte die Waika mit dem Kopf seitliche Pendelbewegungen, die formal jenen glichen, mit denen ein Säugling nach der Brust sucht (Suchautomatismus). Ich halte das Verhalten für ritualisiertes Brustsuchen. Die gleichen Kopfbewegungen machen auch Menschen, die ihren Kopf trostsuchend an der Brust eines Mitmenschen bergen. In beiden Fällen handelt es sich meines Erachtens um Rückgriffe auf kindliches Verhalten, um »Anleihen«, die Betreuung auslösen sollen.

Die Verhaltensweise des Nasenreibens ist hingegen als Riechkuß zu deuten, als ein freundliches Beschnuppern. Das Nasenreiben kommt als Gruß bei vielen Völkern vor (S. 210). Ausgangspunkt ist ein Verhalten, das in nicht ritualisierter Form auch uns eigen ist. Im Liebesvorspiel saugen wir den Duft unseres Partners ein, und der Ausdruck »Man könne jemanden nicht riechen« lehrt, welche bedeutende Rolle der Geruchssinn im sozialen Verkehr spielt.

Das Blasen gegen die Wange mit aufgesetzten Lippen ist beachtenswert, weil hier eine wahrscheinlich kulturell tradierte Verhaltensweise, die die Waikas zur Erheiterung ihrer Kinder gebrauchen – also wiederum eine Betreuungshandlung aus dem Brutpflegebereich –, als freundliche Geste benutzt wurde.

Von besonderem Interesse sind die kußähnlichen Verhaltensweisen. Wir können beim Menschen mehrere Kußformen unterscheiden, die wahrscheinlich einen verschiedenen Ursprung haben. Der Beißkuß kommt als rhythmisch wiederholtes Beknabbern oder als gehemmtes Zubeißen vor. Berührt werden größere freie Hautflächen des Partners, gerne die Wangen, seltener der Mund. Eine formal ähnliche Verhaltensweise kennen wir vom Schimpansen. In einem Film von P. Marler sieht man, wie ein freilebender Schimpanse einen anderen durch Kopfneigen und Berühren mit der Stirnregion begrüßt; sein Partner antwortet daraufhin mit einem Beißkuß gegen den Kopf. Das Maul ist dabei weit geöffnet, aber es wird nicht wirklich zugebissen. Da dies die Antwort auf eine Aufforderungsgeste zum Lausen ist, kann man den Beißkuß als ritualisierte Fellpflegehandlung auffassen. Beim Menschen spricht für diese Deutung, daß beim Beißkuß geknabbert wird und daß die Zähne in seltenen Fällen noch zur Hautpflege verwendet werden. Ich filmte eine Waika-Frau, die ihrem Mann Unreinheiten der Haut mit den Zähnen wegbiß.

Eine zweite Motivationswurzel des Beißkusses ist sicher die Aggression. Plötzliches, bisweilen recht festes Zubeißen beobachtet man als Neckerei häufig im Liebesvorspiel des Menschen, oft von der Frau geübt als Antwort auf eine leichte Herausforderung und als Abwehr (S. 165, Abb. 42). Je nachdem, welche der beiden Antriebswurzeln in der Situation überwiegt, wird man vom zarten Beknabbern bis zum Beißen alle Übergänge finden. Schimpansen übernehmen Futter mit offenem Mund vom Mund der Mutter. Die Möglichkeit, daß der Beißkuß davon abgeleitet, also eine ritualisierte Futterübernahmebewegung ist, scheint mir jedoch weniger wahrscheinlich. Der Bewegungsablauf (Knabbern) und die Orientierung der Bewegung auf andere Körperstellen als den Mund des Partners, spricht gegen die Deutung. Lippen- und Zungenkuß des Menschen sind dagegen wohl abgeleitete Fütterungshandlungen. Mund-zu-Mund-Fütterung wird in sehr verschiedenen Kulturen zwischen Mutter und Kleinkind ausgeübt. Papuas füttern ihre Kleinen mit vorgekauter Nahrung, und auch bei uns war das in einigen ländlichen Gebieten üblich (Abb. 37). Es wird zum Beispiel von Müttern aus Schleswig-Holstein und aus dem Schwarzwald berichtet. Bilz[21] betont, daß die Kinder an diese Form der Fütterung angepaßt sind und bereits im Alter von drei Monaten

37. Papua-Mutter, ihren Säugling fütternd. Nach einer Aufnahme von Dupeyrat aus W. Wickler (1969).

ihre Lippen vorstülpen. Berührt man die Lippen, dann spürt man die sich vorstreckende Zunge, »als ob sie dort etwas wegnehmen wollte. Wenn meine Frau... tatsächlich einen Grießbrei oder sonst eine Kindernahrung zwischen den Lippen hält, führt das Kind mittels der Zunge diese Nahrung in seinen Mund. Es ist dem Säugling nicht nur das Saugen als angeborene Funktion der Nahrungsaufnahme gegeben, sondern auch die Möglichkeit einer Nahrungsaufnahme über den Mund der Mutter« (S. 238).

Wir beobachten Mund-zu-Mund-Fütterung auch bei den Menschenaffen (Gorilla, Schimpanse, Orang), und zwar allgemein als Brutpflegehandlung (Abb. 38). Die Orangmutter Suma im Dresdener Zoo überreichte ihrem Säugling vorgekaute Bananen von Mund zu Mund. Vom Schimpansen weiß man aber, daß auch Erwachsene als freundliche Geste von Mund zu Mund füttern. Freilandbeobachtungen ergaben, daß sie sich bei Begegnung, aber auch ohne Futterübertragung durch Lippenberührung begrüßen, was als ritualisierte Form der Fütterung angesehen werden kann (Abb. 38). Schon Rothmann und Teuber[156] und R. Bilz[20, 21] sprachen sich in diesem Sinne für eine Ableitung des menschlichen Kusses aus dem Brutpflegefüttern aus.

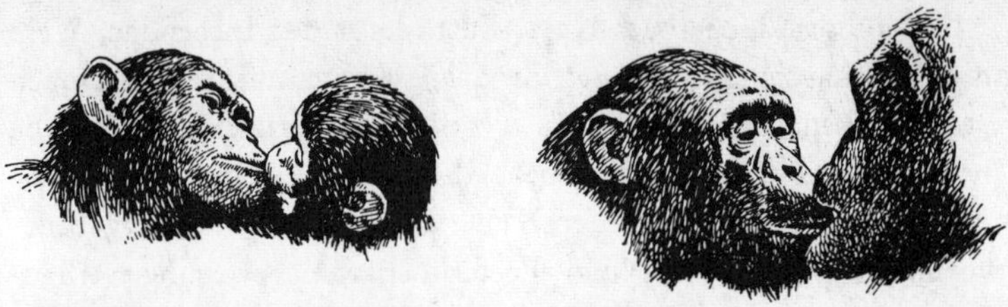

38. Schimpansenmutter, ihr Junges von Mund zu Mund fütternd. Daneben rechts: Kußbegrüßung zweier Schimpansen. Nach Aufnahmen von H. und J. van Lawick-Goodall aus W. Wickler (1969).

Die Deutung des Lippen- und Zungenkusses als ritualisiertes Füttern wird durch die Tatsache gestützt, daß Verliebte beim Kuß gern Leckereien austauschen. Die Bewohner des Hinterzillertals in Tirol kauten in früheren Zeiten Harz. Die Burschen boten ihren Mädchen davon an. v. Hörman[86] beschrieb dies: »Auch beim Pechkauen ist der gleiche Brauch des gegenseitigen Austausches wie beim Kautabak üblich. Er spielt besonders bei Verliebten eine große Rolle, aber auch überhaupt beim Tanze. ›Beiß mach (mirs) aft acha‹, sagt der Bursch zum Mädchen, indem er das Zipfelchen eines Pechflenkens zwischen den fest geschlossenen Zähnen hervorzücken läßt. Nun muß das Mädchen den Mund fest an den seinen schließen und mit den Zähnen versuchen, das herausschauende Ende zu erfassen und das ›Koiatel‹ herauszuziehen, welches schwierige Bemühen der Bursch, um das Liebesspiel zu verlängern, möglichst zu erschweren sucht. Geht die Tanzende auf die Aufforderung des Burschen ein, so bedeutet dieses Zeichen, daß sie ihm hold sei und oft noch mehr« (S. 99).

Die enge Verbindung zwischen Kuß und Fütterung wird auch in folgendem ungarischen Brauch deutlich: An der mittleren Theiß findet am Sonntagabend des Aufgebotes das »Küssen« zwischen den Brautleuten statt. Der zum »Küssen« gehende Bursche bringt seiner Braut ein Tüchlein voll winziger Äpfel, die sie gemeinschaftlich verzehren, »und zwar so, daß erst der Bursch ein Stück abbeißt, dann das Mädchen, und jeder Bissen mit einem Kuß gewürzt wird. Dabei wird der Hochzeitstag festgelegt« (Baksay[11], S. 75).

Das indische Liebesbuch Kama-Sutra lehrt den Liebenden, Wein in den Mund zu nehmen und ihn der Geliebten mit seinen Lippen zu übergeben. Aber auch ohne wirkliche Futterübergabe sind die Bewegungen des Futterübergebens als Zungenbewegungen verbreitet. Wir beobachten also beim Kuß ritualisierte Futterübergabebewegungen (Zungenkuß) und Futterübernahmebewegungen (Saugen). Auch strecken Küssende einander die Lippen entgegen wie kleine Kinder, die erwarten, daß man sie füttert. Und dieser kindliche Kußmund hat einen sehr starken »appeal« und wird insbesondere als eines der kindlichen »Weibchenmerkmale« in den Zeichnungen übertrieben (S. 32). Im Göttinger Institut für den wissenschaftlichen Film wird ein Filmstreifen archiviert, der zeigt, wie ein Ituri-Pygmäenmann von einer Jagdbeute Stücke abschneidet, sie zwischen die Lippen nimmt und sie so seinen Gefährten überreicht. Diese übernehmen die Gabe mit dem Mund. Eine ausführliche Beschreibung dieses Rituals liegt nicht vor (Abb. 39 und 40). Die Werbung für Schokolade, Keks, Käse, Zahnpaste und dergleichen nützt vielfach die freundliche Wirkung gegenseitiger Fütterung als einnehmenden Appell. Man sieht Kinder, die ihren Müttern etwas in den Mund stecken, Mütter, die ihre Kinder füttern, und häufig auch Verliebte, die sich gegenseitig und dann bezeichnenderweise oft von Mund zu Mund Leckerbissen zuschieben (Abb. 40).

Wenn es sich beim Kuß um eine ritualisierte Fütterungsgeste handelt, die wir schon von unseren Primatenahnen übernahmen, dann sollte man erwarten, daß dieses Verhaltensmuster überall auf der Erde anzutreffen sei. Das ist aber nach Ansicht verschiedener Autoren nicht der Fall. Schon Darwin[33] bemerkt dazu: »Wir Europäer sind an das Küssen als Zeichen der Zuneigung so gewöhnt, daß man es für die Menschheit angeboren halten könnte. Dies ist indessen nicht der Fall ... Jimmy Button, der Feuerländer, sagte mir, daß diese Gewohnheit in seinem Vaterlande unbekannt sei. Sie ist gleichfalls unbekannt bei den Neuseeländern, den Eingeborenen von Tahiti, den Papuas, den Australiern, den Somalis von Afrika und den Eskimos. Es ist aber insoweit angeboren oder natürlich,

39. Ituri-Pygmäen: Der auf der Jagdbeute Sitzende verteilt Streifen des Elefantenspecks mit dem Mund an seine Gefährten. Nach Aufnahmen des wissenschaftlichen Films C 567 des Instituts für den wissenschaftlichen Film (Göttingen). Aus W. Wickler (1969).

als es allem Anscheine nach von dem Vergnügen abhängt, mit einer geliebten Person in nahe Berührung zu kommen. In verschiedenen Teilen der Welt wird es durch das Reiben der Nase aneinander ersetzt« (S. 196).

Überprüft man diese Angaben sorgfältig, dann muß man feststellen, daß sie nicht verläßlich sind. So haben verschiedene Autoren darauf hingewiesen, daß Papuas sich doch küssen. Sorenson und Gajdusek[174] veröffentlichten ein Bild sich auf den Mund küs-

40. Gegenseitige Fütterung als freundliche Geste: Keks-Werbung. Nach ›Bunte Illustrierte‹, 20 (1968).

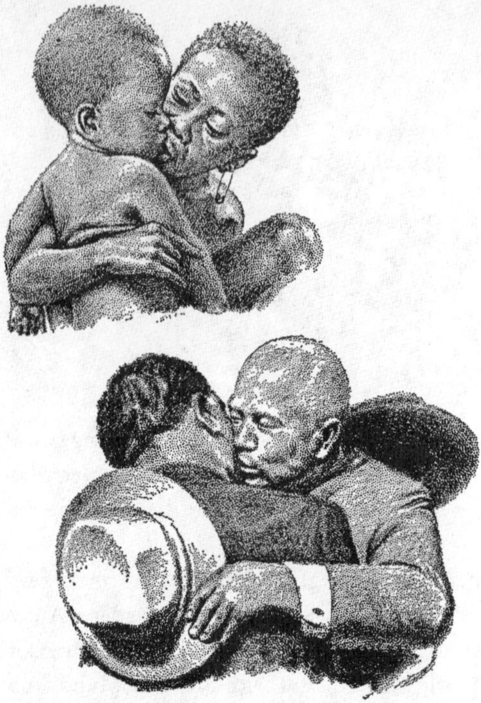

41. Papua (Fore): Einander küssende Geschwister. Nach einer Aufnahme aus E. R. Sorenson und D. C. Gajdusek, Pediatrics 37 (1) 1966.
Parteichef N. Chruschtschow, seinen amerikanischen Gastgeber durch Wangenkuß begrüßend. Nach einem UPI-Photo.

sender Fore-Kinder (Abb. 41). Nach Schultze-Westrum[165] küssen Papua-Mütter des Mount-Bosavi-Gebietes ihre Kinder auf den Mund. Ich beobachtete bei den Bewohnern des mittleren Wahgi-Tales, den Woitapmin und den Kukukuku, daß Mütter ihre Kinder auf Wange und Kopf küßten, bei den Kukukuku eine Begrüßung durch Wangenkuß zwischen Vater und Sohn. Bei den Woitapmin, Kukukuku und den Bewohnern des Bosavi-Gebietes handelt es sich um Dorfgemeinschaften, die erst in allerjüngster Zeit von Patrouillen der Regierung aufgespürt wurden und die sämtlich noch auf steinzeitlicher Stufe stehen. Man hat bei den bisherigen Erkundungen sich wohl zu sehr auf Befragungen verlassen und wahrscheinlich nur nach dem Kuß zwischen Mann und Frau im sexuellen Vorspiel gefragt, den man bei manchen Völkern schwer beobachten kann, da er, wie bei den Japanern, nur im geheimen ausgeübt wird. Fragt man zum Beispiel Japaner nach der Verbreitung des Kusses, dann bekommt man meist keine klare Antwort, oder es wird darauf hingewiesen, daß der Kuß von Europäern eingeführt wurde. Daß das nicht zutrifft, kann man alten japanischen Quellen entnehmen. In einer mittelalterlichen Schrift wird zum Beispiel davor gewarnt, den Zungenkuß auszuüben, wenn die Frau ihren Orgasmus erlebt, denn dann könnte sie einem die Zungenspitze abbeißen[108]. Demnach dürfte der Kuß wohl schon immer ausgeübt worden sein. – Ebensowenig verläßlich sind die Auskünfte von Naturvölkern. Manches aus dem Intimbereich ist eben mit einem Tabu belegt, und darüber redet man nicht. Schließlich kann eine angeborene Regung auch unterdrückt werden, so daß der Kuß aus diesem Grunde im heterosexuellen Verkehr fehlen könnte. Daher empfiehlt es sich, die viel weniger mit Verboten belasteten Mutter-Kind-Beziehungen und die Grußriten zu studieren.

In diesem Zusammenhang ist auch eine Bemerkung des Völkerkundlers Bernatzik[18] aufschlußreich. Er schreibt, daß die Akha in Hinterindien das Küssen im europäischen Sinne nicht kennen: »Wenn man dazu nicht die Küsse der Akha-Mutter rechnet, die mit ihren Lippen die Wangen ihres Kleinkindes berührt« (S. 96). Bei den Semang in Malaya beobachtete der gleiche Autor, wie ein Vater seinen Knaben herzte, ihm aufmunternd zulächelte, Grimassen schnitt und ihm »schnaubende Küsse ins Gesichtchen« gab.

Oft küßt der Mensch andere Körperteile. Der Handkuß ist zum Beispiel nicht nur in unserer Kultur verbreitet. Die Barotse in Südafrika fassen einander zur Begrüßung mit den Händen und küssen diese (Lang[117]; Abb. 60). Als Zeichen unterwürfiger Verehrung küßte man in verschiedenen Kulturen die Füße (Abb. 52). Man kann auch jemandem einen Gruß zuschicken, indem man die eigene Hand bei Begrüßungen küßt (Kußhand). Bei den Römern grüßten Wanderer die Götterbilder auf diese Weise. Übrigens berühren rangniedere Schimpansen mitunter die zur Kontaktgewährung gereichte Hand eines Ranghohen mit dem Munde zum Beißkuß, wie man einem Film von Jane van Lawick-Goodall entnehmen kann.

In diesen verschiedenen Ausgestaltungen ist der Kuß sehr weit verbreitet. Ich habe den Lippenkuß bei den Samoanern, Balinesen, Masai, südamerikanischen Hochlandindianern, Urwaldindianern (Waika) und Japanern beobachtet. Hottentotten umarmen und küssen einander zur Begrüßung. In unserem Kulturkreis ist der Kuß schon im Altertum nachzuweisen. Herodot berichtet, daß Perser gleichen Standes einander bei Begegnung auf den Mund küssen. Ist einer der beiden von geringerem Stande, dann küßt der Rangniedere den Ranghöheren auf die Wange. Zahlreich sind die Erwähnungen des Kusses im Alten und Neuen Testament. In Deutschland kennt man den Kuß bereits aus mittelalterlichen Berichten. In Mexiko war er ebenfalls vor Ankunft der Europäer üblich. Montezuma begrüßte Cortez mit einer Art Kußhand. Cortez näherte sich dem Herrscher, machte eine tiefe Verbeugung, »welche der mexikanische Monarch damit erwiderte, daß er nach gemeinem Brauch seiner Nation die Hand zur Erde hinabsenkte und sie hierauf zu seinen Lippen brachte« (Prevost[150], 13, S. 344). Am leichtesten ist der Lippenkuß zu beobachten. Der Zungenkuß und der Beißkuß sind intimere Formen der Kontaktnahme, und man bekommt sie daher weniger oft zu sehen.

Die Fütterung des Kindes erfolgt nicht in allen Fällen von Mund zu Mund. Bei den Waikas wird die Nahrung vorgekaut und dem Kinde mit der Hand gereicht. Auch davon leiten sich bindende Riten des Fütterns ab. Bei verschiedenen Völkern Afrikas ist es üblich, daß man dem Gast Nahrung vorkaut, ihm darreicht oder sogar mit der Hand in den Mund schiebt. Abgeleitet ist schließlich auch der weitverbreitete Brauch, Freundschaft durch Essensgeschenke zu stiften (S. 231). Das versuchen bereits einjährige Kinder ganz spontan. Dieses Verhalten ist so regelmäßig, daß man geneigt ist, dafür eine angeborene Grundlage anzunehmen. Eine kulturenvergleichende Untersuchung steht allerdings noch aus. Kleinkinder benützen das Überreichen von Nahrung (oder von anderen Geschenken) sehr oft, um den Kontakt mit fremden Personen herzustellen. Dazu ein Beispiel: Ein junges Ehepaar mit einem drei Jahre und zwei Monate alten Mädchen war bei uns zu Gast. Das Kind war in der fremden Umgebung zurückhaltend und scheu. Es beobachtete aufmerksam, wie sich die Eltern uns gegenüber verhielten. Wir speisten gemeinsam. Nach dem Mittagessen wurde auf der Terrasse Kaffee serviert. Auf einmal lief das abseits spielende Kind zum Tisch, nahm ein Plätzchen und bot es mir verlegen lächelnd an. Als ich es nahm und aß, strahlte es übers ganze Gesicht, nahm gleich ein weiteres und gab es mir ebenfalls. So fütterte es mich einige Male und nahm dann auch, was ich ihm anbot. Das Eis war von da ab geschmolzen. Das Kind wurde zutraulich und lustig. Ein zehn Monate altes Mädchen steckte mir kürzlich immer wieder ihr Spielzeug in den Mund.

Kinder zeigen übrigens das ausgesprochene Bedürfnis mitzuessen, wenn die Eltern etwas zu sich nehmen, und die Art, wie es geschieht, macht deutlich, daß es sich um die Appetenz handelt, ein Band zu bestätigen*. Das gar nicht hungrige Kind, das vom Brot oder Apfel abbeißen will, den der Vater oder die Mutter gerade essen, löst eine bandbestärkende Fütterung aus und versichert sich zugleich der Tatsache, daß alles in Ordnung ist.

Das Überreichen von Essensgeschenken hat beim Menschen zweifellos eine bandstiftende und aggressionsbeschwichtigende Funktion. Ein erschütterndes Beispiel erlebte ein Bekannter im Kriege. Er hatte die Aufgabe, Feindposten zum Verhör aus den Schützengräben zu holen. Das hatte er schon öfter getan. Als er wieder einmal in den Feindgraben sprang und den überrumpelten Posten mit vorgehaltener Pistole mitnehmen wollte, hielt ihm der gerade essende Soldat sein Stück Brot hin. Mein Bekannter nahm das Brot und war in seinem Angriff so gehemmt, daß er sich zurückzog. Wie er mir versicherte, konnte er auch später keinen solchen Auftrag mehr ausführen. Im Alltag werden auf ähnliche Weise gespannte Situationen entschärft. Levi-Strauss (zitiert nach Goffman[66]) schildert die gespannte Situation, die entsteht, wenn zwei Franzosen ohne Konversationsbeziehungen im Restaurant sich an einem Tisch

* Bei verschiedenen Säugern wird die Kenntnis dessen, was man frißt, tradiert, indem das Jungtier vom Munde der Mutter frißt. Das könnte auch hier noch eine Rolle spielen.

gegenübersitzen. Auf konventionelle Weise wird eine solche Spannung dadurch gelöst, daß jeder Wein von seiner kleinen Tischflasche in das Glas des anderen gießt. Mit dem Austausch dieser Höflichkeit ist die Möglichkeit für ein Gespräch gegeben.

Gemeinsames Essen stiftet bei vielen Naturvölkern ein Freundesband, und in vielen bandstiftenden Riten wird diese Tatsache genützt. Nevermann [144] beschreibt ein Erlebnis, das er bei den Makleuga (Neuguinea) hatte. »Als die Rede auf Ingwer kam, zog Mitu eine Pflanze mit der Wurzel aus, klopfte die Erde etwas ab und biß herzhaft in die Wurzel. Dann schob er mir den Rest in den Mund. Später kam bei einer ganz anderen Gelegenheit die Rede auf die Kopfjagden der Makleuga, und ich fragte zum Abschied, ob ich denn mit Recht so ruhig bei den Makleugas geschlafen hätte, wie ich es getan hätte. Mitu seufzte heimlich und sagte mir mit bedauerndem Ton: ›Deinen Kopf hätte ich ja ganz gerne gehabt, wenn er auch nicht mehr sehr schön ist, aber wir haben doch zusammen gegessen, und nun bist du kein Fremder‹« (S. 44).

Bei Besprechung der Grußriten will ich noch weitere Beispiele kulturenvergleichender Art bringen. Wir können festhalten, daß vom Brutpflegefüttern abgeleitete Riten allgemein zur Bandstiftung eingesetzt werden. Kuß und Geschenk (S. 231) sind dabei die wohl am weitesten ritualisierten Formen der Fütterung.

Nicht mit dem Kuß zu verwechseln ist das Züngeln, ein flüchtiges Vorstrecken der Zunge, manchmal auch mit einer kurzen Leckbewegung in die Luft. Es handelt sich wohl um ein ritualisiertes Lecken. Bei uns gilt diese Geste als unanständig. Freudenmädchen teilen in Mitteleuropa auf diese Weise ihre Bereitschaft mit. Aber auch sonst kann man die Geste bei Flirtenden sehen, oft nur flüchtig und wohl weniger adressiert als unbewußt entschlüpfend. In Westeuropa belecken Flirtende einander auch das Gesicht. Waika-Mädchen züngelten als Flirtaufforderung an mich. Waika-Männer stellten solche Anträge ungehemmt an meine Begleiterin (Abb. 42–45). Die Geste ist hier eine heterosexuelle Aufforderung. Das Züngeln dürfte sich wie der Beißkuß von einer sozialen Körperpflegehandlung ableiten. Viele Säuger belecken im Paarungs-

42. Flirtender Franzose, den Mundwinkel seiner Partnerin bezüngelnd und gehemmtes Wangenbeißen als Antwort. Nach Filmaufnahmen des Verfassers.

vorspiel ihren Partner, die Männchen vor allem die genitale Region, die ja auch ein Muttertier bevorzugt säubert. Wir erwähnten, daß der sich unterwerfende Hund sich zu diesem Zwecke sogar wie ein Welpe dem Sieger darbietet und näßt, was Trockenlecken auslöst. Leckbewegungen in die Luft kommen schließlich bei einigen Affen als Grußgebärden vor (S. 133).

43. Züngeln: Norddeutsche Boutiquenverkäuferin. Nach einer Aufnahme aus ›Brigitte‹, 21. 10. 1969 (S. 85).

44. Züngeln: Waika-Indianerin links züngelnd, rechts zum Kuß auffordernd. Nach Filmaufnahmen des Verfassers.

Der ganze Komplex der sozialen Körperpflegehandlungen dient beim Menschen auch in der nicht ritualisierten Form der Erhaltung der freundlichen Beziehungen. Papuas lausen sich gegenseitig ebenso mit Hingabe wie Balinesen oder südamerikanische Indianer. Das Verhalten wird auch zwischen Pärchen als Liebesvorspiel geübt. Auch in Europa zausen Verliebte noch gerne des anderen Kopfhaare, deren erotische Bedeutung außerordentlich groß ist. Am Mittelmeerstrand filmte ich Mädchen, die mit Hingabe ihrem männlichen Begleiter kleine Pickel wegkratzten und ausdrückten.

45. Züngelnder Waika-Indianer. Nach einer Filmaufnahme des Verfassers.

Das Streicheln und Kraulen gehört sicherlich auch in diesen Komplex der Körperpflegehandlung. Affen streichen mit einer Handbewegung das Fell auseinander, um den Haargrund freizulegen, was Menschen ebenfalls tun, wenn sie das Kopfhaar entlausen. Mädchen, die über die Haut ihres männlichen Partners streichen, entdecken sogleich kleine Unregelmäßigkeiten. Das Streicheln erfüllt in diesem Sinne noch durchaus eine Aufgabe im Dienste der Körperpflege. Es ist mir keine Kultur bekannt, deren Vertreter sich nicht streicheln. Durch Streicheln des Kopfes tröstet man Kinder und befreundete Erwachsene, die Kummer haben. Es genügt auch, wenn man nur tröstend die Hand auf den Kopf legt. Das ist in einigen Kulturen auch zur Gebärde des Segnens und Heilens geworden. In der am weitesten ritualisierten Form werden die

46. Soziale Körperpflege bei Balinesinnen und Rhesus-Affen. Nach Aufnahmen des Verfassers.

47. Trösten durch Streicheln bzw. Handauflegen. Nach einer Aufnahme von W. Eugene Smith, ›Life‹.

Handflächen nicht mehr aufgelegt, sondern nur segnend ausgebreitet (Abb. 46–48).

Eine weit verbreitete Gebärde des Tröstens und Beruhigens ist die Umarmung. Sie ist unschwer als mütterliche Schutzgebärde zu erkennen, die zur Trost- und Grußgebärde ritualisiert wurde und auch im Liebesvorspiel eine große Rolle spielt (Abb. 49). Oft betätschelt der Umarmende den Rücken des Umarmten. In dieser Wiederholung von Lösung der Umarmung und neuerlichem Schluß folgt die Gebärde einem verbreiteten Muster der Ritualisierung. Sie wird dadurch in ihrer Signalwirkung verstärkt. Interessanterweise betätscheln auch Schimpansen einander den Rücken, wenn sie sich zur Begrüßung umarmen. Und ebenso wie bei uns wird die Bewegung oft nur als flüchtiges Schulterklopfen ohne feste Umarmung ausgeführt, ja bisweilen nur als flüchtige Berührung irgendeiner Körperstelle (siehe Händereichen, S. 203). Es gibt da alle Übergänge. Wenn ein Tier flüchtig irgendeine Körperstelle des

48. Von der menschlichen Trostgebärde abgeleitete Gebärden des Segnens: Segnendes Handauflegen und segnendes Handausbreiten. Nach Pressephotos von Priesterweihen.

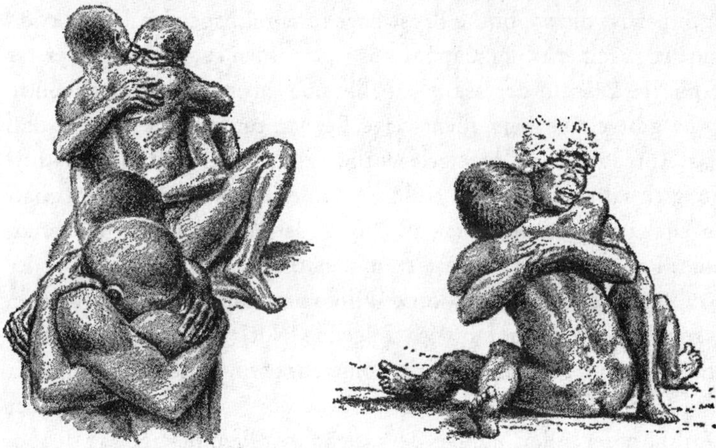

49. Links: Sich begrüßende Andamesen. Nach einer Aufnahme von Heywood Seton-Karr aus Lang (1926).
Rechts: Beim Palmfruchtfest der Waikas (S. 226) umarmen sich Gastgeber und Gast, wobei sie einander Geschenkversprechungen zusingen. Nach einer Filmaufnahme des Verfassers.

Partners berührt oder tätschelt, kann man nicht mehr entscheiden, ob das nun flüchtige Umarm- oder Streichelintentionen sind.

Der Umarmte kann mit Gegenumarmung antworten. Sehr häufig beobachten wir jedoch, daß er in kindlicher Weise seinen Kopf an der Brust des Partners birgt, vor allem dann, wenn er Trost und Schutz sucht. Dabei beobachten wir gelegentlich auch ein seitliches Kopfpendeln wie beim brustsuchenden Säugling, und die Sprechweise stellt sich auf ein kindliches Niveau ein. Kein Zweifel, daß echte funktionelle Regressionen, also kindliche Appelle vorliegen. Im Liebesvorspiel kuscheln sich Männer gerne an die Brust der Mädchen. Dabei werden auch Saughandlungen aktiviert, und Objekt dieser Triebhandlung sind die weibliche Brust, gelegentlich auch Hals, Ohrläppchen oder andere Körperstellen.

Auch bei Frauen wird der Saugtrieb aktiviert, doch richtet er sich nicht auf die Brust der Männer, sondern auf freie Hautstellen oder die Ohrläppchen. Morris[140] meint, die Ohrläppchen hätten sich als erogene Zone eigens entwickelt, um dem Lutsch- und Saugbedürfnis des Partners entgegenzukommen.

Sicher ist die weibliche Brust über ihre milchspendende Funktion hinaus zu einer »Signalapparatur« geworden, und zwar in erster Linie im Dienste der sexuellen Bindung, aber nicht ausschließlich. Es gibt einige bemerkenswerte Beobachtungen, die zeigen, daß das Anbieten der Brust gelegentlich zum Gruß und Beschwichtigungsritual gehört. Erika Kulnig von der österreichischen Botschaft in Djakarta erzählte mir, daß befreundete Indonesier beim Besuch eines Papua-Dorfes in West-Irian zunächst einmal an der Brust der Frau des Dorfhäuptlings kurz Willkomm-Saugen mußten. Und in Kropotkins[109] Buch fand ich folgende Notiz: »Noch jetzt, wenn im Kaukasus Fehden zu Ende kommen, berührt der Schuldige mit den Lippen die Brust der ältesten Frau des Stammes und wird der ›Milchbruder‹ aller Männer der gekränkten Familie« (S. 137).

Über die stammesgeschichtliche Entwicklung der weiblichen Brust zum Signal liegen verschiedene Ansichten vor. Morris[140] entwickelte die Hypothese, die weibliche Brust sei eine auf die Vorderseite projizierte Kopie der Hinterbacken. Er geht dabei von der

Tatsache aus, daß unsere Primatenahnen sich nach Art aller Affen von hinten aufreitend paarten und dabei wohl auch auf von hinten sichtbare Sexualsignale – nach Morris »fleischige Hinterbacken« und rote Schamlippen – reagiert haben. Mit der Aufrichtung und Individualisierung der Beziehungen kam es zu einer frontalen Begattungsstellung, und das brachte die Notwendigkeit mit sich, auch auf der Vorderseite der Frau Sexualsignale anzubringen. Die angeborene Bereitschaft des Mannes, auf die eben erwähnten Signale anzusprechen, führte zu einer Entwicklung von Kopien dieser Signale auf der Vorderseite der Frau.

Dagegen habe ich schon an anderer Stelle Einwände erhoben[46]. Zunächst ist die Ähnlichkeit zwischen weiblicher Brust und den Hinterbacken wirklich nicht sehr groß. Sodann sehen wir – und das hat Wickler[198] neuerdings durch eine Reihe von Beispielen belegt –, daß sich bei verschiedenen Raubtieren, Huftieren und Primaten das Gesäuge zu einem bindenden Signal entwickelte (S. 134), das auch im Sexualverhalten einiger dieser Tiere eine größere Rolle spielt. Ausgangspunkt für diese Entwicklung waren die in den Dienst der Gruppenbindung gestellten Verhaltensweisen der Brutpflege. Es ist wahrscheinlich, daß der Mensch auch in diesem Punkte nicht aus der Reihe tanzt, zumal die weibliche Brust bereits beim Kinde über die nährende Funktion hinaus eine sozial bindende Funktion erfüllt. Wir erwähnten, daß ängstliche Kinder an die Brust der Mutter flüchten, die Brustwarze in den Mund stecken und dann beruhigt die Umgebung mustern (Abb. 31). Das ist bei Primaten ebenso. Bowlby[24] betonte, daß das Fassen der Brustwarzen mit den Lippen und das Saugen zwei getrennte Funktionen haben: Die eine diene der Ernährung, die andere der Bandstiftung*. Die Morrissche These ist zwar nicht ganz von der Hand zu weisen – zumal es Primaten mit auf die Vorderseite

* »... Both these findings are consistent with the conclusion, that the nonnutritional sucking of human infants is an activity in its own right and separate from nutritional sucking; and that in man's environment of evolutionary adaptedness, nonnutritional sucking is an integral part of attachment behavior ...« (S. 250).

projizierten Sexualsignalen gibt[198] –, doch ist seine Hypothese weniger wahrscheinlich als die Annahme, daß die weibliche Brust beim Menschen im Zusammenhang mit der Brutpflege ihre Signalfunktion erhielt. Auch seine Annahme, die Lippen seien Kopien der Schamlippen, hält einer Prüfung nicht stand. Die Lippen dürften sich Hand in Hand mit der Entwicklung der Mund-zu-Mund-Fütterung zu Signalen entwickelt haben (Kußlippen). Das erklärt auch, weshalb sie Mann *und* Frau eigen sind.

Die letzten Beispiele zeigen, daß auch beim Menschen mit der Differenzierung von Verhaltensweisen der Betreuung zu Signalen bestimmte Organe, über welche die Betreuung angeboten wird, zu Auslösern entwickelt wurden.

Aus dem bisher Gesagten dürfte deutlich geworden sein, daß viele Verhaltensweisen, die man als typisch sexuell ansieht, wie Küssen und Streicheln, ihrem Ursprunge nach eigentlich Brutpflegehandlungen sind. Wir erinnern daran, weil S. Freud in einer merkwürdigen Umkehrung der Deutung einmal behauptet hat, daß eine Mutter wohl erschrecken würde, wenn sie erkennen würde, daß sie ihr Kind so reichlich mit sexuellen Verhaltensweisen bedenke. Freud hat in diesem Falle die Richtung falsch gelesen. Eine Mutter betreut ihre Kinder mit Brutpflegehandlungen, und sie umwirbt mit diesen ihren Mann.

Ritualisierte Brutpflege wird auch verbal ausgedrückt. Schutzzusicherungen und Beruhigung gehören zum Repertoire des zärtlichen Gespräches, das in diesem Punkte dem Inhalte nach durch stammesgeschichtliche Anpassungen vorprogrammiert scheint. Das Vokabular wechselt von Kultur zu Kultur; was man allerdings sagt, dürfte nach unseren bisherigen Ermittlungen als Klischee festliegen.

Wir können beobachten, daß beim Menschen das Gespräch als bandstiftendes Ritual gepflegt wird. In solchen Gesprächen werden kaum sachliche Informationen weitergegeben, da es sich meist um höchst banale und immer wiederholte Feststellungen, etwa das Wetter betreffend, handelt. Wohl aber enthält das Gespräch die soziale Information, daß man am Partner und an seinen Anliegen interessiert ist, indem man bereit ist, ihm zuzuhören und zu antworten. Morris[140] nannte diese Art von Gespräch sehr treffend »grooming talk« (Putzgespräch), da seine Funktion, wie beim gegenseitigen Lausen, die freundliche Kontaktherstellung ist. Ich halte es für wahrscheinlich, daß auch solche Gespräche in der Mutter-Kind-Beziehung ihre Wurzel haben, und zwar im einfachen Stimmfühlungsgespräch, das nur den Charakter der Anfrage trägt: »Bist du da«, – »ich bin da.« Wenn ein Kind in einem Zimmer spielt und die Mutter im Nebenraum arbeitet, dann ruft das Kind immer wieder, ist aber mit der einfachen Bestätigung der mütterlichen Anwesenheit durchaus zufrieden (»Mutti« – »jaa« – »Mutti« – »jaa« usw.).

Die betreuenden Verhaltensweisen der Brutpflege haben ihr natürliches Gegenstück in den sie auslösenden Signalen, die als »Kindchenappelle« in das Repertoire der kontaktstiftenden und aggressionshemmenden Verhaltensweisen übernommen werden. Der Erwachsene verhält sich in gewissen Situationen, als wäre er ein Kind, und wir erwähnten bereits, daß solche regressiven Erscheinungen zum normalen Verhaltensrepertoire der Tiere gehören. Beim Menschen ist dies ebenso. Menschen, die Beistand brauchen oder, wie beim Werben, zärtliches Verhalten auslösen wollen, verfallen ganz unwillkürlich in die Kindchenrolle. Solche Regression ist keineswegs pathologisch, was betont sei, da im psychoanalytischen Schrifttum häufig der Eindruck erweckt wird, es handle sich um eine krankhafte Erscheinung. Eine solche liegt erst vor, wenn die Betreffenden nicht mehr aus dieser Rolle zurückfinden.

Regressionen beobachtet man oft bei Frauen, die kurz zuvor ihre Männer verloren haben, bei alten Personen in Gegenwart anderer Menschen, ferner bei Kleinkindern, wenn ein Geschwisterchen geboren wurde, das die Aufmerksamkeit der Eltern über Gebühr beansprucht, so daß sich das Kind vernachlässigt fühlt. Es ist bekannt, daß in einem solchen Fall manche Kinder plötzlich wieder bettnässen und daß ihre Sprache auf die Stufe des Kleinkindes zurückfällt.

Bei der als »Hirnwäsche« bekannten Praxis der Persönlichkeitsänderung erzwingen die Chinesen eine Regression ihrer Gefangenen. Es wird ein extremes Abhängigkeitsverhältnis geschaffen, indem man Gefangenen, die sich der neuen Lehre gegenüber zurückhaltend verhalten, sogar Fesseln anlegt, so daß sie nicht einmal die einfachsten physischen Bedürfnisse selbst erledigen können. Sie müssen von den weiter fortgeschrittenen Mitgefangenen gefüttert und gesäubert werden, und darüber entwickelt sich eine Bindung und schließlich auch die Bereitschaft, die Ansichten der anderen zu übernehmen[189].

Selbstbezogene (autistische) Kinder haben keinerlei Beziehungen zu Mitmenschen. Sie versäumten in einer sensiblen Periode (S. 251) zu lernen, wie man den sozialen Kontakt zu Mitmenschen herstellt. Man heilt sie, indem man sie immer wieder mit kleinen Leckerbissen füttert. Über das soziale Füttern wird ein Band gestiftet, die Kinder lernen den Betreuer zu lieben. Danach kann man auch mit Lob und Tadel erzieherisch arbeiten.

Regressive Erscheinungen kann man auch in der Sprache beobachten. Verliebte sprechen kindlich miteinander unter reichlicher Verwendung von Verkleinerungen. Mädchen geben sich in Gegenwart von Männern gerne hilflos, und ihr kindliches Gebaren löst Betreuung aus. Auch stellen sie sich gerne etwas dümmer und lassen sich Dinge erklären, die sie schon wissen. Kindliches Verhalten gehört zum natürlichen Repertoire des Mädchens, das interessanterweise auch körperliche Kindchensignale beibehält. Die Stirn eines Mädchens ist gewölbter als die des Mannes, die Wangen sind rundlicher, und der Gesichtsschädel wirkt im ganzen zierlicher und kleiner. Durch Schminke werden die Kindchenmerkmale des Gesichtes betont. Man schminkt die Wangen, formt den Mund zu einem süßen Saugmund und betont die Augengröße. Ganz besonders werden diese Merkmale in den zahlreichen Zeichnungen der Illustrierten übertrieben (Abb. 7).

Erinnert sei schließlich daran, daß der betreuungsauslösende und beschwichtigende Appell häufig direkt über das Kind vorgetragen wird (S. 114). Man beschwichtigt Aggressionen, indem man ein Kind mit sich führt, und man bettelt über das Kind (Abb.

50. Der Appell über das Kind: Bettelnde Masai-Kinder. Links: über die Hand des kleineren Geschwisterchens bettelnd; rechts: auf das Baby hinweisend. Nach Filmaufnahmen von H. Hass, siehe auch S. 227.

50 und 63). Auf unseren Reisen durch Ostafrika wurden wir von den Masai um Süßigkeiten angebettelt. Die Bettelnden schoben oft kleine Kinder vor, deren Hände sie aufhielten. Die Waikas bettelten gleichfalls über die Kinderhand. Masaimütter wiesen beim Betteln auf ihren Säugling im Rückentuch, obgleich dieser noch gar keine Süßigkeiten essen konnte. Daß berufsmäßige Bettler in den verschiedenen Gegenden Kinder benützen, ist allgemein bekannt.

Wir erwähnten, daß australische Eingeborene, die Kontakt mit Europäern suchen, ein Kind vor sich herschieben, um die Fremden freundlich zu stimmen. Der gleiche Forscher[12], dem wir diesen Bericht verdanken, berichtet, daß er einmal in Zentral-Australien drei Frauen überraschte, die gerade eine Schlange kochten. Zwei flohen, als sie die Fremden sahen, die dritte packte mit dem Gesichtsausdruck höchsten Entsetzens ihre beiden Brüste und spritzte Milch gegen die Weißen. Auf Befragen erklärte sie später, daß sie damit zeigen wollte, daß sie die Mutter eines Kindes sei, darauf hoffend, daß man ihr unter diesen Umständen nichts tun würde. Eine Bekannte erzählte mir, daß nach der Besetzung Danzigs Frauen vor Vergewaltigungen durch die Besatzungstruppen geschützt waren, wenn sie kleine Kinder hatten. Die Soldaten zeigten sich dann freundlich gestimmt und machten oft sogar Geschenke. Um sich zu schützen, entwickelten die Frauen einen regelrechten Leihhandel mit Kleinkindern.

Waika-Krieger, die ein befreundetes Dorf besuchen, bringen ihre Kinder mit und lassen sie vortanzen (S. 226).

Über das Kind wußten die Politiker schon zu allen Zeiten ein Band zu stiften. Wahlredner, Diktatoren und Monarchen tätscheln gerne in der Öffentlichkeit Kinderwangen und schlagen so eine menschliche Brücke zum Volk. Mit großem Erfolg wurde das Kind im Christentum zum verbindenden Symbol erhoben. In diesem Zusammenhang ist ein Gedanke von Fremont-Smith[62] bemerkenswert. Als er auf einer Konferenz in Rußland weilte, fragte er sich, welches gemeinsame Anliegen wohl in der Lage wäre, die Menschheitsgruppen über ihre Gegensätze hinweg zu einen, und fand als Antwort: der Schutz des Kindes. In seiner Rede vor den Gastgebern führte er aus: »Wir haben nunmehr in unserer Geschichte den Punkt erreicht, an dem keine Nation ihre eigenen Kinder schützen kann. Keine noch so mächtige Regierung kann für die Sicherheit ihres kostbarsten Gutes, die Sicherheit der Kinder, garantieren. Wenn es zu einem Bombenkrieg kommt, werden New York, London und Moskau untergehen und mit ihnen alle Kinder. Würden die Nationen jedoch darin übereinkommen, die Kinder der anderen zu schützen, dann könnten die Kinder gerettet werden. Würde die UdSSR die Sicherheit aller amerikanischen Kinder garantieren, dann könnten alle gerettet werden.«

Aus diesem gemeinsamen Anliegen ließe sich auch das gemeinsame Symbol formen: das hilfsbedürftige Kind. In der stark emotionellen, weil angeborenen, Grundlage unseres Brutpflegeverhaltens liegt in der Tat eine starke Motivation für ein friedliches Zusammenleben, und die Friedensforschung sollte diese Dispositionen unbedingt beachten.

b) Das sexuelle Band

Sigmund Freud leitete alle Sozialbeziehungen des Menschen von Sexualbeziehungen ab. Aus dem vorangegangenen Kapitel dürfte hervorgehen, daß dies in dieser Verallgemeinerung sicher nicht zutrifft. Es ist jedoch richtig, daß gerade beim Menschen die Bindung der Geschlechter über das sexuelle Verhalten eine außerordentliche, im Tierreiche einzig dastehende Rolle spielt. Sie wurde in ihrer vollen Bedeutung oft nicht klar erkannt – unter anderem in der gegenwärtigen Auseinandersetzung um die Geburtenkontrolle – und verdient daher diskutiert zu werden *.

Bekanntlich behauptet die Lehre der katholischen Kirche, daß die liebende Vereinigung und die Fortpflanzung durch Naturgesetz untrennbar miteinander verbunden seien und daß eine Vereinigung, bei der die Fortpflanzung als Möglichkeit ausgeschaltet werde, deshalb naturwidrig sei. Nun hinkt die Berufung auf das Naturgesetz schon insofern, als die Aussage ja nicht einmal so streng für alle Tiere gilt. Bei den Einzellern führt die Vereinigung nicht zur Erzeugung von Nachkommen, sondern allein zu einem Austausch von Erbanlagen. Interessanter ist die Feststellung, daß bei Wirbeltieren sexuelle Verhaltensweisen verschiedentlich einen Bedeutungswandel erlebten und ähnlich wie Brutpflegehandlungen in den Dienst der Gruppenbindung gestellt wurden. Das ist insbesondere bei gruppenlebenden Primaten der Fall. Bei Pavianen und einigen anderen Affen wurde die weibliche Begattungsaufforderung – das Zudrehen der Kehrseite – zur Gruß- und Beschwichtigungsgebärde. Beim Mantelpavian betrifft das die männliche Kopulationsbewegung, womit die Behauptung, die Kopula diene im Tierreich ausschließlich der Fortpflanzung, bereits als widerlegt gelten kann. Die Bindungskopulation des Mantelpavians dient einzig diesem sozialen Zweck, eine Ejakulation findet nicht statt.

Untersuchen wir nun die Verhältnisse beim Menschen, dann

* Zu diesem Thema erschien eben eine sehr ausführliche Untersuchung von Wolfgang Wickler: Sind wir Sünder? München (Droemer) 1969.

können wir feststellen, daß die Natur hier so ziemlich alle Möglichkeiten ausgenützt hat, über die ein Band gestiftet und gefestigt werden kann. Außer den bereits genannten gruppenbindenden Mechanismen nützte sie für die heterosexuelle Partnerbindung das sexuelle Verhalten in besonderem Maße. Die Notwendigkeit, auch diese Möglichkeit auszuschöpfen, ergab sich beim Menschen wohl aus der langen Jugendentwicklung. Bis zum 14. Lebensjahr müssen Kinder im allgemeinen betreut werden, und in den ersten Jahren sind sie fast völlig von der Pflege abhängig, die eine Mutter voll ausfüllt. Sie bedarf der arbeitsteiligen Hilfe bei der Nahrungsmittelbeschaffung und insbesondere des Schutzes durch den Mann, den sie daher für lange Zeit emotionell an sich binden muß. Die Bindung über den Sexualtrieb bietet sich dafür besonders an, da er sehr stark ist. Auf der Basis der Erfüllung eines Triebwunsches läßt sich eine Bindung leicht festigen. Das setzt allerdings voraus, daß die Frau den Triebwünschen des Mannes die meiste Zeit entgegenkommen kann, und das erfordert neue, besondere Anpassungen in der Physiologie der Frau. Bei den meisten Säugern fallen Kopulationsbereitschaft und Empfängnisbereitschaft auf die wenigen fruchtbaren Tage der Brunft zusammen, von seltenen Ausnahmen abgesehen. Der Begattungsakt steht bei den Säugern fast immer nur im Dienste der Fortpflanzung. Damit er beim Menschen die zusätzliche Funktion der Partnerbindung erhalten konnte, mußte eine Loslösung von der starren Abhängigkeit von Fortpflanzungszyklen erfolgen. Durch eine Reihe von physiologischen Besonderheiten ist die Frau in der Lage, den Triebwünschen des Mannes auch außerhalb ihrer fruchtbaren Tage entgegenzukommen. Sie ist die meiste Zeit sexuell erregbar und bereit, sich dem Manne ihrer Neigung hinzugeben und ihn damit über die sexuelle Belohnung zu binden[48]. Die Bereitschaft erlischt selbst in den ersten Monaten der Schwangerschaft nicht ganz. Eine gewisse individuelle Variabilität spricht dafür, daß es sich bei dieser Dauerbereitschaft um einen phylogenetischen Neuerwerb handelt. Es gibt Frauen, die nur zur Zeit des Follikelsprunges erregbar sind und einen Orgasmus erleben können, und wir erinnern in diesem Zusammenhang daran, daß Frauen um diese Zeit auch bestimmte Duftstoffe besonders gut wahrnehmen können (S. 35). Bei den Menschenahnen wird wohl die Kopulationsbereitschaft, wie bei den meisten anderen Säugern, auf die Zeit der Empfängnisbereitschaft beschränkt gewesen sein. Diese enge physiologische Bindung ist später aufgegeben worden. Zugleich entwickelte die Menschenfrau die Fähigkeit zum Orgasmus, was ihre Begattungsbereitschaft erhöht. Es ist leicht einzusehen, daß dies die gegenseitige Bindung stärkt. Eine weitere Anpassung im Dienste der Partnerbindung ist schließlich die gesteigerte sexuelle Potenz des Mannes[48]. Es liegt bei ihm nicht nur eine dauernde sexuelle Bereitschaft vor, sie bleibt auch bis ins hohe Alter erhalten. Moralisten haben diese Hypersexualisierung in Verkennung ihrer biologischen Bedeutung immer wieder als Verfallserscheinung beklagt, und auch die »Pillendiskussion« krankt daran, daß die partnerbindende Funktion des Geschlechtlichen von den entscheidenden Instanzen nicht erkannt wird (S. 108).

Ohne Zweifel hat die geschlechtliche Vereinigung beim Menschen sowohl die Aufgabe, den Partner zu binden, als auch der Fortpflanzung zu dienen. Beide Funktionen sind trennbar. Biologische Anpassungen sichern geradezu, daß auch außerhalb der fruchtbaren Perioden die Vereinigung stattfindet, was die große Bedeutung der partnerbindenden Funktion der Sexualität belegt. Das leuchtet vom selektionistischen Standpunkt durchaus ein. Sind einmal mehrere Kinder in einer Familie geboren worden, dann ist es sicher im Sinne der Arterhaltung, wenn der Mann weiter bei seiner Frau bleibt und die heranwachsenden Kinder betreut, auch wenn die Fortpflanzungsfähigkeit der Frau erloschen sein sollte.

Nachdem wir die beiden Funktionen des menschlichen Sexualverhaltens erkannt haben, bleibt noch die Frage zu diskutieren, ob die eine Funktion vielleicht höher bewertet werden muß als die andere. Diese Frage müssen wir beantworten, bevor wir entscheiden können, ob die bewußte Ausschaltung einer Funktion, nämlich die der Erzeugung von Nachkommen, unter Beibehaltung der anderen Funktion naturgemäß sei oder nicht. Dazu ist zunächst einmal festzuhalten, daß schon bei einigen Tieren die Partnerbindung über die Nachkommenerzeugung dominiert. Sie bleibt bei vielen dauerehigen Tieren erhalten, auch über die Perioden sexueller Inaktivität hinweg, ja selbst dann, wenn der Partner unfruchtbar wurde.

Für die Bewertung der menschlichen Situation ist nun eine Erkenntnisquelle unerläßlich, nämlich die unseres subjektiven Erlebens. Wolfgang Wickler[198a] hob die Bedeutung dieses Erkenntnisweges hervor und betonte, daß gerade dieser Weg der Werterkenntnis den Priestertheologen versperrt sei. »Schädlich wird hier«, so schreibt er, »nicht so sehr der an sich erstaunliche Tatbestand, daß die Priester als einzige nicht dem Ordensstand angehörende Glieder der Kirche von einem der Sakramente und seiner Gnadenwirkung ausgeschlossen sind, sondern daß sie in oberster Instanz über das natürliche Sittengesetz befinden, obwohl in diesem Bereich ihre Erkenntnismöglichkeiten nicht ausreichen, wie an einigen Stellen der Enzyklika ganz offenkundig wird. Der Abschnitt 17 zum Beispiel enthält nicht nur die viel kritisierten Befürchtungen vor mancherlei Mißbrauch (auch den freien Willen kann man mißbrauchen, und doch duldet ihn die Kirche), sondern folgenden Satz: ›Man könnte die Befürchtung haben, daß der Mann, wenn er sich an die Anwendung empfängnisverhütender Mittel gewöhnt, damit endet, daß er die Achtung vor der Frau verliert.‹ Das könnte eine so entfernte Randmöglichkeit bei sittlich tiefstehenden Menschen sein, daß sie als Argument in diesem Kernzusammenhang nichts zu suchen hätte; da sie aber einmal dasteht, muß man annehmen, daß nach Meinung des kirchlichen Lehramts die Achtung vor dem Ehepartner wesentlich auf der Furcht vor den Folgen des Geschlechtsaktes beruht. Für in tiefer Liebe verbundene Partner ist das eine nur durch Unwissenheit zu entschuldigende Unterstellung. – Ähnlich riskant ist die Behauptung in Abschnitt 21, die periodische Enthaltsamkeit täte der ehelichen Liebe keinen Abbruch« (S. 291 f.). Ebenso widerspricht die Aussage der päpstlichen Kommission, die Liebe der Gatten sei vor allem geistig (wenn die Liebe echt ist) und bedürfe keiner spezifischen Gebärde, noch weniger ihrer Wiederholung mit irgendwie bestimmter Häufigkeit, jeder ehelichen Erfahrung. Der eheliche Akt hat eine tiefe Bedeutung für die Gattenbindung und kann durchaus auch ohne erlebten Bezug auf die Nachkommenschaft vollzogen werden, ausgerichtet allein auf das gegenseitige Sich-Beschenken der Partner. Im subjektiven Erleben wird der Akt dabei keineswegs als minder wertvoll erfahren. Da nun aus der Naturordnung kein Kriterium abzulesen ist, das dieser subjektiven Wertung widerspricht, gibt es eigentlich keinen begründeten Einwand gegen den Standpunkt, daß nicht jeder eheliche Akt der Weitergabe des Lebens zu dienen habe. Ja, ein Akt, der zwar mit dem Ziel, ein Kind zu zeugen, aber im Haß auf den Partner vollzogen wird, widerspricht sicher dem natürlichen Sittengesetz. »Das ist für das natürliche Empfinden vielleicht klarer als in einer bestimmten Moraltheologie« (Wickler[198a], S. 299). Die persönliche Hingabe an den Partner scheint vielmehr unabdingbare Voraussetzung für die liebende Vereinigung. Diese ist für die Aufrechterhaltung der Partnerbindung so wichtig, daß eine Einschränkung unzulässig ist, wenn man die Ehe erhalten will. Erfordern andererseits die Umstände eine Beschränkung der Nachkommenzahl, dann muß man Mittel der Empfängnisverhütung bejahen. Das steht einem natürlichen Sittengesetz ebensowenig entgegen wie etwa jene ärztlichen Eingriffe in das individuelle Leben, die dazu dienen, es zu verlängern.

Die große Bedeutung des Aktes für die Partnerbindung brachte in gewisser Hinsicht eine »Hypersexualisierung« des Menschen mit sich, das heißt, er entwickelte im Laufe der Stammesgeschichte einen gesteigerten Sexualtrieb und eine gesteigerte Sinnlichkeit. Die Einsicht, daß diese Hypersexualisierung keineswegs pathologisch ist, führt zur grundsätzlichen Bejahung der menschlichen Sexualität, und zwar auch dann, wenn eine Zeugung von vorneherein durch Präventivmaßnahmen ausgeschlossen ist. Die Tatsache, daß die Sexualität jedoch im Dienste der Partnerbindung steht, beinhaltet als Voraussetzung ein partnerschaftliches Verhältnis, also Liebe als individualisierte Bindung. Damit ist bereits ausgesprochen, daß flüchtige Beziehungen mit ständig wechselnden Partnern höchstens in einer vorübergehenden Phase jugendlichen Suchens und Experimentierens als natürlich anzusehen sind, nicht jedoch als Dauerhaltung. Liebe ist individualisierte Partnerbeziehung, und ein ständiger Partnerwechsel widerspricht dem. Sich Verlieben heißt, mit einem ganz bestimmten Partner das Band zu knüpfen. Und dieses Bedürfnis ist Teil unserer Natur. Wir sind in diesem Sinne für Dauerpartnerschaften ehelicher Art angeborenermaßen disponiert.

Das bedeutet allerdings nicht, daß wir auf eine bestimmte Form der Ehigkeit festgelegt sind. Dagegen sprechen die Befunde der Völkerkundler, die zeigen, daß Einehe und Vielehe gleichermaßen vorkommen, wobei die Zahl der Kulturen, die die Vielehe* gestatten, überwiegt. Das spricht eher für eine polygame Veranlagung des Menschen. Sie ist ja letztlich auch in den monogamen Gesellschaften nicht wegzuleugnen und wird dort nur mit dem Muster der sukzessiven Monogamie getarnt. Der Prozentsatz der Ehescheidungen ist in unserer westlichen Kultur relativ hoch, und oft erhebt sich die Frage, ob die Forderung nach Scheidung, nur um einem monogamen Ideal treu zu bleiben, wirklich human ist. Ehescheidungen werden nicht immer im vollen Einverständnis der Partner vollzogen. Meist leidet einer der Partner darunter, und in der Regel leiden die Kinder. Alles was der Erhaltung einer bereits gegründeten Familie dient, sollte deshalb genützt werden. Sollte es sich herausstellen, daß die Legalisierung eheartiger Beziehungen zu einem zweiten Partner dazu beitragen kann, dann sollte man solche Möglichkeiten auch erwägen. Schließlich bedeutet Polygamie nicht ständigen Partnerwechsel, sondern ebenfalls ehige Bindung**. Das Argument, daß nur in der Einehe die ideale Form individualisierter

* Bei der Vielehe ist ein Mann mit mehreren Frauen in Dauerpartnerschaft verbunden. Kulturen, in denen eine Frau mit mehreren Männern verheiratet ist, gehören zu seltenen Ausnahmen. Wir finden sie zum Beispiel in den blinden Talenden des Himalaja-Gebiets, wo keinerlei Ausbreitungsmöglichkeiten vorhanden sind, daher auch keine Vermehrung stattfinden darf, als eine extreme Form ökologischer Anpassung.

** Der Harem in der polygamen Gesellschaft ist ebenso eine Entartung wie die schnell wechselnden Partnerschaften in der westlichen Zivilisation.

Beziehung erfüllt wird, weil sie eben nur auf einen Menschen beschränkt ist, klingt überzeugend, und es ist eine generelle Entwicklung zur Monogamie festzustellen. Allerdings kann man dagegen einwenden, daß wir zu unseren Kindern durchaus individualisierte und tiefe Beziehungen haben und daß diese Gefühle keineswegs seichter werden, wenn mehr als ein Kind da ist. Wohl kaum jemand dürfte ernstlich auf den Gedanken verfallen, die Einkindfamilie zu propagieren, damit das Eltern-Kind-Verhältnis ein besonders inniges werde.

Bei der Verfolgung der Frage nach den natürlichen, das heißt uns angeborenen Regeln, die unser Geschlechtsverhalten regulieren, stoßen wir auf das Inzesttabu. Geschlechtliche Beziehungen in der Kernfamilie sind nur zwischen den Ehegatten, nicht aber zwischen Eltern und ihren Kindern, und zwischen Geschwistern gestattet. Darin macht keine Kultur eine Ausnahme, und mit der Deutung dieser Erscheinung haben sich sehr viele Forscher herumgeschlagen, ohne bis heute zu einer befriedigenden Antwort gekommen zu sein. Eine biologische Theorie behauptet, daß eine angeborene Hemmung vorliege, sich mit Menschen, mit denen man im engsten Verbande aufwächst, zu verheiraten. Der selektionistische Vorteil soll zunächst darin liegen, daß ein Erbgutaustausch zwischen genetisch möglichst verschiedenen Mitgliedern einer Population gesichert wird, daß also genetische Folgen der Inzucht vermieden werden. Man hat dagegen eingewendet, daß reine Linienzucht nicht notwendigerweise schädlich ist und in der Haustierzucht auch oft betrieben wird. Man kann dem aber entgegenhalten, daß sie in der Natur im allgemeinen doch vermieden wird. Im Pflanzenreich gibt es die kompliziertesten Einrichtungen, um eine Selbstbestäubung zu verhindern. Pflanzen können selbststeril sein. In anderen Fällen ist durch eine verschiedene Reifezeit von Staubgefäßen und Narben die Selbstbefruchtung verhindert, oder dadurch, daß Staubgefäße und Narben räumlich voneinander entfernt sind. Bekannt ist die von Darwin beschriebene Erscheinung der Heterostylie. Kurz, es kann als erwiesen gelten, daß die Befruchtung in erster Linie dem genetischen Austausch dient. Da bei Pflanzen durch ihre oft zwittrigen Blüten und die sessile Lebensweise die Gefahr der Selbstbefruchtung besteht, entwickelten sich Einrichtungen, um das zu verhindern, was den positiven Selektionswert der Fremdbefruchtung wohl eindeutig beweist.

Bei Tieren sind im allgemeinen solche inzestverhindernden Einrichtungen nicht notwendig, da durch ihre größere Beweglichkeit für eine ausreichende Durchmischung der Populationen gesorgt ist. Es schadet also nicht, wenn eine Maus oder ein Eichkater sich auch einmal mit einem Geschwister verpaart. Im allgemeinen zerstreut sich die Familie mit dem Abstillen der Jungen. In vielen Fällen, zum Beispiel bei unserem mitteleuropäischen Eichhörnchen, vertreibt die Mutter ihre Kinder sogar aktiv nach dem Abstillen. Und da man nicht beisammen bleibt, ist Genaustausch innerhalb der Population meist gesichert. Nur dort, wo Familienbande sehr stark entwickelt sind, besteht die Gefahr regelmäßiger Inzucht, und da finden wir auch eine angeborene Hemmung, sich mit Eltern oder Geschwistern zu verpaaren. Ein klassisches Beispiel dafür bietet die Graugans, die sich nicht mit Artgenossen verpaart, mit denen sie aufwuchs, auch dann nicht, wenn es sich nicht um leibliche Geschwister handelt[102]. Neuerdings hat man beim japanischen Makaken eine Art Mutter-Sohn-Inzest-Tabu nachgewiesen. Jane van Lawick-Goodall[119] bemerkte, daß zwei geschlechtsreife Schimpansensöhne als einzige Männchen der Gruppe ihre Mutter nicht begatteten. Sie beobachtete dies zu zwei Brunftzeiten. Ein junges Männchen begattete seine Schwester wiederholt, als diese ihre ersten noch unvollständigen Schwellungen hatte. Bei der ersten richtigen Schwellung wies diese jedoch ihren Bruder ab und bot sich nur anderen Männchen an. Die Durchsicht der Literatur ergibt, daß man gerade zu diesem interessanten Punkt viel zuwenig weiß, weil man höhere Tiere einfach nicht über Generationen unter natürlichen Bedingungen beobachtet hat. Immerhin zeigen die vereinzelten Beispiele, daß es bei Tieren gelegentlich angeborene Verpaarungshemmungen gegenuber nah Verwandten gibt und wir demnach beim Menschen mit der gleichen Möglichkeit rechnen können.

Beim Menschen liegt ein weiterer Selektionsvorteil eines Inzestverbotes auf dem sozialen Sektor. Würden Väter ihre Töchter heiraten und Söhne ihre Mütter, dann würde das bei dem großen Altersunterschied bald zur Verwitwung der Kinder führen. Eine Verheiratung außerhalb der Familie dagegen ermöglicht die Wahl eines altersmäßig geeigneten Partners und schafft darüber hinaus Bündnisse über den engeren Familienrahmen hinweg.

Gegen die Hypothese, daß das Inzesttabu dem Menschen angeboren sei, stellen sich verschiedene Psychoanalytiker, die sexuelle Wünsche der Kinder ihren Eltern gegenüber und der Eltern ihren Kindern gegenüber wahrzunehmen glauben. Der Knabe habe sexuelle Wünsche der Mutter gegenüber, was Angst vor dem möglicherweise strafenden Vater erwecke, die als Kastrationsfurcht durch die Literatur geistert. Nun ist sehr vieles, was Freud und seine Schüler als sexuell deuten (Streicheln, Küssen und dergl., siehe S. 150) primär nicht sexuell, sondern vom Brutpflegeverhalten abgeleitet. Einem Sohn, der seine Mutter umarmt und küßt, sexuelle Begierde zu unterstellen, ist einfach falsch. Bei allen anerkannten Verdiensten der Psychoanalyse muß man hier doch einigen Vertretern den Vorwurf unwissenschaftlichen Vorgehens machen. Eine plausible Deutung wird allzuleicht als kausale Erklärung hingenommen, und man baut auf Ödipuskomplex, Kastrationsfurcht und den Penisneid der Mädchen, als wären das alles erwiesene Tatsachen. Nichts dergleichen ist erwiesen. Fest steht, daß hin und wieder ein Mädchen gerne ein Junge sein möchte und daß ein Sohn frühzeitig Konflikte mit seinem Vater erlebt. Die lassen sich aber außerhalb des sexuellen Bereiches ebenso plausibel als heranreifende Rangdispute deuten.

Die Frage, ob uns ein Inzesttabu angeboren ist oder ob es uns kulturell tradiert wird, müssen wir heute noch offenlassen. Es gibt allerdings gewichtige Argumente für die Annahme einer angeborenen Grundlage. Wir führten sie an und können als zusätzliches Argument wohl noch unser subjektives Erleben heranziehen. Wir können zwar eine sehr starke gefühlsbetonte Bindung an unsere Kinder feststellen, aber von sexuellen Regungen wird sie nicht begleitet. Völkerkundler, die in verschiedenen Kulturen nachfragten, warum man nicht seine Geschwister oder Kinder heirate, notierten immer wieder die völlige Verständnislosigkeit dem Fragenden gegenüber. Der Gedanke war den Befragten einfach nicht gekommen. Sexuelle Spiele zwischen Geschwistern kommen im Kindesalter vor, mit der Pubertät entwickelt sich jedoch eine starke gefühlsmäßige sexuelle Schranke, und zwar ohne daß die Erziehung in irgendeiner Weise besonders darauf drängt. Es ergibt sich einfach so, und das sieht nach einem Reifungsprozeß angeborener Hemmungen aus.

Als Ergebnis unserer Untersuchung können wir festhalten, daß den sexuellen Verhaltensweisen beim Menschen, über die Fortpflanzungsfunktion hinaus, eine wichtige Aufgabe bei der Bindung des andersgeschlechtlichen Partners zukommt. Normale gleichgeschlechtliche Partner werden allerdings nicht über die Sexualität gebunden, und das gilt auch für die Eltern-Kind-Bindung und die Bindung der Geschwister, die im wesentlichen über die Handlungen der Brutpflege und deren Derivate erfolgt. Die moralisierende Mißdeutung des Geschlechtlichen, insbesondere seitens der christlichen Ethik, bringt die Gefahr einer Verflachung der zwischengeschlechtlichen Beziehungen mit sich, die bei einer Verdrängung des Sexuellen ihrer spezifisch menschlichen Werte beraubt werden. Darüber hinaus führt jede Verdrängung in diesem Bereiche, wie Plack [147] überzeugend dartut, zu gesteigerten Aggressionen. Manche sadistische Perversion hat hier ihren Ursprung. Plack weist in diesem Zusammenhang auf die Hexenverfolgungen des Mittelalters hin und auf die Tatsache, daß die SS-Sadisten einer puritanischen Sexualethik anhingen. Sicherlich führt die Verdrängung auch zu Schuldgefühlen, und es ist wohl möglich, daß man sie bis zu einem gewissen Grade kultivierte, um ein Abhängigkeitsverhältnis zu erhalten. Über Schuldgefühle lassen sich Menschen gut führen. Nicht zuletzt aus diesem Grunde pflegte man über Jahrhunderte hinweg das unhaltbare Konzept der Erbsünde. In den letzten Jahrzehnten beobachten wir eine zunehmende Liberalisierung, auch auf sexuellem Gebiet. Sie fällt interessanterweise mit der gegen

Krieg und Aggression gerichteten weltweiten Bewegung zusammen. Offenbar streben wir ganz unbewußt nach der Aktivierung aller bindenden und die Aggression sublimierenden Kräfte, auch derjenigen, die im Sexuellen wohnen. Darin liegt sicher eine Möglichkeit, aber auch die schon erwähnte Gefahr einer Entindividualisierung der sexuellen Beziehungen. Das würde den Tod der Liebe bedeuten.

c) Die Kampfgemeinschaft

Zu allen Zeiten hat eine gemeinsame Gefahr den Zusammenhalt von Menschengruppen bestärkt. Und zu allen Zeiten haben es die Staatsführer oder Stammesführer verstanden, notfalls über eine Feindattrappe die Gemeinschaft zu festigen und oft auch zu kollektiver Aggression zu bewegen. In solchen Fällen bindet offensichtlich eine gegen einen gemeinsamen Feind wachgerufene Aggression: Man bildet eine Kampfgemeinschaft.

Die Disposition dazu findet man bereits bei einigen geselligen Affen, und sie hat sich unabhängig voneinander auch bei verschiedenen Vögeln und Knochenfischen ausgebildet. Das klassische Beispiel beschrieb K. Lorenz [127]. Wenn ein Grauganter um ein Weibchen wirbt, dann benimmt er sich höchst auffällig. Er stolziert leicht aufgeplustert vor der Erwählten auf und ab und ergeht sich in ganz unnötigen Kraftdemonstrationen, indem er auch kurze Strecken fliegend zurücklegt, obgleich Start und Landung anstrengen und er daher normalerweise – das heißt, wenn kein Weibchen anwesend ist – diesen Aufwand nicht triebe. Das Männchen greift auch am Ufer stehende Menschen oder andere gefürchtete Wesen an. Dann kehrt er zu seiner Auserwählten zurück und landet mit »Triumphgeschrei« bei ihr, wobei er den Hals wie beim Drohen vorstreckt. Allerdings droht er nicht gegen sie, wie bereits erwähnt, sondern an ihr vorbei. Dieses Verhalten wiederholt er nun über viele Tage, immer wieder irgend jemanden angreifend und dann quasi in der Schützer- und Heldenrolle zurückkehrend, bis das

Weibchen in sein »Triumphgeschrei« einstimmt und ebenfalls mit vorgestrecktem Hals laut rufend droht. Die Tiere sind dabei so orientiert, daß sie mit den Hälsen aneinander vorbeidrohen. Nunmehr können sie als »verlobt« gelten. Sie haben eine Kampfgemeinschaft begründet – eine Voraussetzung für die erfolgreiche Aufzucht der Brut. Weitere Werbung, in deren Verlauf ritualisierte Nestbaubewegungen ausgeführt werden, ist jedoch erforderlich, bevor die Paarung erfolgt (S. 145). Grundsätzlich aber wurde das Band vom werbenden Ganter über die Aggression gestiftet. Wir haben bereits erläutert, daß diese erst über die Brutverteidigung zur bindenden Kraft werden konnte. Wir beobachten, daß nur bei brutpflegenden Tieren Kampfgemeinschaften mit gegenseitigem Beistand gebildet werden. Es handelt sich um eine besondere Aggressionsform, wie sie zum Beispiel bei den nichtbrutpflegenden Reptilien nicht anzutreffen ist. Arten ohne Brutpflege, die nachweislich nur über die Aggression als Kampfgemeinschaft gebunden sind, gibt es unseres Wissens nicht. Die Aggression wird erst sekundär über die Brutverteidigung zum Gruppenkitt. In dieser Form bindet sie auch viele gesellige Primaten. Bei den ehig lebenden Pinselaffen bildet die Kernfamilie (Vater, Mutter, Kinder) eine Kampfgemeinschaft. Sie verteidigen gemeinsam ihr Gebiet. Bei den höheren Affen tragen die Männer die Hauptlast der Gruppenverteidigung. Bei Rhesus-Affen kämpfen zwar auch die Weibchen, wenn es zu Auseinandersetzungen zwischen Gruppen kommt. Die Männchen sind jedoch die Aktiveren, und sie sind in der Lage, über die Aggression ein Freundesband zu einem anderen Affen zu knüpfen, indem sie den potentiellen Freund zu einer gemeinsamen aggressiven Aktion hinzureißen suchen (S. 145).

Die Parallelen zum Menschen sind sicher mehr als bloße Analogien. Als in geschlossenen Gruppen lebende Primaten neigen wir dazu, uns bei Gefahr enger zusammenzuschließen. Gemeinsame Verteidigung oder gemeinsame Aggression stiften ein außerordentlich starkes Band. Das ist bei Naturvölkern so, und es ist keine Frage, daß wir dem gleichen Muster folgen. Selbst über die ritualisierten Kampfspiele (Fußball und dergl.) einigt man die Gruppen.

Es fällt ferner auf, daß die Symbole, unter denen eine anonyme Gruppe zusammenhält, meist aggressiver Natur sind. Das gilt für die Wappentiere (Bär, Löwe, Hahn, Wolf, Adler etc.) ebenso wie für Siegesdenkmäler und Befreiungsdenkmäler junger Nationen. Brutpflegemotive (Mütter mit Kindern, schützende Väter und ähnliches) gesellen sich oft dazu; sie sind aber eher sekundär.

Aggressive Symbolik spielt auch im menschlichen Grußverhalten eine bedeutende Rolle. Es gibt neben dem als Demonstration der eigenen Stärke gemeinten Drohgruß auch Drohgrußgebärden, die ausdrücken, daß man zu gemeinsamem Kampf bereit ist, zum Beispiel den Gruß mit der geballten Faust. Die gemeinsam Grüßenden fühlen sich als Kampfgemeinschaft verbunden. Eine Form ritualisierten, bindenden Drohens ist uns sogar angeboren, nämlich das Lachen. Diese Ausdrucksbewegung entstand wahrscheinlich aus einem Verhalten, das wir als »Hassen« bezeichnen. Sehr viele gesellige Tiere drohen gemeinsam gegen einen artfremden oder artgleichen Feind. Viele gruppenlebende Affen zeigen dabei die Zähne und äußern rhythmische Drohlaute. Beide Elemente sind in unserem Lachen noch enthalten, und zweifellos ist es sehr oft aggressiv motiviert. Man lacht über jemanden, man lacht jemanden aus, und man tut dies gerne gemeinsam mit anderen. Der Ausgelachte empfindet das Lachen als aggressiv. Die gemeinsam Lachenden fühlen sich aber über dieses ritualisierte »Hassen« einander verbunden.

Um eine Gruppe über die Aggression zu binden, benützt man oft Sündenböcke. Sie werden bei der Staatenbildung mitunter bewußt in die Festigung des neuen Verbandes einbezogen, wie zum Beispiel die Chinesen in Indonesien und Malaya und die Inder in Afrika. In inneren Krisensituationen kann man über sie Aggressionen ableiten, und man verwendet sie als Feindattrappe, um über die Angst die Gruppe zu festigen (S. 191). In der christlichen Welt spielten die Juden lange Zeit diese Rolle, und man machte es ihnen unmöglich, sich anzupassen, weil man sie in der Rolle des Sündenbockes brauchte[65].

Die Identifikation über die Aggression ist wegen ihres starken emotionalen Engagements gefährlich. Wir verteidigen unsere Ideale oft mit einem Engagement, das dem ähnlich ist, mit dem wir unsere Kinder schützen, und im gewissen Sinne sind ja die Ideale Kinder unseres Geistes. Es wird von der Vernunft des Menschen abhängen, ob diese Fähigkeit zum begeisterten Einsatz ihm Nutzen oder Schaden bringt. Gefährlich wird es, wenn wir uns gegen Mitmenschen aggressiv verbünden. Wir können uns jedoch ebenso emotionell für eine gemeinsame Sache engagieren, die nicht gegen eine andere Menschengruppe gerichtet ist. Die These, daß eine Menschheit, sollte sie sich je einmal geeinigt haben, doch gleich wieder in Parteien zerfallen würde, die sich bekämpfen, »weil die Menschheit leider so ist, wie sie ist« (v. Holst[84]), ist keineswegs erhärtet. Naturkatastrophen und andere Ereignisse einen Menschen zu gemeinsamen Taten. Die Fähigkeit des Menschen zum konstruktiven Zusammenschluß ist erwiesen.

Interessanterweise scheinen Männer für solchen Zusammenschluß emotionell besonders begabt, was Tiger[185] neuerdings untersuchte. Männer verspüren die deutliche Neigung, sich mit ihresgleichen zusammenzutun, wobei sie Frauen gerne ausschließen. Wahrscheinlich haben wir diese Fähigkeit zu Männerfreundschaften aus der Notwendigkeit gemeinsamer Jagd und gemeinsamen Kampfes entwickelt, Tätigkeiten, zu denen die Frau wegen ihrer physiologischen und psychischen Besonderheiten weniger geschaffen ist. Diese Neigung lebt heute noch in den Klubs, Stammtischrunden und geheimen Gesellschaften weiter. Die Freundesbindung ist stark emotionell getönt, aber nicht sexueller Art. Sie wird durch gemeinsam durchstandene Abenteuer (Jagd, Kampf) bestärkt. Gemeinsames Zechen und Tafeln gehört aber ebenso dazu, und das weist auf tieferreichende Wurzeln der Geselligkeit hin.

d) Die Bindung über die Angst

Ein Jungtier flüchtet zur Mutter, wenn Gefahr droht, und wir erwähnten, daß in ähnlicher Weise auch Erwachsene zueinander flüchten, wenn sie sich ängstigen. Angst bindet auf zweierlei Weise:

1. durch Aktivierung der Flucht zueinander und 2. durch Auslösung kollektiver Aggression, wie wir das im vorangegangenen Abschnitt besprachen. Die Angstbindung ist wohl bei den Wirbeltieren die älteste. Wir erwähnten, daß bereits im Fischschwarm der Artgenosse zum Fluchtziel mit Heimvalenz (S. 139) wird. Bis zum Menschen hinauf ist die Angst eine starke verbindende Kraft geblieben, die u. a. von Politikern und Religionsführern genützt wird. Politiker schüren die Angst vor Feinden ebenso wie die Angst vor dem Chaos, denn Ordnung gibt uns Orientiertheit und damit Sicherheit. Das ist ein interessanter Punkt. Beobachten wir einen jungen Hamster, der zum erstenmal seinen Bau verläßt, dann werden wir feststellen, daß er zuallererst den Fluchtweg zum Bau auswendig lernt, indem er immer wieder zum Bau zurückläuft und erst allmählich seinen Aktionsradius erweitert. Setzen wir einen erwachsenen Hamster in ein ihm fremdes Gebiet, wird er sich ebenfalls erst einmal orientieren und den Weg nach Hause lernen. Dann erst fühlt er sich sicher und beginnt mit anderen Tätigkeiten. Auch unsere Ordnungsbereitschaft wurzelt in der Fluchtmotivation. Ordnung bedeutet Orientiertheit in Zeit und Raum, und zwar nicht nur auf außerartliche Ereignisse bezogen. Es gibt uns auch Sicherheit, wenn wir voraussagen können, was andere tun werden, und wenn wir wissen, was wir tun dürfen. Bereits das kleine Kind fragt unentwegt an, was es tun und lassen darf, und erwirbt so soziale Orientiertheit und damit Sicherheit. Das angstmotivierte Bedürfnis nach sicherem Wissen darüber, woran man ist, kann selbst zu extremen Formen der Unterwürfigkeit führen. In einer sich selbst verwaltenden Gruppe vierzehnjähriger Jungen, die in einem Heim lebten, bildete sich eine Tyrannengruppe aus, denen die anderen je eines ihrer Morgenbrote abliefern mußten. Und jene fanden das durchaus in Ordnung. Sie hatten Ordnungssicherheit gewonnen[148]. Die Bereitschaft, mit der wir Ranghöhere akzeptieren, hat hier eine weitere Wurzel. Über die Angst wird zugleich ein Eltern-Kind-Verhältnis induziert, wobei der Ranghohe sich väterlich, der Rangniedere sich kindlich abhängig verhält. Die Angstbindung spielt in der christlichen Religion eine

große Rolle. Mit Erbsünde und der Drohung ewiger Verdammnis bindet man den Menschen an den Gott-Vater.

Bindung über Schrecken ist schließlich eine Strategie der Tyrannen. So wie der geschlagene Hund seinem Herren winselnd zu Füßen kriecht und die Hände leckt, die die Peitsche halten, so unterwerfen sich Menschen dem grausamen Herrscher und leisten ihm Gefolgschaft.

9 Weiteres über bindende Riten

Wir haben in den vorangegangenen Kapiteln zu zeigen versucht, daß wir in erster Linie stammesgeschichtlich erworbene Anpassungen in den Dienst der Gruppenbindung stellen. Manche von ihnen teilen wir mit anderen Säugern, andere bildeten sich unabhängig in paralleler Entwicklung. Kritische Leser werden mir entgegenhalten, daß ich die Beispiele auswählte und daß man doch bei der kulturenvergleichenden Betrachtung, zum Beispiel der Grußsitten, eine große Variabilität feststellen könne. Es könne sich bei solcher Lage der Dinge kaum um starre Vorprogrammierungen handeln, sondern doch eher um kulturell tradierte Muster. Wir wollen uns mit diesem berechtigten Einwand auseinandersetzen, indem wir zwei Beispiele kulturenvergleichend durcharbeiten. Ich wähle dazu den Gruß und das Fest.

a) Der Gruß

»Wer die ganze Reihe nationaler Begrüßungsarten aufführen wollte, könnte damit leicht ein Buch füllen. Der wissenschaftliche Gewinn aus solchem wäre aber ein geringer. Man würde auf eine ungeheure Mannigfaltigkeit stoßen, mehr oder minder unerklärbar scheinende Sonderbarkeiten finden und sich über die fein ausgebildete Etikette der Grußformen wundern« (Andree)[4].

Nun gibt es im menschlichen Grußverhalten eine große Zahl erstaunlicher Sonderbarkeiten und eine große Mannigfaltigkeit; mit unserem Wissen um tierisches Verhalten sind die Riten aber zum großen Teil erklärlich. Einen Schlüssel zur Deutung der Phänomene liefert die Einsicht in deren bandstiftende und beschwichtigende Funktion; einen weiteren das Wissen um den Prozeß der stammesgeschichtlichen Ritualisierung und die Erkenntnis, daß die meisten bandstiftenden Riten dem Brutpflegebereich, viele ferner dem sexuellen Bereich und einige schließlich der Aggression selbst entstammen. Diese verschiedenen Wurzeln bandstiftender Riten bedingen die Mannigfaltigkeit der Grußformen, und da einzelne Komponenten kulturell gefördert, andere unterdrückt werden können, ergeben sich oft bedeutende Unterschiede. Dies, ebenso wie die Tatsache, daß selbst Erbkoordinationen durch Überlagerungen ein variables Erscheinungsbild bewirken (S. 57), erschwert die Suche nach den Konstanten. Dennoch müßte es bei Zugrundelegung des bisher erarbeiteten Rüstzeuges gelingen, sie aufzuspüren. Wir wollen das im folgenden versuchen.

Überall ist es die Aufgabe des Grußes, ein Band zu stiften oder zu erhalten und Aggressionen zu beschwichtigen. Man grüßt Bekannte und Freunde, und zwar nicht bloß bei der ersten Begegnung am Tage, sondern oft wiederholt nach kurzfristiger Trennung. Zum Komplex des Grußverhaltens gehört auch der Abschied. Beim Abschiednehmen festigt man wiederum durch freundliche Riten das Band für die Zukunft. Beschwichtigung ist eine weitere Funktion dieses Verhaltens. Der Scheidende ist vom Augenblick des Weggehens an in einer gefährdeten Lage. Er kann seinen Partner nicht im Auge behalten; der könnte ihm zum Beispiel etwas nachwerfen. Wer sich vom Vorgesetzten mit tiefen Bücklingen halb rückwärtsgehend aus dem Zimmer entfernt, zeigt deutlich diese Angstmotivation. Abschied in diesem Sinne gibt es bei Tieren nicht.

Die friedenstiftende Bedeutung des Grußes im menschlichen Alltag ist evident. Grüßt man nicht, dann löst das selbst im Familienkreis Aggressionen aus. Umgekehrt weiß jeder, daß eine freundliche Grußgeste oder ein freundliches Grußwort eine Situation entspannen kann. Die Erwiderung des Grußes ist eine wichtige Bestätigung der Kontaktbereitschaft, und er enthält bis zu einem gewissen Grade eine Verpflichtung. Daher ist ein erwiderter Gruß meist eine Garantie der Sicherheit. Wenn ein Fremder allein durch das Gebiet der Rwala-Beduinen reist, dabei das Territorium eines ihm unbekannten Stammes passiert und dort jemanden grüßt – und sei es auch nur ein kleines Mädchen – und dieser Gruß erwidert wird, dann kann er sicher sein, daß er weder angegriffen noch beraubt wird, weil ihn selbst ein kleines Mädchen mit ihren Anverwandten schützen wird. Sollte ein Stammesangehöriger des Mädchens ihn angreifen, dann braucht er sich nur an dessen Familie um Hilfe zu wenden, und sie wird ihm gewährt. Selbst Feinde können auf diesen Schutz rechnen, wenn es ihnen gelingt, etwa auf der Flucht, einen Angehörigen der feindlichen Familie zu einem Gegengruß zu überlisten. Erwachsene Beduinen sind aus diesem Grunde überaus vorsichtig beim Erwidern eines Grußes (Musil 1928)[143].

Ein Gruß schafft und bestätigt Verbundenheit. In den Vereinigten Staaten beobachtet man, daß einander unbekannte Neger sich an Straßenbahnhaltestellen grüßen und so ein Zusammengehörigkeitsgefühl dokumentieren. Das tun übrigens auch die Besitzer gleicher Autotypen, wenn sie sich unterwegs begegnen, vor allem dann, wenn der Wagen einem seltenen Typ angehört[66].

In unserem Alltag grüßen wir keineswegs jedermann. In den Großstädten laufen wir grußlos an unseren Mitmenschen vorbei. Sobald wir jedoch von einer Person etwas wollen, erfordert es der Anstand, daß wir zuerst grüßen. Wir grüßen auch, wenn wir in einen Laden oder in eine fremde Wohnung eintreten, und das tun Japaner ebenso wie wir. Wir grüßen ferner den Fremden, wenn wir ihm irgendwo im Freien allein begegnen. Wenn wir es nicht tun, erleben wir ein unangenehmes Gefühl der Spannung. Sobald wir uns aus der anonymen Masse aussondern, sei es, daß wir zu einem einzelnen aktiv individuellen Kontakt aufnehmen, besteht ein Bedürfnis zu grüßen, quasi ein innerer Grußzwang.

Die Muster des Grüßens sind auf den ersten Eindruck sehr mannigfaltig. Selbst bei uns grüßt man schon auf recht verschiedene Weise. Begegnen wir irgendwo in den Bergen einem Unbekannten, dann lächeln wir ihm zu, nicken freundlich, lüften den Hut und sagen wohl auch »Guten Tag«. Haben wir einander in einer sehr einsamen Gegend getroffen, dann mögen wir auch das Bedürfnis verspüren, ein paar freundliche Floskeln auszutauschen. Meist aber bleibt es bei der Grußformel, die Gutes wünscht. Haben wir keinen Hut auf, dann tippen wir vielleicht doch noch mit der Hand an die Kopfseite, oder wir heben kurz die offene Hand. Treffen wir einen guten Freund, dann verhalten wir uns im Grunde ebenso, nur heben wir unwillkürlich die Augenbrauen im Moment des freundlichen Erkennens kurz an (»Augengruß«, S. 26). Auch werden wir dem Freunde die Hand zum Gruße reichen und, je nach Temperament, schütteln. Haben wir Handschuhe an, dann gebietet der Anstand, daß wir sie ausziehen, doch das gilt nur für Männer. Frauen dürfen die Handschuhe anbehalten. Vertrauten Freunden dürfen wir auf die Schulter klopfen, und nächste Familienangehörige umarmen und küssen wir. Wir werden uns ferner mit unserem Freund unterhalten und Anteilnahme bekunden, indem wir nach seinem Befinden (»Wie geht's dir«) und nach dem Woher und Wohin fragen.

Besuchen wir jemanden in seiner Wohnung, dann werden der Kontaktgruß (Händegeben, Umarmung, eventuell Kuß) und die Grußformeln gleich sein. Nur sind wir als Besucher insofern auf die Begegnung vorbereitet, als wir Geschenke mitbringen, eine Bonbonniere, Süßigkeiten für die Kinder, einen Blumenstrauß oder eine Flasche Wein. Wir legen nach dem Eintritt unseren Hut ab, und sind wir beim Militär, dann schnallen wir unser Koppel ab und hängen es mit der Waffe in die Kleiderablage. Wir finden also in unserem Grußverhalten sehr viele verschiedene Verhaltensweisen. Welche Funktion erfüllen sie im einzelnen, und wie weit finden wir formale oder funktionelle Entsprechungen bei anderen Völkern? Wir wollen die einzelnen Verhaltensweisen, die im Gruße vorkommen, unter diesen Gesichtspunkten kulturenvergleichend durchgehen.

Vom Lächeln haben wir bereits gesprochen. Diese Ausdrucksbewegung ist allen Menschen eigen, und sie entwickelt sich selbst bei Taubblinden. Wir kennen nicht ihren Ursprung, wohl aber die beschwichtigende Funktion: Ein Lächeln entwaffnet. Da man beim

Lächeln die Zähne zeigt, hat man vermutet, es könnte sich um eine ritualisierte Drohbewegung handeln, die ihre ursprüngliche Bedeutung im Laufe der Evolution ins Gegenteil verkehrte. Dagegen spricht jedoch die Tatsache, daß man beim Drohen die Zähne auf ganz andere Weise zeigt. Wir drohen, indem wir die Mundwinkel öffnen und die unteren Lippenwinkel besonders weit herabziehen, wohl um den nicht mehr vorhandenen oberen Eckzahn in seiner ganzen Länge zu entblößen, wie das noch verschiedene Affen tun (S. 30). Es ist auch nicht gut vorstellbar, wie sich ausgerechnet eine Beißdrohung bei voll erhaltener Bezogenheit auf den Partner – eine Umorientierung nach Art etwa des Drohgrußes der Graugans ist nicht zu erkennen – zu einer so ausgesprochen beschwichtigenden Gebärde entwickelt haben sollte. Möglich wäre die Ableitung aus einem defensiven Angstdrohen. Wir finden bei verschiedenen Affen ein »Angstgrinsen« der Unterlegenen, die dabei die Zahnfront entblößen[5]. Es gibt aber noch eine andere Ableitungsmöglichkeit. Viele Primaten kämmen Gruppenmitgliedern das Fell, und wir erwähnten, daß ritualisierte Fellkämmbewegungen in die Luft ausgeführt werden. Dabei werden die Schneidezähne entblößt, mit denen man kämmt. Das ist ein durchaus freundliches Zähnezeigen, und ich halte es für wahrscheinlicher, daß sich auf diesem Wege das Lächeln entwickelte. Die Deutung wird durch den Mangel an Filmdokumenten entsprechender Verhaltensweisen von den uns nächstverwandten Primaten erschwert. So können wir zwar Sicheres über die Funktion und Verbreitung, aber nichts Gesichertes über den Ursprung des Lächelns aussagen.

Vom Augengruß haben wir ebenfalls schon gesprochen und erwähnt, daß dieses schnelle Heben der Augenbrauen bei den verschiedensten Völkern vorkommt (S. 26). Die Bewegung ist ein betont freundliches Zeichen und wohl eine Ritualisierung des Ausdrucks freudiger Überraschung. Bei Überraschung heben wir die Augenbrauen hoch, und das wurde einerseits zu einer Drohung ritualisiert: Wenn zum Beispiel ein Kind gegen die Tischsitten verstößt, kann man oft sehen, daß die Eltern ihm einen mahnenden Blick zuwerfen. Die Augenbrauen bleiben dabei lange gehoben, und der Blick fixiert den Übeltäter. Das machen schon verschiedene Affen so. Der Augengruß dagegen ist in anderer Weise zu einem freundlichen Zeichen ritualisiert worden. Die Brauen werden nur kurz gehoben, Erkennen und Überraschung signalisierend. Das drohende Anstarren entfällt, und das hinzutretende Lächeln sagt aus, daß man sich freut, den anderen zu sehen.

Das Nicken mit dem Kopfe ist uns nicht nur aus der Grußsituation bekannt, sondern auch als Geste der Bejahung. In beiden Fällen liegt eine Zustimmung vor, beim Gruß die Zustimmung zum freundlichen Kontakt. Dem Ursprung nach ist das Nicken eine zur Geste ritualisierte Verbeugung und damit der Unterwerfung*. Auch beim zustimmenden Nicken im Gespräch unterwirft man sich als Zuhörer dem Gedanken des Partners. Ich habe das Nicken in der Grußsituation bei den verschiedensten Völkern aufgenommen, bei steinzeitlichen Papuas (Kukukuku, Woitapmin), bei den Waika-Indianern am oberen Orinoko, bei Niloto-Hamiten (Turkana,

* Schimpansen fordern Artgenossen durch eine tiefe Verbeugung *(deep bow)* zur sozialen Körperpflege auf. Sie verwenden zur Annäherung also auch die Stellung, die die Antithese zur Drohstellung ist (Abb. 51).

51. Schimpansenweibchen, ein Männchen begrüßend. Die Verbeugung ist wahrscheinlich eine ritualisierte Form der Aufforderung zu sozialer Fellpflege. Nach einer Aufnahme des Verfassers.

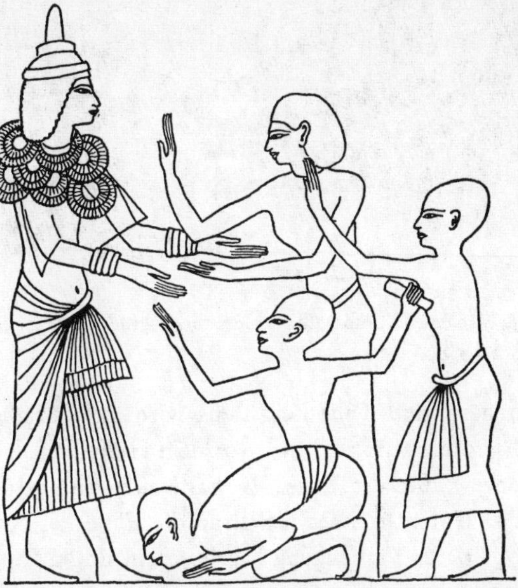

52. Begrüßung eines ägyptischen Würdenträgers. Aus K. Lang (1926), S. 201.

Karamojo), Bantus, Balinesen, Samoanern und Japanern. Ich kenne bisher keine Kultur, in der man nicht beim Grüßen nickt. Die Genannten nicken auch bei Bejahung, doch kommen daneben noch andere Formen der Bejahung vor (S. 66).

Weniger ritualisierte Formen der Unterwerfung sind die Verbeugung, der Kniefall und der Fußfall (Abb. 52–55). Als devoter Gruß ist die Verbeugung auch bei uns zu finden. In den Lehren des altägyptischen Weisen Ptahotep heißt es: »Krümme deinen Rücken vor deinem Oberhaupte, deinem Vorgesetzten und der Verwaltung des Königs, so wird dein Haus mit deiner Habe

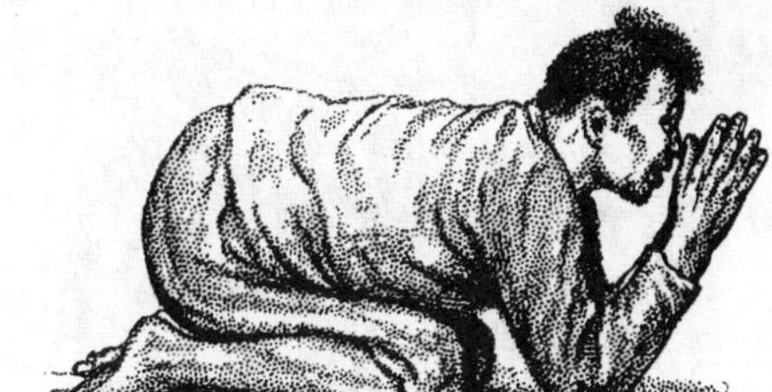

53. Grüßender Laote. Nach C. Bock, Im Reiche des weißen Elefanten, Leipzig 1885, S. 128.

54. Ifeleute (Yoruba), ihren Herrscher begrüßend. Nach O. Frobenius aus K. Lang (1926), S. 265.

dauern, und deine Bezahlung wird in Richtigkeit sein«*. Im alten Ägypten warf man sich vor dem Herrn auf den Boden und beroch oder küßte die Erde. Es war schon eine besondere Gunst, wenn der Untertan statt der Erde die Füße des Königs küssen durfte. Mit tiefer Verbeugung begrüßt man sich in Japan. Extreme Unterwerfung wird in alten Reiseberichten von Afrikanern geschildert. Heinzelmann[73] beschreibt eine solche Begrüßung. »Hier in der Hauptstadt Katunga regierte König Mansola, den seine Untertanen wie folgt begrüßten: Sie warfen sich in einiger Entfernung vor

* Die Lehren des altägyptischen Weisen Ptahotep, Völkerkunde 6, Wien 1930, S. 259.

55. Begrüßung des französischen Staatspräsidenten de Gaulle durch einen deutschen Polizisten. Nach einem Pressephoto.

ihm auf die Erde und rieben ihre Köpfe zweimal mit Erde ein. Dann rutschten sie näher und blieben mit dem Gesicht im Staube liegen. In der Nähe des Königs küßten sie auch den Boden und legten jede Backe darauf. Wenn dann Kopf, Gesicht, Lippen und Brust mit der roten Erde gehörig besudelt waren, erhielten sie die Erlaubnis, sich neben ihren Monarchen zu setzen und an der Unterhaltung teilzunehmen. Einige Beamte taten sich aber in ihrer Untertänigkeitsbezeugung noch mehr hervor, indem sie sich auf der Erde herumwälzten und kollerten« (228).

Diese Beispiele sollen genügen: Man findet vom Nicken bis zum Fußfall alle Übergänge der Unterwerfung und das Verhalten folgt im Prinzip durchaus den bei anderen Wirbeltieren beobachteten: Man macht sich klein, und das ist genau das Gegenteil der Imponier- und Drohhaltung.

Eine besondere Form der Gruß-Verbeugung ist bei den Fulbefrauen üblich. Sie wenden dem zu Begrüßenden ihre Kehrseite zu und verbeugen sich tief (Abb. 56). Das Verhalten erinnert ungemein an das beschwichtigende Präsentieren verschiedener Affen. Möglicherweise ist da noch eine Wurzel enthalten. Es fällt auf, daß bei uns in Europa so häufig auf alten Burg- und Stadttoren an den Außenfronten entblößte Kehrseiten gezeigt werden. Aus Japan kenne ich Schutzamulette, die gleiches zeigen. Das könnte

56. Grüßende Fulbefrauen. Nach Passarge aus K. Lang (1926), S. 203.

beschwichtigendes Präsentieren darstellen. Wickler erwähnt in diesem Zusammenhang, daß im alten Germanien Männer wie Frauen das entblößte Gesäß zur Haustüre hinausreckten, um Wotan zu versöhnen [198]. In Japan mußten sich die Männer und Frauen in abwehrender Reihe aufstellen und den Kimono auseinanderziehen, um ihre Organe zu zeigen [27]. In diesem Falle wurde sowohl über die weibliche Paarungsaufforderung beschwichtigt, als auch den bösen Geistern phallisch gedroht. Daß man Geister sowohl bedroht als auch beschwichtigt, kommt ja oft vor. Das Prinzip, phallisches Drohen mit weiblichem Präsentieren zu verbinden, zeigen übrigens die Pinselaffen Südamerikas. Beim Weißbüschelaffen drohen präsentierende Männchen und Weibchen gegen Fremde, indem beide mit der weiblichen Gebärde der Kopulationsaufforderung dem Gegner die Kehrseite zudrehen. Männchen zeigen dabei aber auch das typische männliche Genitalpräsentieren: Sie drücken die Hoden in auffälliger Weise heraus, und es kommt zu einer Erektion. Das ist Drohung und Beschwichtigung zugleich.

Doch kehren wir zum menschlichen Grußverhalten zurück. Wir erwähnten unsere Gewohnheit, beim Grüßen den Hut zu lüften und die Handschuhe auszuziehen. Das sind sicher konventionelle Sitten, aber was ist ihr Ursprung? Um das Lüften des Hutes zu verstehen, muß man wissen, daß ursprünglich beim Grüßen die helmartige schützende Kopfbedeckung entfernt wurde. Man begab sich gewissermaßen seines Schutzes, und dieser Vertrauensbeweis wurde zur noch heute geübten Geste. Das gilt auch für das Ausziehen der Handschuhe beim Grüßen. Im Mittelalter waren sie aus Eisen und ein Schutz des Streiters. Das erklärt, warum nur Männer ihre Handschuhe ausziehen. Man begibt sich beim Grüßen auch seiner Wehr, indem man die Waffen ablegt. Vertrauensbeweise dieser Art sind nun wiederum bei den verschiedensten Völkern zu beobachten. Die Germanen legten vor einer Audienz außerhalb des Burgtores die Waffen ab. Begegnen sich zwei Wanderobbo (Ostafrika), dann legen sie Bogen und Pfeile nieder. Das machen auch die Wasindja. Die Kaffitscho legen den Speer neben sich ab, beugen die Knie und falten die vorgestreckten Hände [117]. Grüßende Masai stoßen den Speer vor sich in den Boden. Im alten Japan grüßte der Rangniedere, indem er die Sandalen auszog und zum Zeichen der Wehrlosigkeit die rechte Hand in den linken Ärmel steckte. Danach ließ er die Arme langsam herabgleiten, und am Höheren vorbeigehend, rief er:

»Füge mir kein Leid zu«, wobei er durch Gebärde Furcht vortäuschte (Lang[117]). Zum Unterschied von den bisher besprochenen Verhaltensweisen des Grußes (Lächeln, Augengruß, Nicken, Verbeugung) sind die eben besprochenen Vertrauensbekundungen kulturell gestaltet. Sie nehmen Rücksicht auf die Tatsache, daß ein Imponieren mit Waffen Aggressionen aktiviert, und das ist ein allen Menschen eigentümlicher Charakterzug, daher die Parallelen.

Ein sehr merkwürdiges Grußverhalten ist der Händedruck. Ihn gibt es ebenfalls in den verschiedensten Kulturbereichen. Papuas, die erst sieben Monate vor meinem Besuch den ersten Kontakt mit einem Europäer hatten, begrüßten mich auf diese Weise[47]. Kinder und Erwachsene drängten sich bei den Kukukuku und Woitapmin geradezu darum, mir die Hand zu geben, wobei sie die Grußhand wie beim Betteln mit nach oben gekehrter Handfläche vorstreckten. Ich glaubte zunächst an einen europäischen Einfluß, doch erklärten die Eingeborenen auf Befragen, daß sie einander schon immer so begrüßt hätten. Patrouillenoffiziere versicherten mir das gleiche: Bereits bei Erstkontakten seien sie von den Papuas mit Handschlag begrüßt worden (Abb. 57). Aus dem europäischen Raum wird die Sitte des Händegebens bereits von Homer beschrieben. In Afrika ist das Händegeben als Gruß weit verbreitet, zum Beispiel bei den Niloto-Hamiten (Masai), den Bantu und bei den Buschleuten. Bei den Bajangi in Westafrika reicht man dem Grußpartnern die Rechte, während man deren Gelenk mit der Linken umfaßt[117]. Händegeben ist ferner von den Eskimos, den Indianern Guatemalas und aus Zentralasien beschrieben worden. Von den Dajaks auf Borneo schreibt Selenka[169]: »Alle Dajak, welche uns begegneten, traten mit freundlicher Miene auf mich zu und streckten mir die Hand entgegen« (S. 39). Von den Wedda berichtet er: »Ich streckte den braunen Burschen beide Hände hin

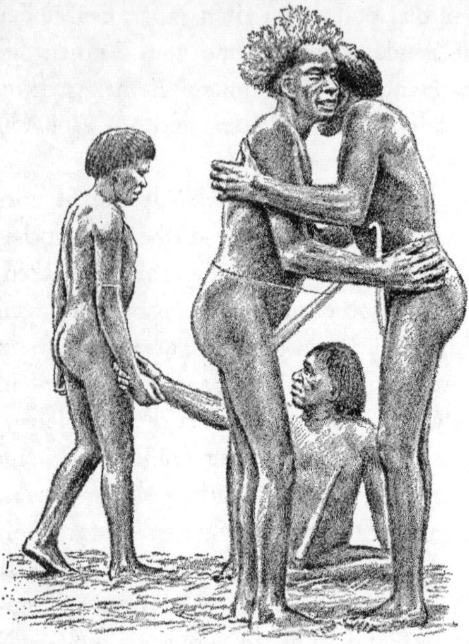

57. Einander begrüßende Papuas (Dugum Dani). Aus dem Film ›Dead Birds‹ von R. Gardner.

und sie, als sei es das Natürlichste, gaben mir treuherzig die ihren. Mir ist dies bereitwillige Ergreifen und Reichen der Hände, das doch sicher nicht zu den Gewohnheiten solcher Naturvölker gehört, schon bei meinen am wenigsten von der Kultur und Berührung der Weißen beleckten Dajak-Menschen aufgefallen. Es muß wohl etwas Naturgemäßes und Leichtfaßliches in der Bewegung liegen« (S. 328).

Das Leichtfaßliche der Bewegung dürfte zunächst wohl einmal auf der Tatsache beruhen, daß wir unseren Kindern helfend die Hände entgegenstrecken und diese den körperlichen Kontakt suchen. Wir erinnern uns ferner, daß bereits bei Schimpansen Ranghohe dem Rangniederen die Hand zur Ermutigung reichen und daß die Rangniederen bisweilen um den Kontakt betteln. Sie legen die Hand auf die dargebotene Hand, und so tun das ja auch viele Menschen noch (Abb. 58). Wenn ein ranghoher Schimpanse gerade recht faul im Grase liegt, dann streckt er dem um Ermutigung

58. Schimpansin links, ein Männchen zum Händegeben auffordernd. Nach einer Aufnahme von J. und H. van Lawick-Goodall aus W. Wickler (1969).

Bettelnden oft nur einen Fuß hin. Das beruhigt ebenso wie das Handreichen – wie jeder gewährte Kontakt, den ja Kinder wie erwachsene Menschenaffen auch bei Gefahr anstreben. Kortlandt[101] beobachtete, wie freilebende Schimpansen einen ausgestopften Leoparden angriffen. Zwischendurch wichen sie immer wieder zurück, faßten sich an den Händen, ermutigten sich dadurch gegenseitig und griffen dann wieder an. Sie faßten Mut im wörtlichen Sinne. Die Bewegung eines kontaktheischenden Schimpansen gleicht der Futterbettelbewegung. Da Schimpansen einem Bettelnden auch mit der Hand Futter reichen, wäre es denkbar, den ganzen Komplex des Handgebens und -nehmens als ritualisiertes Füttern zu deuten. Statt Futter wird Kontakt geschenkt, der gleichfalls belohnt und beruhigt. Die Bettelbewegung ist zweifellos identisch, der Kontakt wird jedoch anders gereicht als das Futter, so daß zwei Wurzeln des Gebens vorliegen dürften. Nicht alle Menschen geben einander die Hand wie wir. Oft fassen sie einander an den Schultern, Hüften, Ellenbeugen oder anderen Körperstellen. Bei einigen Papuastämmen ist es üblich, den Grußpartner am Penisstulp zu berühren. Ob es Menschen gibt, denen ein Kontaktgruß völlig fehlt, weiß ich nicht. Ausdrücklich erwähnt fand ich das nirgends. Primär besteht wohl das Bedürfnis nach einem solchen Kontakt. Er beruhigt und ermutigt uns, und wir suchen ihn. Wir können die Handlungen der Kontaktanfrage und -gewährung allerdings weitgehend ritualisieren, so daß es keiner wirklichen Berührung bedarf. Ein Redner, der sich unsicher fühlt, sieht seine Freunde fragend an und wartet auf ein Ermunterungszeichen – und es genügt ihm ein Nicken oder Zublinzeln.

In unserem Händegeben sind noch andere bemerkenswerte Elemente enthalten. Wir reichen uns ja nicht bloß die Hände in einer Berührung. Wir umfassen vielmehr die Hand des Partners und drücken und schütteln sie. Auch das beobachten wir in verschiedenen Varianten bei anderen Völkern. In dieser Form der Kontaktnahme steckt eine Kraftdemonstration. Das Verhalten dient der gegenseitigen Abschätzung. Man ist beschämt, wenn man einen Händedruck nicht erwidern kann, etwa weil der Partner aus Ungeschick zu weit gegen die Fingerspitzen zupackte. Der Gruß enthält in diesem Punkte zweifellos ein aggressives Element; das Schütteln und Drücken der Hand ist oft eine Art Turnier.

Aggressive Elemente sind in vielen Grußriten der Männer enthalten und als Kriegergruß in der völkerkundlichen Literatur beschrieben worden. Es handelt sich um kriegerische Geschicklichkeitsdemonstrationen, durch die man sich einerseits Respekt verschaffen will, andererseits auch deutlich ausdrückt, daß man keine bösen Absichten hat. Bei einigen Urwaldindianerstämmen des Amazonas-Gebietes gibt es zum Beispiel den Pfeilgruß. Die Ankommenden werden von den Indianern mit Pfeilen beschossen, aber man zielt so gut, daß die Pfeile genau vor ihnen in den Boden treffen*. Das ist ein Salut, der durchaus unserem Salutschießen vergleichbar ist. Nicht immer wurde dabei leer geschossen. Baker[10] schildert, wie er von türkischen Truppen in Nordostafrika begrüßt wurde: »Nachdem wir eine Stunde lang immer auf den Spuren der Gesellschaft gewandert waren, sahen wir in der

* Das haben manche Besucher als feindselig mißverstanden.

Ferne eine große Latukastadt, und als wir näherkamen, entdeckten wir Volkshaufen, die sich unter zwei ungeheuren Bäumen versammelt hatten. Gleich darauf knallten Gewehre, die Trommeln gingen, und wie wir näherrückten, bemerkten wir die türkischen Flaggen, die einen Haufen von ungefähr hundert Mann führten, welche sich uns mit den gewöhnlichen Begrüßungen näherten, indem jeder scharfe Patronen abfeuerte, so schnell er nur laden konnte... Sie marschierten auf mich zu, um mir zu salutieren, was, als wir dicht aneinanderstanden, damit endete, daß sie die Mündungen ihrer Gewehre abwärts hielten und sie fast in meine Füße abfeuerten« (S. 173).

Bei den nordamerikanischen Indianern waren ähnlich aggressive Begrüßungen üblich. In Zentralaustralien wurde eine hochrangige Person eines befreundeten Stammes mit erhobenen Waffen empfangen, so als wollten sie ihn abwehren. Der Besucher machte dann seinerseits einen Scheinangriff, den die anderen mit ihren Schilden abwehrten. Danach wurde der Gast umarmt, ins Lager geführt und

59. Drohgruß eines Kriegers aus Uganda. Nach J. A. Grant, A walk across Africa, London 1864, S. 191.

von den Frauen mit Nahrung bewirtet (Howitt[88]). Manchmal grüßten sich ganze Gruppen Reisender in voller Bewaffnung, und das führte bei den Zentralaustraliern oft zu Unfällen, weil die Emotionen außer Kontrolle gerieten (Spencer und Gillen[176]).

Die Maoris von Neuseeland grüßten einen fremden Besucher, indem sie einen Speer in seine Richtung warfen, danach setzten sich beide auf den Boden, tauschten den Nasenkuß (Berührung der Nasen), und der Fremde wurde bewirtet. Von Afrikanern sind vergleichbare Riten bekannt. In Uganda zum Beispiel grüßen Krieger mit bereitgehaltenem Speer (Abb. 59). Sehr merkwürdig sind die Grußriten der zentralen Eskimostämme. Die Bewohner des Dorfes stellen sich in einer Reihe auf, und einer tritt vor. Der Fremde nähert sich diesem mit verschränkten Armen und nach rechts geneigtem Kopf und empfängt nun vom Einheimischen einen kräftigen Backenstreich auf die dargebotene Wange. Dann allerdings muß er seine Wange hinhalten und einen Backenstreich vom Fremden entgegennehmen. Das Backenstreichduell kann so lange dauern, bis einer umfällt. Gewöhnlich gehen diese Grußduelle friedlich aus, der Fremde gilt als aufgenommen und darf sich eine Frau nehmen. Der Sinn des Zweikampfes ist wohl der, daß der Fremde beweisen soll, daß er der Aufnahme würdig ist[117].

Solche aggressiven Demonstrationen sind jedoch fast nur im Gruß der Männer enthalten, die ja auch über die Aggression eine Kampfgemeinschaft zu stiften geneigt sind. Wir werden im folgenden Kapitel ein weiteres Beispiel dazu kennenlernen.

Die aggressiven Demonstrationen sind eine bemerkenswerte Ausschmückung des Grußes, der ja gerade Aggressionen beschwichtigen und das Bindende betonen soll. Gewiß beteuert ein guter Schütze, wenn er dem Besucher seinen Pfeil gerade vor die Nase setzt oder ihn zwischen die Beine von dessen Pferd schießt, gerade dadurch seine friedliche Absicht. Aber Mißverständnisse kommen vor.

Zu den ausgesprochen freundlichen Grußgesten gehören die Umarmung, die verschiedenen Formen des Tätschelns und Streichelns und der Kuß. Die weite Verbreitung des Kusses und das Vorkom-

60. Begrüßung bei den Barotse. Die Person links hält die ausgestreckte linke Hand des Grußpartners und küßt sie. Gleichzeitig streckt sie die linke Hand zum Kusse vor. Nach einer Aufnahme von P. M. Clarke aus K. Lang (1926), S. 197.

men offenbar homologer Verhaltensweisen beim Schimpansen haben wir bereits erörtert. Grillparzer hat ein Gedicht über den Kuß geschrieben, in dem es unter anderem heißt: »Auf die Hände küßt die Achtung, Freundschaft auf die offene Stirn, auf die Wange Wohlgefallen, seelge Liebe auf den Mund.« Diese Unterscheidung nach Nähe scheint sich auch im Kusse bei anderen Völkern auszudrücken – wir erwähnten, daß Afrikaner oft nur den Boden vor ihrem Herrscher, als besondere Gunst jedoch auch die Füße küssen durften. Der Gruß der alten Perser war nach dem Stande der sich Grüßenden verschieden. Gleichrangige küßten sich auf den Mund, war einer untergeordnet, dann küßten beide einander die Wangen. Bei sehr großen Rangunterschieden stürzte der Rangniedere vor dem anderen auf den Boden nieder. Leider fehlen detaillierte Angaben von anderen Völkern. Man küßt Hand, Fuß, Schulter, Wangen, Stirn, Augen, den Saum des Rockes (Abb. 60). Im ägyptischen Sudan küßt jeder die eigene Hand an der Innenfläche, bevor er sie dem anderen reicht. Sich-selbst-Küssen und Handreichen wird oft wiederholt. Wir werfen jemanden Handküsse zu und küssen zuvor unsere Hand. Die Beduinen schnalzen ihre Küsse in die Luft, während sie dem Gast die Hand geben (Lang[117]). Der Lippenkuß ist, wie gesagt (S. 155), eine ritualisierte Mund-zu-Mund-Fütterung. Wir haben uns mit diesem Verhalten bereits ausführlich auseinandergesetzt und gezeigt, daß es sich wohl um eine dem Menschen angeborene Verhaltensweise handelt. Nur selten grüßt man durch Beißkuß (S. 154).

Bei vielen Völkern gibt es einen Nasengruß, der oberflächlich dem Kuß ähnlich ist. Es handelt sich um ein freundliches Beschnüffeln, wobei die Nase an die Wange oder Nase des Partners gedrückt und leicht an ihnen gerieben werden. In Burma nennt man diesen Gruß »namtschui« (von Geruch [nam] und einsaugen [tschut]). Mitunter ergreift der Grüßende auch nur eine Hand seines Partners und reibt sich damit seine Nase, wie es Cook [29] von den Neuseeländern und Wilkes [201] von den Samoanern beschreibt. Wir finden den Nasengruß bei den Lappen, Eskimos, Waikas, Malayen, auf Madagaskar, auf Neu-Guinea und im polynesischen Raum. Das freundliche Beschnüffeln im Gruß kann auch auf andere Weise erfolgen. Prinz zu Wied [200] erwähnt, daß die Botokuden einander am Handgelenk beriechen.

Die Bewegungen des Umarmens und des Streichelns kommen im Grußverhalten vieler Völker vor. Die Ableitung dieser Verhaltensweisen aus dem Brutpflegebereich wurde bereits diskutiert. Gelegentlich legt der Grüßende wie ein trostsuchendes Kind seinen Kopf an die Brust des Begrüßten. So beschreibt Prevost [150] die Begrüßung des Königs von Loanga (Westafrika) durch seine Edlen wie folgt: »Sie klopfen zwei- oder dreimal in die Hände und werfen sich darauf zu Seiner Majestät Füßen, über und über in den Sand, um ihre Unterwürfigkeit zu bezeugen. Die besonderen Lieblinge laufen nach dieser Verrichtung gerade auf den König zu und lehnen sich mit beiden Händen auf seine Knie, so daß ihr Kopf an seinem Busen liegt« (4, S. 677).

Das Heben der offenen Hand im Gruße ist zwar nicht überall nachzuweisen, hat aber doch eine weite Verbreitung, so daß man eine Disposition für diese Geste annehmen kann. Ich beobachtete sie bei Papuas, bei den Schom-Pen auf Groß-Nicobar und bei den Karamojo und Turkana in Ostafrika [52]. Die Geste ist eindeutige Demonstration der friedlichen Absicht. Man zeigt ja, daß man in der Rechten keine Waffe hält. Gelegentlich ist sie mit einer Winkbewegung kombiniert. In Japan sah ich, daß Mütter, die ihren

61. Kleines Mädchen aus Neapel, durch Heben der offenen Hand grüßend. Gleichzeitig umarmt es schützend sein Geschwisterchen. Nach einer Aufnahme von H. List, ›Leica Fotografie‹ 6, 1960.

62. Durch Heben der offenen Hand grüßender Schom-Pen (Groß-Nicobar). Nach einer Aufnahme des Verfassers.

Kleinen beim Karussellfahren zusahen, diesen so zuwinkten. Klagende heben oft beide Hände mit nach außen gekehrten Handflächen etwas über die Höhe der Schultern. Ob ein Zusammenhang zwischen diesen Gesten besteht, wäre zu untersuchen (Abb. 61 und 62).

»Sozusagen überall auf der Erde ist es Sitte, Fremde zur Teilnahme an der Mahlzeit einzuladen oder aber ihnen ein Geschenk an Nahrungsmitteln zu senden. Wir selbst betrachten das Essen nicht gleich wie andere Dinge und nehmen gerne eine Einladung zum Mittagessen an, obschon wir uns bedanken würden, das Geld ausbezahlt zu bekommen, welches das Mittagessen kostet« (Birket-Smith[22], S. 363).

Bei den verschiedensten Völkern bietet man den Gästen Nahrungsmittel und Geschenke zur Begrüßung an. Man trinkt dem Gast freundlich zu und reicht ihm den Willkommtrunk. Und wenn auch nicht überall die Gattin dem heimkehrenden Manne auf den Knien das Wasser zum Trinken bringt, wie das die Mandigoer an der Westküste von Afrika taten (Prevost[150]), so werden doch im Prinzip überall die gleichen Mittel der Freundschaftsbezeugung benutzt. Rasmussen[152] beschreibt, daß er bei den Polareskimos gleich nach der Ankunft in einem Dorf immer reihum bei den verschiedenen Familien essen mußte, bis er einfach nichts mehr von der gefrorenen rohen Walroßleber hinunterbrachte. Er brauchte Tage, um sich von solch freundlicher Begrüßung zu erholen.

Wenn bei den Masai ein Fremder in einen Kral zu Besuch kommt, dann setzt er sich zunächst außerhalb des Dorfes unter einen Schattenbaum und wartet, bis eine alte Frau ihm Milch bringt. Der Gast trinkt einige Schlucke, reicht die Schale zurück, und die Frau kehrt heim. Es kommt nun ein Mann, der vor dem Gast ausspuckt, was der Gast erwidert. Nach dem Austausch der Begrüßungsformeln wird er ins Dorf geholt.

Wenn die Walbiri Zentralaustraliens in das Revier eines anderen Stammes kommen, bringen sie immer Känguruhfleisch, Mehl, Tabak etc. als Geschenk mit. Oft ist das nicht mehr als eine Geste, wenn die Gäste selbst nichts haben[133].

Dies ist nicht nur bei Naturvölkern der Brauch. Wenn wir eine Familie zum erstenmal in ihrer neuen Wohnung besuchen, dann bringen wir Salz und Brot. In der Ukraine empfängt man den Besucher damit. Wir bringen bei Anstandsbesuchen Bonbonnieren mit, und wir bewirten unsere Gäste und trinken ihnen zu. Bei allen Festen, deren letzter Sinn ja die Festigung des Bandes ist, spielt gemeinsames Essen und Trinken eine große Rolle, ob es sich nun um Familien- oder Betriebsfeste, Palmfruchtfeste der Waikas oder ein Sing-Sing der Papuas handelt. Man bekräftigt das Band fürs Leben über einen Hochzeitskuchen, bei den Patasiva auf den Molukken, indem man zusammen eine Schüssel Popeda verzehrt – erst dann gilt der Ehebund für geschlossen. Man bestärkt das Familienband beim gemeinsamen Verzehr der Geburtstagstorte ebenso wie beim Osterschinken.

Im bindenden Geschenketausch liegt eines der Motive des Handels. »Wir neigen dazu, Handel und Austausch als rein ökonomische Fragen zu betrachten, und ökonomische Motive fehlen denn auch im Handelsleben der Naturvölker nicht. Diese Seite tritt jedoch bei ihnen nicht immer in den Vordergrund. Oft wird der Handel als Mittel zur Anknüpfung von Freundschaftsbanden zwischen den Individuen und den Sippen aufgefaßt, was viel wichtiger ist als der Warenaustausch an sich. Bei den Zentraleskimos hat ein Mann oft einen guten Freund in den Nachbargruppen, mit dem er unter festlichem Trommelgesang und Tanz Geschenke auszutauschen pflegt. In Alaska luden die Eskimos früher die Bewohner freundlich gesinnter Siedlungen zu großartigen Festen ein, bei denen sie unter Entfaltung eines ebenso verwickelten wie streng durchgeführten Zeremoniells Geschenke austauschten« (Birket-Smith [22], S. 187).

Die Ablehnung einer Einladung zu gemeinsamem Essen und Trinken kann eine tödliche Beleidigung darstellen. Bernatzik [17] erwähnt einen Vorfall, der als Beispiel dienen mag. Ein französischer Forstingenieur war von den Radé (ein indochinesischer Stamm) ermordet worden. Es wurde eine Strafexpedition ausgeschickt, der es gelang, die Schuldigen zu fangen. Bei der Einvernahme sagten diese entrüstet aus: »Der Weiße hat uns in unerträglicher Weise beleidigt. Wir boten ihm unseren Willkommentrunk an und das Fleisch eines Schweines, das wir zu seinen Ehren den Geistern geopfert hatten. Er weigerte sich aber, unsere Gaben anzunehmen, und wir mußten auch noch zusehen, wie er sich von seinem anamitischen Sklaven Nahrung reichen ließ. Da beschlossen wir, diese Beleidigung zu rächen und ihn zu töten.«

Sind zwei Arapesh ernstlich böse aufeinander, dann hängt einer nach Mead[132] einen Krotonblattknoten als Gedächtnisstütze an seine Haustür, was aussagt, daß er nie wieder mit dem anderen essen will. Der Bruch kann nur gekittet werden, wenn derjenige, der das Zeichen anbrachte, ein Schwein schlachtet.

Vom Essensgeschenk abgeleitet ist wahrscheinlich das Überreichen anderer Gaben. In Japan knüpfte man früher in die Verschnürung eines Geschenkpaketes einen kleinen gedörrten Hering ein. Die bandstiftende Funktion eines Geschenkes kommt durchaus der eines Essensgeschenkes gleich. Als Rasmussen[152] einem Eskimowaisen ein Messer gab, hatte er damit einen verläßlichen Freund gewonnen. »Es war sicher das erste Mal in seinem Leben«, schreibt Rasmussen, »daß dieser Waise von jemanden ein Geschenk bekommen hatte. Er musterte mich von oben bis unten und schüttelte den Kopf. Ich versicherte ihm, daß ich es wirklich so meinte. Daraufhin schnappte er das Messer aus meiner Hand, ohne seinen Gesichtsausdruck zu ändern, und lief davon. Ich dachte nicht daran, daß ich ihn für die nächste Zeit wieder zu Gesicht bekommen würde, und war gerade im Begriff, in unser Zelt zurückzugehen, als ich ihn mit einem Stück Walroßfleisch ankommen sah. Er gab es in meine Hand und sagte dabei: ›Du gabst mir, schau, ich gebe Dir‹, und sein Gesicht glänzte vor Fett und Stolz. Natürlich hatte er das Walroßfleisch irgendwo gestohlen. Aber von diesem Tag an waren wir Freunde« (S. 51).

Die Eskimos der Ostküste Grönlands reichen dem Besucher das Schnupftabakshorn zur Benützung, worauf dieser das seinige anbietet. Das tun sie auch beim Abschied.

Schließlich überreichen wir auch Gegenstände als Geschenke. Im österreichischen Mühlviertel muß die in einen Hof einheiratende Frau jedem Familienmitglied zum Einstand ein Geschenk überreichen.

Die Gaben können auch symbolisch sein. So gibt es bei verschiedenen Völkern eine Entsprechung zur Friedenspalme. Grüne Zweige, Blätter, Grasbüschel, Palmwedel und dergl. werden überreicht, so bei den Waikas am oberen Orinoko, den Masai, bei den Bewohnern der polynesischen Inseln, um nur einige zu nennen. Ein Schom-Pen, der sich unserem Schiff (Xarifa-Expedition [44]) näherte, überreichte uns ein grünes Blatt. Es war sein erster Kontakt mit einem Weißen.

Am weitesten ist die Ritualisierung des Schenkens fortgeschritten, wenn wir dem anderen Gutes wünschen. Der Wunsch ist eine verbale Gabe, die man sich beim Gruß zuruft oder auf Postkarten zuschickt.

Bisher besprachen wir im wesentlichen Grußriten, die den unseren dem Prinzip nach recht ähnlich sind. Es gibt jedoch bei einigen Naturvölkern von den unseren abweichende Grußsitten, deren Deutung problematisch ist. So ist es verschiedentlich üblich, daß der Begrüßte mit einer Substanz, die vom Grüßenden kommt, eingerieben oder in Berührung gebracht wird. Bei den Niloto-Hamiten spuckt man den Partner an, oder man spuckt vor dessen Füße.

Die Wakikuju spuckten in die Hand, bevor sie sie zum Gruße reichten (v. Höhnel [79]). Schlossen zwei Wakikuju Freundschaft, dann schöpften sie Wasser und schütteten es sich gegenseitig über den Kopf. Das ablaufende Wasser fingen sie mit der rechten Hand auf und tranken es.

Von den Eskimos ist der Speichelgruß ebenfalls bekannt. Kotzebue [105] beschreibt seine Begrüßung in der Beringstraße wie folgt: »Hier wurde ein schmutziges Leder auf die Diele gebreitet, worauf ich mich setzen mußte, und dann trat einer nach dem anderen auf mich zu, umarmte mich, rieb seine Nase stark an der meinigen und endigte seine Liebkosungen damit, daß er in die Hände spie und mir damit einige Male über das Gesicht fuhr« (S. 196). Bei den Kanum-Irebe Neuguineas ist es eine Sympathiekundgebung, wenn man dem Scheidenden etwas von seinem Geruch abnimmt und auf sich überträgt. Der sich Verabschiedende greift dem Scheidenden in die Achselhöhle, beriecht dann die Hand und reibt sich selbst mit dem Geruche ein. Auch Harn hat bei einigen Stämmen diese bandstiftende Funktion. Bei den Dama in Südafrika lautet der Abschiedssegen einer erwachsenen Person: »Möchtet ihr benetzt werden von den Vätern, meinen Oheimen!« Allerdings bleibt es dort, soweit ich dem Schrifttum entnehmen konnte, bei der Redensart. Verabschiedet sich einer, dann nimmt ein zurückbleibender Alter ein Gefäß mit Wasser, trinkt daraus und bespeit den Scheidenden damit. Auch wenn jemand zurückkehrt, wird diese Zeremonie vollzogen. Alte und Junge, auch Frauen werden so begrüßt. Den Gruß konnten nur alte Männer austeilen[117]. Richtige Harnriten gibt es bei den Hottentotten. Wenn ein Mann einen Löwen, einen Elefanten oder ein Nashorn getötet hat, dann wird seine Heldentat auf folgende Weise geehrt: Er begibt sich in seine Hütte, bis ihn ein alter Mann aus dem Kral abholt und zum Empfang der Ehrung einlädt. Er führt ihn in die Dorfmitte, wo alle Männer versammelt sind und seine Ankunft erwarten. Nun kauert sich der Held auf eine Matte nieder und alle Männer hocken sich im Kreis um ihn. Der alte Mann geht auf ihn zu und beharnt ihn von oben bis unten. Ist er ein guter Freund des Helden, so überschwemmt er ihn, denn um so größer ist die erwiesene Ehre. Nach der Beschneidung werden die Knaben von ihrem Beschneider beharnt. Gleiches geschieht, wenn die Jünglinge in die Männergemeinschaft aufgenommen werden. Schließlich kommen Harnzeremonielle bei der Verehelichung vor. Die Männer hocken im Kreis zusammen, in der Mitte Bräutigam und Braut. Der Zeremonienmeister, der vom Dorfe des Bräutigams kommt, beharnt nun den Bräutigam, danach die Braut und anschließend wendet er sich von einem der Umsitzenden zum anderen, bis sein Vorrat erschöpft ist (Kolbe[100]). Das Ganze erinnert ungemein an die Markierungsriten verschiedener Säuger. Viele Nager benässen Rudelmitglieder mit Harn und markieren sie auf diese Weise als zur Gruppe gehörig. Möglicherweise handelt es sich bei dieser sehr altertümlichen Menschengruppe um ein analoges (nicht verwandtes!) Verhalten, das im Laufe der Zeit bei anderen Rassen zu Riten umgewandelt wurde, bei denen man Wasser benützt, wie etwa in unserer Kultur bei der Taufe. Der Salbung mit Speichel und mit anderen Stoffen mag die gleiche Motivierung zugrunde liegen, über einen gemeinsamen Stoff ein Band zu stiften. Rüppell[157] schreibt über seine Begrüßung bei den Hammer-Arabern: »Als ich mit dem Oberhaupte der Hammer-Araber, Hadgi Minhin, bei dem Brunnen Nedjer ankam, bewillkommten ihn seine drei Weiber mit sorgfältiger Zudringlichkeit; man drückte ihm die Beine und schmierte sie mit Butter ein; jede wünschte, daß er von dem eigens bereiteten halbgesäuerten Getränk genießen sollte, »die Sklavinnen kamen auf den Händen herbeigekrochen und umfaßten so lange seine Knie, bis er die Hand auf den Kopf einer jeden gelegt hatte; von mir schien man gar keine Notiz zu nehmen« (S. 148). Die Ovambo nehmen ähnliche Buttersalbungen zur Begrüßung vor (Andersson[3]). Salbungen mit anderen Stoffen wurden im Altertum vor allem hochrangigen Personen zuteil.

Es gibt noch viele abweichende Grußformen, wie etwa den Tränengruß, der bei einer Reihe von Indianerstämmen, aber auch auf den Salomonen üblich war. Wir wollen noch kurz über die Grußformeln sprechen. Sie drücken im Prinzip das gleiche aus wie die Gesten, nämlich friedliche Absicht, Anteilnahme, Unterwerfung und den Wunsch, ein Band zu stiften. Schließlich wünscht man sich allerlei Gutes, und dies ist ja eine ritualisierte Form des Beschenkens. Der gute Wunsch ist eine Gabe. Man wünscht sich einen »guten Tag«, »Petri Heil« oder »Weidmanns Heil«, »Friede sei mit Dir«, »Heil Dir«, man entbietet ein »Willkommen« und wünscht ein gutes Wiedersehen und empfiehlt sich als »gehorsamer Diener«. Wenn wir die Grußformeln verschiedener Völker vergleichen, stellen wir fest, daß sie im Prinzip gleich sind.

Ein grüßender Waruvu (Ostafrika) stellt eine Reihe freundlicher Fragen, auf die der Angesprochene mit »hm« antwortet, worauf der Grüßende ebenso erwidert (v. Höhnel[76], S. 70).

A sagt zu B:	B antwortet	Worauf A erwidert
Kilo vedi? (Hattest Du eine gute Nacht?)	Hm!	Hm!
sie vedi? (Hattest Du einen guten Tag?)	Hm!	Hm!
ho kaja? (Wie geht's zu Hause?)	Hm!	Hm!
ho kaja kilo vedi? (Hattest Du eine gute Nacht?)	Hm!	Hm!
mzima? (Bist Du wohl?)	Hm!	Hm!
sana? (sehr?)	Hm!	Hm!
jambo (Grüß Dich!)	Hm!	Hm!

Zwei Tuareg, die einander nicht kennen, begrüßen sich bei der Begegnung auf folgende Weise*: Sie halten an, und die höherrangige Person (Respektsperson RP) streckt dem anderen die Rechte entgegen. Beide reiben die Handinnenflächen in ziehender Bewegung aneinander, wobei die Hand, sobald sich die Fingerspitzen verlassen, beschleunigt nach oben abgezogen wird. Die RP

sagt:	Salam Aleikum!	(Friede sei mit Dir.)
Antwort:	Aleikum Salam!	(Mit Dir sei Friede.)
RP:	Matulit?	(Wie geht's?)
Antwort:	El Cheròs	(Es geht gut.)

Die RP beginnt dann mit der Vorstellung: Ich bin der Sohn des ... und der ... aus dem Stamme der ... Der andere erwidert auf die gleiche Weise. Hierauf werden Neuigkeiten erfragt und ausgetauscht und Erkundigungen nach dem Reiseziel eingeholt. Schließlich wünscht die RP »Ärr Sarchat« (Auf Wiedersehen!) und erhält zur Antwort »Inshallah« (Wenn es Allah so will). Die Formel wird noch einmal mit umgekehrten Rollen wiederholt, dann folgt noch ein Handstreichen, und beide ziehen weiter. Reiten die beiden auf ihren Dromedaren, so bleiben sie die ganze Zeit darauf sitzen. Kennen sie sich allerdings persönlich, dann steigt der Rangniedere

* Die Angaben verdanke ich meinem Freunde Markus Krebser.

ab und gibt der RP die Hand, die wie bei uns gedrückt wird. Daraufhin steigt auch die RP ab. Der andere bereitet Tee oder eine der Tageszeit entsprechende Mahlzeit, während die RP Fragen allgemeiner Art stellt, die der andere, ohne selbst Fragen zu stellen, beantwortet. Die RP wird nach der schon erwähnten Abschiedsformel noch 100 Meter begleitet, und man verabschiedet sich mit Händedruck.

Wenn ein Masai einen Gast verabschiedet, sagt er: »Leb wohl, bete zu Gott, rede nur mit Dingen, die sicher sind, und triff nur blinde Leute.« Darauf erwidert der Gast: »Gott gebe Dir immer Milch und Honigwein« (Fuchs, S. 92 nach Lang [117]).

Oft erkundigt man sich anteilnehmend, ob der andere auch gut gegessen habe. So vergaßen die chinesischen Kulis früher nicht zu fragen: »Tsche fan la moa?« (Hast Du Reis gegessen?) »Wünsche wohl gespeist zu haben«, war bei uns üblich.

Die Waikas grüßen mit »Schori« (Schwager). Sie drücken damit ihre Bereitschaft aus, ein Verwandtschaftsverhältnis mit dem Begrüßten einzugehen.

Das Bemerkenswerte an diesen Grußformeln ist die meines Wissens bisher kaum beachtete Tatsache, daß Menschen in bestimmten Situationen einander immer die gleichen Dinge sagen, was angeborene Dispositionen vermuten läßt. Das wird besonders deutlich im Liebesgespräch. Ähnlich wie in ihren Verhaltensweisen benützen Verliebte auch verbal Kindchen- und Betreuungsappelle.

Die in den Grußriten beobachteten Verhaltensweisen tauchen schließlich sehr oft in den religiösen Riten auf. Man verkehrt mit Geistern und Göttern, als wären diese eine Art Mensch. Man füttert sie mit Reis und anderen Nahrungsmitteln, opfert ihnen Blumen und Wohlgerüche, und man verbeugt sich vor ihnen. Auch spielt in den religiösen Riten vieler Völker das gemeinsame Mahl eine große Rolle. Das letzte Abendmahl Christi stiftete im Abschied symbolisch das Band für die Zukunft.

Überblicken wir die Vielfalt menschlicher Grußgebärden, dann wird doch sehr deutlich, daß sie im Prinzip überall dem gleichen Muster folgen. Das ergibt sich einerseits aus ihrer Aufgabe, Frieden zu stiften, so daß selbst kulturell tradierte Riten Ähnlichkeiten aufweisen. Eine Reihe von Ähnlichkeiten des Prinzips und des formalen Ablaufes sind jedoch vernünftigerweise nur durch die Annahme zu deuten, daß gemeinsame stammesgeschichtliche Anpassungen vorliegen.

Vom Brutpflegeverhalten leiten sich verschiedene Gesten des Kontaktgewährens ab, so das Händereichen, Betätscheln, Umarmen und Streicheln. Ritualisiertes Füttern taucht im Gruß als Kuß, Anbieten der Brust, Anbieten von Speise und Trank und, davon abgeleitet, als Geschenkeaustausch auf. Das alles kann auch verbal ausgedrückt werden, indem man dem Partner Gutes wünscht und Anteilnahme ausspricht.

Das angeborene Friedenszeichen, das Lächeln, kann heute dem Ursprunge nach noch nicht sicher gedeutet werden. Auf die Möglichkeit einer Ableitung von der sozialen Fellpflege wiesen wir hin. Trifft dies zu, dann stammt auch dieses Verhalten aus dem Komplex der mütterlichen Betreuungshandlungen.

Infantilismen äußern sich im Kontaktstreben des Grüßenden, wenn er durch Ausstrecken der Grußhand um Kontakt bittet. Daß der Grüßende den Kopf an der Brust des Ranghohen birgt, ist ebenfalls ein kindlicher Verhaltenszug. Gelegentlich saugt er sogar an der Brust. Die seitlichen Pendelbewegungen des Kopfes beim Nasenreiben und beim Sich-Kuscheln an der Brust sind sicher auch als Infantilismen zu deuten. Mitunter wird der beschwichtigende Appell nicht über kindliches Verhalten, sondern direkt über ein Kind vorgetragen. Bei uns ist es üblich, daß Kinder bei Staatsbesuchen den Gästen Blumen überreichen.

Als ritualisierte Verhaltensweisen aus dem sexuellen Bereich lassen sich bestimmte Beschwichtigungsgebärden (Zeigen der Kehrseite) deuten, die sich direkt an die Präsentiergebärden weiblicher Primaten anschließen. Wir erwähnten den Gruß der Fulbe, und es ist zu erwarten, daß dieses Verhalten nicht so vereinzelt dasteht, zumal die Geste als beschwichtigende Schutzgeste weiter verbreitet ist.

Friedensdemonstrationen, indem man sich des Schutzes begibt,

(Ablegen der Waffen, Abnehmen des Helmes etc.) und Demutsstellungen (Verbeugung, Fußfall, Nicken) werden überall ausgeführt. Die Gesten sind zum Teil kulturell gestaltet, zum Teil angeboren (Nicken) und haben sich wohl als Antithese zum Drohen eigenständig entwickelt.

Aggressiven Ursprunges und wohl auch noch heute aggressiv motiviert sind die Kraftdemonstrationen, wie sie sich etwa beim Händedruck oder in den verschiedenen Formen des Drohgrußes (Salutschießen, Präsentieren des Gewehres) äußern.

Der über alle Kulturen verbreitete Augengruß ist ein ritualisierter Ausdruck freudiger Überraschung. Vom freundlichen Beriechen leitet sich der Nasengruß ab. Die Deutung des Tränengrußes ist unsicher, er könnte eine ritualisierte Form der Anteilnahme oder auch eine Form ritualisierten Betreuungsheischens sein. Ich neige eher zur ersten Ansicht, da gemeinsam erlebte Trauer sehr stark bindet (S. 228).

Rätselhaft ist auch der Ursprung der Riten, bei denen man sich gegenseitig mit Stoffen einreibt. Die Sitten erinnern verblüffend an verschiedene Formen des gegenseitigen Duftmarkierens bei Säugern.

Bei aller Vielfalt handelt es sich beim Grußverhalten um einen im Grunde doch recht einheitlichen Verhaltenstypus, bei dem über die Kulturen hinweg immer wieder die gleichen Verhaltenselemente auftauchen, deren Funktion im wesentlichen die Beschwichtigung, Bandstiftung und imponierende Selbstdarstellung ist. Für viele Grußriten können wir eine angeborene Grundlage annehmen.

b) Das Palmfruchtfest der Waikas

Fragen wir jemanden, warum wir gelegentlich zu kleinen Feiern zusammenkommen, dann wird er uns wahrscheinlich antworten, weil er sich ab und zu unterhalten wolle. Es wird ja bei Festen gespeist, getrunken, geflirtet und getanzt, und das alles macht nun einmal Spaß.

Wenn man es sich allerdings zur Gewohnheit gemacht hat, nach den besonderen Funktionen bestimmter Verhaltensmuster im Dienste der Arterhaltung zu fragen, entdeckt man bald, daß gerade den Festen im menschlichen Zusammenleben eine zentrale Bedeutung zukommt. Es handelt sich um bindende Riten, die in vielen Punkten den Grußriten verwandt sind. Ein Beispiel möge das erläutern.

Vor kurzem besuchte ich die Waika-Indianer am oberen Orinoko*. Diese altertümliche Indianergruppe, die wahrscheinlich von der ersten über die Beringstraße einwandernden Siedlerwelle abstammt, hat sich dank der Abgeschlossenheit ihres Gebietes bis heute noch in ihrem ursprünglichen Zustande erhalten. Die Indianer leben als Wildbeuter und Sammler, allerdings kultivieren sie auch Bananen. Frauen und Männer sind nur mit einer Schnur um die Leibesmitte bekleidet. Die Männer binden mit dieser Schnur ihren Penis hoch. Bei festlichen Anlässen schmücken sie sich mit Federn und durch Bemalung, manche tragen auch Stoffstreifen, die sie über die Missionen einhandelten. Als Kampf- und Jagdwaffen dienen Pfeil und Bogen, die Pfeile sind mit Curare vergiftet. Die Waikas leben in Dorfgemeinschaften, die selten mehr als hundert Personen umfassen. Ein Dorf besteht aus im Rund um einen großen freien Platz aufgestellten, nach innen geneigten Windschirmen, zwischen deren Stützpfosten die Hängematten der Familien gespannt sind. Die ganze Dorfgemeinschaft lebt gewissermaßen unter einem Dach, wobei jede Familie einen Sektor dieses Windschirms mit eigener Feuerstelle besitzt.

Die sehr kriegerischen und temperamentvollen Indianer leben in dauernder Fehde mit Nachbardörfern. Das Überleben kleinerer Dorfgemeinschaften hängt davon ab, ob sie sich mit anderen verbünden können, die ihnen notfalls Zuflucht und Beistand gewähren. Solche Freundschaftspakte werden nun bei Festen geschlossen und

* Frau Dr. Inga Steinvorth de Goetz und ihrer Tochter, Frau Elke Goetz, danke ich hier ganz besonders. Frau Dr. Goetz ließ mich durch einen ihrer Piloten einfliegen, und ihre Tochter führte mich. Frau Dr. Goetz ist eine Kennerin der Waika-Indianer und veröffentlichte kürzlich ein bemerkenswertes Buch über diesen Stamm [181] (siehe ferner Zerries [204]).

durch Feste bestärkt. Da die Gäste von den Gastgebern bewirtet und beschenkt werden müssen, feiert man meist zum Zeitpunkt der Palmfruchtreife *. Wir weilten gerade zu dieser Zeit in dem Gebiet und erfuhren gleich nach der Ankunft in der Missionsstation Ocamo, daß die Bewohner eines nahe gelegenen Indianerdorfes von dem Dorfe Shiparioteri am Ocamo-Fluß eingeladen worden seien.

Wir machten die Bekanntschaft dieser Gruppe, beschenkten sie und konnten uns ihr auf ihrer zweitägigen Reise zum Nachbardorf anschließen. An der Reise nahmen Frauen und Kinder teil; wie ich später erfuhr, ist dies eine wichtige Einzelheit, durch die man die friedliche Absicht demonstriert. Ohne Frauen und Kinder würde der Trupp bewaffneter Krieger nie ins fremde Dorf gelassen. Die Reise ging zuerst in Booten flußaufwärts. Die Fahrt war ein außerordentliches Erlebnis. Elke Goetz und ich saßen in einem der großen Einbäume einer vierköpfigen Indianerfamilie gegenüber. Die beiden Buben waren etwa 9 Monate und 5 Jahre alt. Den ganzen Tag fuhren wir den vielfach gewundenen braunen Fluß aufwärts, vorbei an einer prächtigen Waldkulisse mit blühenden Bäumen und halb entwurzelten Urwaldriesen, die sich weit über den Strom neigten. Da und dort flog ein Trupp von Papageien auf. Wir kamen gut voran, da wir von der Mission starke Außenbordmotoren bekommen hatten. – Unsere Gastgeber waren die ganze Fahrt über freundlich zueinander. Die meiste Zeit verbrachten sie damit, sich reihum zu lausen. Einmal lauste der Mann seine Frau, dann wieder legte er seinen Kopf auf ihren Schoß und wurde gelaust. Mitunter bildete sich auch eine richtige Lausekette: Der Vater lauste die Mutter, die Mutter den fünfjährigen Sohn, und dieser spielte mit dem Säugling. Was der Mann erlauste, legte er ihr als Leckerbissen auf die vorgehaltene Handfläche. Sie dagegen teilte nicht, sondern verzehrte die Jagdbeute immer gleich selbst. Sie suchte auch den Körper ihres Ehegatten ab und biß dabei kleine Verunreinigungen mit den Zähnen weg. Zwischen-

* Die mehligen Früchte der Pijiguao-Palme sind ein wichtiges Nahrungsmittel der Waikas.

durch aßen sie und boten auch uns mit freundlichem Lächeln an. Durch einfache Gesten fragten sie uns, ob wir wohl auch so ein Baby hätten, und wahrscheinlich haben sie sich im stillen gewundert, daß wir uns gar nicht gegenseitig lausten. Das Baby war Zentrum der Aufmerksamkeit. Wenn es nicht gerade gestillt oder zu seinem Geschäftchen über Bord gehalten wurde, spielten Eltern und Bruder mit ihm. Die Mutter wußte es zum Lachen zu bringen, indem sie die Lippen fest auf seinen Bauch preßte und aus vollen Backen blies. Jauchzte das Baby daraufhin vor Vergnügen, dann schaute sie stolz in die Runde. Sie lutschte auch am Penis des Säuglings, und das machte gelegentlich auch das Brüderchen nach. Ich sah später, daß auch andere Mütter ihre männlichen Säuglinge so erheiterten. Während dieser langen Bootsfahrt sah ich nur einmal eine ärgerliche Reaktion. Als der Säugling sein Brüderchen beim Spielen durchnäßte, verzog der angewidert und ärgerlich seine Miene und reichte den Säugling der Mutter zurück. Als dieser wieder zurückkrabbeln wollte, stieß er ihn weg. Aber das dauerte nicht lange. Nach einigen Minuten spielten die beiden wieder miteinander. Auch der Vater scherzte mit den Kindern.

Wiederholt fuhren wir an Sandbänken vorbei, bei denen die Boote hielten. Alles wühlte im Sand nach Schildkröteneiern. Die Freude war groß, als wir welche fanden.

Vor Einbruch der Dunkelheit schlugen wir ein Lager im Wald auf. Das Unterholz wurde gelichtet, die Hängematten wurden aufgespannt und kleine Feuerchen entfacht. Jede Familie hatte ihre eigene Feuerstelle. Sie wirkten sehr heimelig in der dunklen Nacht. Nie schliefen alle zugleich. Immer wieder rief einer etwas in die Nacht hinein und ein anderer antwortete. Mir schien, als würden sie sich auf diese Weise ermuntern. Mit der Möglichkeit eines Überfalls muß eine ziehende Waika-Gruppe ja immer rechnen. Sie reisen aus diesem Grunde auch immer bewaffnet.

Nach dem Frühstück setzten wir unsere Bootsreise fort, allerdings nur eine kurze Strecke, dann ging's zu Fuß durch den Wald, auf einem Pfad, den wir nie als solchen erkannt hätten. Aber unsere Reisegefährten liefen zielsicher darauf los, und wir folgten.

Elke zog sich die Schuhe aus, um bequemer zu laufen, aber das hätte sie besser unterlassen. Ich stöberte nämlich eine Schlange auf, die erschreckt zwischen meinen Beinen nach hinten huschte, genau auf Elke zu. Ich rief noch: »Achtung, eine Schlange«, Elke hüpfte wie von einer Tarantel gestochen hoch und landete zuerst mit einem und dann mit dem anderen Fuß genau auf dem Reptil, das zum Glück nur entkommen wollte und sich heftig wand. Noch nie habe ich jemanden so schnell auf einer Stelle hüpfen sehen. Die Schlange entkam, und darum weiß ich bis heute nicht, auf welcher Schlangenart Elke getanzt hatte. Wahrscheinlich war sie ganz harmlos, aber uns war nach diesem Abenteuer weniger lustig zumute.

Am Nachmittag des zweiten Reisetages kam uns eine Gesandtschaft vom Dorfe unserer Gastgeber entgegen. Der Anführer unserer Gruppe und ein Mann aus dem Dorfe der Gastgeber hockten sich einander gegenüber auf den Boden, und jeder hielt gestikulierend eine Rede, die wir nicht verstanden. Das Ergebnis war, daß wir an diesem Ort unser Nachtlager aufschlugen und erst am nächsten Tag ins Dorf weiterzogen. Unsere Gastgeber bewirteten uns bereits am Abend reichlich mit gekochten Palmfrüchten, geräucherten Affen und Vögeln.

Am anderen Morgen marschierten wir bis kurz vors Dorf. Dort wurden wir neuerlich von den Gastgebern bewirtet. Danach schmückten sich die unseren. Selbst die Kinder und Hunde wurden mit Kringeln, Punkten und Wellenlinien bemalt*.

Während sich alles schmückte, begaben wir uns in den Schatten des Dorfes und harrten der Dinge.

Zum Auftakt des Festes tanzten die geladenen Krieger je eine Runde im Dorf. Viele erschienen in Kriegsbemalung und schwenkten Pfeil und Bogen. Stampfend, mit gewölbter Brust und hel-

* Ich zeigte kürzlich einem Hundespezialisten einige der Dias. Das erste Bild zeigte einen weißen Hund mit rostroten kreisrunden Flecken auf dem ganzen Körper. Mein Kollege war begeistert. Als dann ein Hund mit Kringeln und Streifen an den Beinen zu sehen war, wurde er ob dieser seltenen Rasse ganz aufgeregt, und als dann schließlich einer mit Flecken, Kringeln und Wellenlinien kam, warf er den Aschenbecher nach mir.

discher Miene imponierten sie vor den Gastgebern. Sie demonstrierten durch ihre Heldenpose, daß sie ganze Kerle sind, deren Freundschaft zu besitzen sich wohl lohne, ein Prinzip, das wir schon im Drohgruß kennenlernten. Nun löst aber Imponieren und Waffenzeigen Aggressionen aus, die man beschwichtigen muß. Das geschah hier über das Kind: Hinter einem prahlenden Krieger tanzte in der Regel ein Kind, das zerschlissene Blätter in den Händen schwenkte. Imponieren und Beschwichtigen, die beiden Grundfunktionen menschlichen Sozialverhaltens, waren hier in einem ausdrucksvollen Bilde vereint (Abb. 63). Mit den waffenschwenkenden Kriegern wechselten sich waffenlose ab, die grüne Blätterwedel schwenkten. Welchen Ursprung diese Zeremonie hat, weiß man nicht. Auffallend ist, daß das Zeigen grüner Pflanzenteile über die Kulturen hinweg zur Demonstration friedlicher Absicht angewandt wird. Es erinnert an das Nestmaterialzeigen balzender und grüßender Vögel. Wir finden aber bei den uns nächstverwandten Primaten nichts Entsprechendes.

Zum Abschluß des Eintanzes hopsten einige Mädchen eine Runde, Palmwedel in den hocherhobenen Händen schwenkend. Nach dem Eintanz spannten die Gäste ihre Hängematten zwischen jene der Gastgeber aus und legten sich zunächst einmal hin. Im Laufe des Nachmittags sonderten sich dann kleine Gruppen ab, die mit den Gastgebern Yopa schnupften. Dieses sehr starke Rauschgift – ein bräunliches Pulver – wird mittels eines Blasrohres dem Partner hoch in die Nase geblasen. Die Wirkung ist erstaunlich. Der Schnupfende zuckt zunächst zusammen, als hätte er einen elektrischen Schlag empfangen, er kratzt sich am Kopf, und es kommt zu einer starken Schleimabsonderung aus der Nase. Manchmal übergibt sich der Schnupfende sogar. Nach einer kurzen Zeit wirkt die Droge und induziert ein übersteigertes Kraft- und Selbstgefühl. Der Berauschte tanzt singend bis zur Erschöpfung. Die Droge hat keine langen Nachwirkungen. Später am Nachmittag schmückten sich die Gastgeber und tanzten ihrerseits, und zwar gleich als größere Gruppe. Mittlerweile hatten die Frauen eine Bananensuppe gekocht, die die Gastgeber und Gäste gemeinsam aus einem Rin-

63. Imponieren und Beschwichtigen, zwei Grundfunktionen menschlichen Ausdrucksverhaltens. Der zum Palmfruchtfest geladene Waika-Krieger tanzt vor seinen Gastgebern mit aggressivem Imponiergehaben. Seine friedliche Absicht dokumentiert er über das hinter ihm hertanzende Kind, das durch seine Erscheinung freundlich stimmt. Nach einer Aufnahme des Verfassers.

dentrog schöpften, allerdings nur die Männer. Die Frauen hielten sich, wie bisher, ganz im Hintergrund. Das Fest war im wesentlichen eine Sache der Männer, ein Punkt, auf den wir noch zurückkommen werden. Eine Ausnahme machte eine kleine Trauerfeier am Abend und am folgenden Morgen. Am Abend beklagte man nach einem gemeinsamen Rundtanz die Toten des Jahres. Die Frauen beider Dörfer scharten sich um den Häuptling des Gastgeberdorfes. Sie weinten und betrauerten die Verstorbenen der beiden Dörfer. Man bewies gegenseitige Anteilnahme und fühlte sich durch gemeinsamen Schmerz verbunden.

Bis hierher diente das Fest der Bündnisbestärkung auf Dorfebene: Man feierte gemeinsam. Mit dem Einbruch der Dunkelheit entwickelte sich eine neue Phase des Festes. Alles hatte sich in die Hängematten zurückgezogen, die Feuer verglosten und die Unterhaltung verstummte. Da auf einmal unterbrachen zwei Männer die Nachtruhe mit einem lautstarken Wechselgespräch, das sich allmählich zu einem Wechselgesang entwickelte: Es begann damit, daß einer der Gäste aus seiner Hängematte krabbelte und redete. Ein Mann aus dem Gastgeberdorfe antwortete kurz, stieg ebenfalls aus der Hängematte und setzte sich in Hockestellung neben seinen Gesprächspartner. Und nun wandelte sich das Wechselgespräch in einen nicht sehr melodischen Gesang. Der Gast sang anfangs ganze Sätze, dann nur mehr Wortfetzen, und der Gastgeber antwortete auf jeden Zuruf mit einem kurzen melodischen Grunzgeräusch, das etwa als stimmloses, dreimal schnell wiederholtes »m, m, m« wiedergegeben werden kann. Der Gesang dauerte gut eine halbe Stunde, und je weiter die Zeit voranschritt, desto heftiger gestikulierten die Sänger. Nach einer Weile tauschten sie die Rollen. Schließlich sagten sie ein paar Worte und krochen in ihre Hängematte zurück. Kaum hatten sie geendet, begannen zwei andere mit ihrem Wechselgesang.

Da ich die Sprache dieser Leute nicht beherrsche, konnte ich den Inhalt des Gesanges nicht verstehen, aber ich nahm ihn auf Tonband auf, und Padre Berno von der Salesianer-Mission war so liebenswürdig, mir Teile davon zu übersetzen. Es handelt sich um einen »Uayamou« genannten Ritus, was man als »gesprochenen Kontrakt« übersetzen könnte. Es werden in diesem Gesang Versprechungen – verbale Geschenke also – und verbale Freundschaftsbeteuerungen ausgetauscht. Ich habe in der Literatur keine Übersetzung finden können und bringe daher ein Stück, zumal die Vermutung ausgesprochen wurde [166], es würde sich bei diesen Gesängen um Bruchstücke längerer »mythischer« Texte handeln. Nun, die mythischen Texte sind doch eher recht erdgebunden und realistisch, wie aus der folgenden Übersetzung hervorgeht. In diesem Gesang spricht gerade der Eingeladene – ein Mann aus Patanoueteri *. Der Einladende antwortet nach jedem Satz mit den beschriebenen kurzen Lauten, die ich nur bei den ersten Sätzen anmerke, dann aber weglasse.

Der Gast beginnt: »Ich werde sprechen« – (Gastgeber murmelt) – »Wir sind Freunde« – (Gastgeber murmelt) – »Ich sage die Wahrheit« – (Gastgeber murmelt usw.). »Wir sind arm, weil wir weit weg wohnen, ihr seid reich, weil ihr in der Nähe der ausländischen Mission lebt.« – »Hier sind die Mapeyomas, die Salesianischen Nonnen und der Nape, der Laienbruder Iglesias. – Die geben euch viel Zeugs. – Wir haben niemanden, von dem wir Zeug verlangen können; die dagegen geben euch Macheten, Töpfe, Hängematten, Kleider, Glasperlen.« – Pause – »Zu uns Patanoueteri sind die Pissasaiteri gekommen, und wir wurden bepfeilt (mit Pfeil und Bogen beschossen), die sind sehr böse und schlecht. Haben einen Mann von uns getötet und meine Frau. Darüber bin ich sehr traurig und sehr böse.«

»Du bist ein Freund, verschaffe mir eine Machete, welche dir der Laienbruder verschafft, und Töpfe, welche du von den Nonnen bekommst.« – Pause – »Ich habe keinen Hund und bin sehr ärgerlich (wütend) darüber. Ihr habt viele. Ich brauche einen für die Tapirjagd, deshalb verlange ich einen von dir. Gib ihn mir, ich zahle dir, so werde ich Tapire jagen können.«

»Ich möchte nicht mehr von hier fort, weil ihr meine Freunde

* Ich nahm den Gesang bei einem zweiten Fest in Platanal auf.

seid. Ich bleibe in euren Häusern, welche im Wald sind. Gib mir einen Hund, auch wenn er mager ist, ich werde ihm zu fressen geben und werde Tapire jagen mit ihm. Du hast viele, und außerdem hast du eine Hündin, welche Junge bekommen wird. Gib mir also einen Hund.« – Beide umarmen sich, und der Angesprochene antwortet: »Ich verspreche dir, ich gebe dir ein Stück Tapir, da ich ja Hunde habe, um neue zu jagen. So kannst du Bananen mit Fleisch essen. Auch werde ich dir den Hund geben, damit ihr später jagen könnt, und Bananen, Fleisch und Pijiguao.«

Zum Tausch verlangt er Rajaca (Stäbchen, um Pfeile zu machen), denn sie hätten viele Feinde und könnten dann alle Freunde zum Kämpfen schicken. –

Gib mir, ich gebe dir, das ist der wesentliche Inhalt dieses »mythischen« Gespräches. Es wurde lautstark die ganze Nacht hindurch geführt und war wiederum nur Sache der Männer. Und das leuchtet auch ein. Was im wesentlichen auf Dorfesebene und in der Nacht auf individueller Basis geschlossen wird, sind Kampfbündnisse, Freundschaften also, die zu gegenseitigem Beistand im Kampf verpflichten.

Am anderen Morgen versammelte sich wieder eine Gruppe von Frauen und Männern zu gemeinsamer Trauer*. Sie klagten und weinten herzzerreißend. Die Frauen hielten die Kalebassen mit der Asche ihrer Angehörigen schluchzend in die Höhe und übergaben sie dann dem in ihrer Mitte sitzenden Häuptling. Dieser verrührte die Asche in eine Bananensuppe und reichte sie einem jungen Krieger zum Austrinken. So verzehrten sie in einer gemeinsamen Trauerfeier die Asche der Angehörigen. Anschließend schnupften die Männer Yopa. Es folgte ein gemeinsamer Tanz der Männer, die sich zum Schluß einige Minuten in Paargruppen gegenüber hockten, sich umarmten und noch einmal – diesmal alle gleichzeitig – Kontrakte aussangen.

* Auch in unserer Kultur festigt man das Band durch gemeinsame Trauer um die Verstorbenen, bei Staatsbesuchen zum Beispiel durch Kranzniederlegungen, bei Jahresversammlungen von Vereinen, indem wir uns zu einer Gedenkminute erheben.

Mittlerweile hatten die Frauen einen Platz mit Bananenblättern ausgelegt und darauf Körbe mit Pijiguao-Früchten, Bananen, geräucherte Gürteltiere, Affen, Krokodile, Vögel und anderes Getier ausgebreitet. Das waren die Geschenke für die Gäste, die nun ihrerseits Gaben verteilten. Da sie in der Nähe der Mission lebten, schenkten sie Stoffstreifen, Macheten und dergl. Danach schulterten sie die erhaltenen Geschenke und zogen schwer beladen davon.

Das Palmfruchtfest der Waikas dient der Festigung eines Bündnisses, und es ist interessant, daß dieses Ziel über gegenseitige Speisung und Beschenkung, über den Austausch von Versprechungen und über die gemeinsame Trauer und das gemeinsame Imponieren beim Tanze erreicht wird. Wesentliche Elemente des Grußverhaltens finden wir also auch in diesen Riten wieder.

Vergleichbare Feste, durch die ein Bündnis zwischen Männern gefestigt wird, gibt es bei den verschiedensten Völkern. Sie sind immer mit aggressiver Zur-Schau-Stellung und mit Eßgelagen verbunden. Bei einem Fest im Hochland von Neu-Guinea erlebte ich, wie im mittleren Wahge-Tal einige tausend Papuas zusammenkamen. Bewaffnet, mit Paradiesvogelfedern geschmückt und bunt bemalt, tanzten die Männer zum Auftakt. Sie hatten einen mehrere hundert Meter langen Tanzplatz gelichtet, den sie tanzend entlang stürmten. Vorneweg eine Gruppe von etwa 40 Trommlern, ihnen folgend mehrere hundert lange Holzspeere schwingende, phantastisch geschmückte Tänzer, die mit ihren Füßen den Boden stampften und bei jedem Aufsetzen des Fußes kräftig nach rückwärts scharrten, so daß Erde und Steine aufspritzten und Staub die Szenerie verhüllte. Es war eine aggressive, packende Demonstration. Die Trommler machten auf ihren Handtrommeln einen gewaltigen, dumpf widerhallenden Lärm. Sie setzten immer schlagartig fast alle zugleich ein und hörten ebenso auf. Dann kauerten sich auch die Tänzer zu kurzer Rast auf den Boden, um beim nächsten Trommelwirbel weiter tanzend gegen den Platz vorzustürmen, wo um ein kleines rundes Geisterhaus die für das Fest getöteten Schweine am Boden lagen. Es folgte ein großes Gelage, in dessen Verlauf man einige hundert Schweine verzehrte. Die jungen Männer wetteiferten in dem Bemühen, mit Schweineschmalz eingeriebene, entrindete Bäume zu erklettern, an deren Spitze Trophäen befestigt waren. Sportliche Wettkämpfe gehören oft zu den Festen. Sie dienen der ritualisierten Ableitung von Aggressionen. Unsere Schützenfeste, die der Verbrüderung auf Stammes- oder Dorfebene dienen, tragen den gleichen Charakter. Man trinkt, schmaust und zeigt, wer man ist, indem man sich entsprechend zur Schau stellt.

Die Demonstration des eigenen Wertes führt häufig zu seltsamen Auswüchsen. Gastgeber und Gäste versuchen sich bisweilen gegenseitig an Gastlichkeit zu übertrumpfen. Die wohl abartigste Entwicklung zeigten die Feste der Kwakiutl-Indianer der Vancouver-Insel (Nordamerika) bei den »Potlatsch« genannten Festen, die im wesentlichen eine Demonstration der eigenen Überlegenheit vor den geladenen Gästen darstellten. Der einladende Häuptling verherrlichte sich selbst in Gesängen und scheute sich dabei nicht, den Gast als armen Schlucker zu verspotten.

»Ich bin der große Häuptling, der die Leute beschämt.
Ich bin der große Häuptling, der die Leute beschämt.
Unser Häuptling macht, daß die Leute vor Scham erröten.
Unser Häuptling macht, daß die Leute neidisch werden.
Unser Häuptling macht, daß die Leute das Gesicht verhüllen
aus Scham über das, was ER ständig hier tut. Immer und
immer wieder gibt er allen Stämmen Ölfeste.«

»Ich bin der einzige große Baum, ich, der Häuptling!
Ich bin der einzige große Baum, ich, der Häuptling!
Ihr seid meine Untertanen, ihr Stämme. Ihr sitzt auf dem
hinteren Teile des Hauses, ihr Stämme.
Ich bin der erste, der euch Besitztümer gibt, ihr Stämme.
Ich bin euer Adler, ihr Stämme.«

»Bringt euren Deckenzähler her, ihr Stämme, auf daß er
vergebens die Reichtümer zu zählen versuche, die der große
Kupferplattenmacher wegzugeben gedenkt...«

»Ich suche vergebens unter all den eingeladenen Häuptlingen
nach einer Größe, die der meinen gleichkäme.
Ich kann nicht einen wirklichen Häuptling unter meinen
Gästen finden.
Sie revanchieren sich nie.
Diese Waisenknäblein, die armen Leute, die Herren Stammes-
häuptlinge!
Sie entehren sich selbst.
Ich bin derjenige, der diese Seeotterfelle den Häuptlingen,
den Gästen, den Stammeshäuptlingen gibt.
Ich bin es, der diese Boote den Häuptlingen, den Gästen,
den Stammeshäuptlingen gibt« (Ruth Benedict [13], S. 148 f.).

Man versuchte die Gäste in jeder Weise zu übertrumpfen. Man bewirtete sie in verschwenderischer Weise, goß auch Öl ins Feuer, zerschlug Boote, ließ einen Sklaven töten und zerbrach kostbare Kupferplatten. »Des weiteren erfordert es mein Stolz«, kündigte bei einer solchen Gelegenheit der Gastgeber an, »daß ich in diesem Feuer meine Kupferplatte Dandalayu vernichte, die in meinem Hause ächzt. Ihr alle wißt, was ich für sie gezahlt habe: Für 4000 Decken habe ich sie erworben. Jetzt werde ich sie vernichten, um so meinen Rivalen zu besiegen. Ich werde mein Haus zum Kampfplatz für euch, meine Stammesgenossen, machen. Freuet euch ihr Häuptlinge, dies ist das erstemal, daß ein solch großer Potlatsch veranstaltet wird!« (Benedict [13], S. 151)

Die Herausgeforderten mußten bei der Gegeneinladung möglichst noch mehr Werte vernichten, um ihr Gesicht zu wahren. Hier trägt das Fest deutlich aggressiven Charakter. Es ist fast zu einer Ventilsitte, einem Turnier gewandelt, um Aggressionen abzuleiten. Der sich ständig steigernde Status-Wettbewerb des Rivalitäts-Potlatsches ist jedoch keineswegs der ausschließlich entscheidende Aspekt dieser Feste. Er tritt nicht immer in den Vordergrund und wenn, dann betrifft er nur wenige, meist zwei Personen. Den Gästen und Zuschauern dient dieses Schauspiel zur Unterhaltung. Sie sind zugleich Richter in diesem Kampf, ein Moment, das für die Wahrung der institutionell festgelegten Formen des Wetteiferns sorgt. Was Ruth Benedict nicht deutlich genug herausstellt, ist ferner die Tatsache, daß das Geben eines Potlatsch nicht allein eine Selbsterhöhung, sondern auch eine Achtungsbezeugung für die Gäste ist und damit nicht nur Rivalität, sondern, wie Rudolph* ausführte, auch gegenseitige Dankbarkeit zur Folge hat. Zwar führt so ein Fest gelegentlich über eine Eskalation der gegenseitigen Übertrumpfung zu Entzweiung, meist bleibt es »sportlich«. Für die jeweilige Gruppe festigt sich über eine solche Machtdemonstration der Zusammenhalt. – Das aggressive Element des Protzentums ist im Grunde bei jeder Cocktailparty, bei jedem Staatsempfang und bei den Olympischen Spielen durchaus nachzuweisen. Und wie beim Potlatsch der Kwaikutl versucht jeder Gastgeber seinen Vorgänger in irgendeiner Weise zu übertrumpfen. In München bastelt man zur Zeit an einem besonders teuren Olympiadach. Man kann sagen, daß ein beträchtlicher Anteil des Staatseinkommens in der Prestigeökonomie verpulvert wird.

Man darf allerdings nicht übersehen, daß man durch den Aufwand zugleich die Festgäste ehrt. Der Demonstrationsaufwand ist ein Spiegel der Wertschätzung der Geladenen, und es gehört generell zu den Mustern des Achtungerweisens, daß man dem Gast eine hohe Rangstellung zuweist und dies durch Prunkentfaltung, bevorzugte Bedienung und dergleichen zeigt. Das halten wir im Alltag ebenso. Wir räumen dem Gast Vorzugsstellung ein, lassen ihm den Vortritt, weisen ihm den Ehrenplatz zu, bedienen ihn zuerst und befolgen dabei Grundmuster der Höflichkeit, die man über die Kulturen hinweg in ähnlicher Weise fast überall antrifft.

Selbstverherrlichung ist auch ein wesentliches Element aller Nationalfeiertage. In den verschiedensten Ländern zelebriert man aggressive Akte des eigenen Kollektivs, sofern sie siegreich ausgingen, und aktiviert auf diese Weise die Gruppe festigende Solidaritätserlebnisse. Das beobachtet man selbst bei Kleingruppen.

* W. Rudolph: Der kulturelle Relativismus. Forschungen zur Ethnologie und Sozialpsychologie, Bd. 6, Berlin (Duncker & Humblot) 1968.

Vor einigen Jahren bereiste ich zusammen mit meinem Freunde Hans Hass in einem Landrover das nördliche Uganda und Kenia. Nach einer längeren Fahrt durch die Wildnis kamen wir abends bei einem Karamojo-Dorf an, das nur aus einem Kral mit einigen Hütten bestand. Die Männer gingen bis auf ein Schultertuch nackt, sie waren bewaffnet und trugen in der aus Lehm modellierten Haartracht Straußenfedern und anderen Dekor. Die Frauen waren mit zahlreichen Metallringen um Hals und Arme geschmückt. Wir befanden uns in einem von der Zivilisation noch unberührten Gebiet. Nachdem wir uns mit Geschenken eingeführt hatten, bauten wir das Zelt auf. Bis zum Abend waren wir von Neugierigen umringt, dann verliefen sich die Leute.

Wir hatten uns bereits in das Zelt verkrochen, als uns ein tiefes Singen und Brummen wieder hervorlockte. Nicht weit von unserem Lager stand eine Gruppe von Kriegern. Einige klatschten in die Hände, andere warfen im gleichen Rhythmus die mit der Spitze nach oben gehaltenen Speere hoch und fingen sie wieder. Ein Krieger sprang im Takt, so hoch er nur konnte, und in den Pausen sangen die jungen Männer. Sie beachteten uns nicht, als wir näherkamen und ein paar freundliche Worte sagten, und das war uns unheimlich. Wir kehrten wieder in unser Zelt zurück und schliefen kurze Zeit. Bald aber weckte uns der Gesang wieder, denn nun hatte sich noch ein hohes gellendes Trillern dazugesellt, und das erschreckte uns. Ich machte ein paar Tonaufnahmen, dann schlichen wir aus dem Zelt davon. Als nichts passierte, krochen wir nach einiger Zeit mit kältesteifen Gliedern wieder in die Schlafsäcke. Am Morgen kamen die Dorfbewohner zu uns, und wir spielten ihnen ihre Gesänge vor, was sie sehr erheiterte. Und als sie am Abend wieder sangen, waren wir schon mutiger und sahen dem Tanze zu.

Wieder befand sich die tanzende Gruppe allein auf dem Feld. Mädchen hielten sich abseits. Nur kleine Buben mit Stöckchen, die sie wie Speere hielten, schauten fasziniert auf die Krieger und versuchten auf ihren Säbelbeinchen so zu hüpfen wie diese. Sie identifizierten sich ganz offensichtlich mit den Kriegern. Die Frauen saßen abseits, als ginge sie das alles nichts an. Allmählich aber kamen sie herbei, einige mischten sich hüpfend unter die Tänzer und stießen dabei jene hohen Triller aus, die uns am Vorabend erschreckt hatten. Wir erfuhren im Verlaufe dieser Reise, daß die Dorfgemeinschaften sich allabendlich zu solchen Tänzen versammeln, und zwar auch bei den benachbarten Stämmen der Turkana und Samburu. Die Krieger besingen ihre Stiere und ihre Taten und ernten Bewunderung von ihresgleichen, ebenso wie von den Mädchen und Kindern.

Im allgemeinen tritt jedoch bei den Festen der Kleingruppen, insbesondere bei den Familienfesten, die Imponierkomponente zurück. Man schmaust, trinkt und beschenkt sich zur Kindstaufe, zur Hochzeit, zum Geburtstag, zu Weihnachten und bei vielen anderen Gelegenheiten.

Das gemeinsame Essen und Trinken ist in der Regel das Kernstück der Zeremonie, es kommt zum Beispiel in den meisten Verheiratungsriten vor. Wenn zwei Wapare in Ostafrika ein Ehebündnis eingehen wollen, nehmen sie einen kleinen Topf mit Bier, Milch oder Fleischbrühe, spucken hinein, schaben auch etwas von ihren Fingernägeln ab und mischen das ebenfalls in die Brühe. Nach dem Austausch einiger Beschwörungsformeln* reichen sie einander den Topf, und beide trinken.

Im Salzburgischen brachte ein Freier, der seiner Braut zum erstenmal offiziell die Aufwartung machte, mehrere Geldstücke als »Drangeld«, worauf beide mitsammen aus einer Schüssel aßen. In den deutschen Ländern benützt man die verschiedensten Anlässe zum Feiern. Man feiert die Ereignisse im Familienkreise wie Taufe,

* Der Mann fängt mit der Beschwörung etwa so an: »Wenn du die Ehe brichst, soll dich unsere Bundesspeise töten; bist du aber treu, so werde sie dir an deinem Leibe wie Öl. Wenn ich dich mit anderen Männern schwatzen sehe, eifersüchtig werde und dich schlage, so soll mich die Bundesspeise töten, darum, daß ich ihr nicht getraut habe, denn sie ist ja fortan dein Tugendwächter.« Die Frau erwidert: »Wir machen einen Bund, weil wir uns lieben. Wenn du mich schlägst und ich bin nicht untreu gewesen, so soll dich die Bundesspeise töten; gebe ich mich aber mit einem anderen Mann ab, so wird mich die verwünschte Speise umbringen« (E. Kotz[104], S. 161).

Geburtstag, Namenstag, Hochzeit, Ostern oder Weihnacht, um nur einige zu nennen, wobei die letztgenannten Feste oft über die Familie hinausreichen, im wesentlichen jedoch Familienfeste bleiben. Schützenfeste, Erntedankfeste oder Sonnwendfeiern dagegen sind Angelegenheit der größeren Gemeinde. Bei allen Festen wird gemeinsam gegessen und getrunken, und dieses bindende Element dominiert in den Familienfesten. Je offizieller das Fest, je größer der Kreis der Teilnehmer, desto mehr wird das Fest zugleich eine Zur-Schau-Stellung. Auch solche Feste dienen der Bandbestärkung. Gemeinsames Protzen gegen die anderen verbindet ja auch. Je größer die feiernde Gruppe, desto mehr wird die kollektive Gruppenaggression angesprochen und darüber die Gruppe geeint. Das ist ganz offensichtlich bei den Nationalfeiertagen. Die Wetteiferkomponente läßt sich auch in Familienfesten nachweisen, wie man insbesondere bei unserem Weihnachtsfest feststellen kann. Aber darüber sollte man die ungemein positiven Seiten der Familienfeste nicht vergessen. Man beschenkt Angehörige und Freunde und verschickt Kartengrüße in alle Welt. Das alles als »Weihnachtsrummel« abzutun, ist eine zu große Vereinfachung. Feste dieser Art dienen der Verbrüderung, und alles, was dem nützt, muß man heute mehr denn je begrüßen. Bedenklich sind nur die Nationalfeiertage, die aggressive Ereignisse feiern und die Gruppe über die Gegnerschaft zu einer anderen Gruppe einen. Sie säen Mißtrauen, erwekken Angst und schüren damit Haß und Intoleranz.

Der Vergleich der Gruß- und Festsitten förderte viele Gemeinsamkeiten zutage, die sich aus der bandstiftenden Funktion erklären. Im Prinzip werden die gleichen Mittel eingesetzt, und für viele der Riten ist eine stammesgeschichtliche Basis nachweisbar.

Damit schließen wir die Erörterung der stammesgeschichtlichen und funktionellen Aspekte bandstiftenden Verhaltens und wenden uns folgenden Fragen zu: Wie beeinflussen Erfahrungen, die wir im Laufe unseres Heranwachsens machen, unser soziales Verhalten? Wie entwickeln sich unsere freundlichen Sozialbeziehungen während unserer Kindheit? In der Jugendentwicklung der Tiere werden, wie eingangs erwähnt, in sensiblen Perioden oft prägungsähnlich gewisse soziale Grundhaltungen fixiert. Ist die bei modernen Großstadtmenschen recht häufig zu beobachtende Lieblosigkeit das Ergebnis von »Aufzuchtsmängeln«? Gibt es Bedingungen, unter denen Menschen zur Grundhaltung der Lieblosigkeit geprägt werden?

10 Die Entwicklung persönlicher Bindung und des Urvertrauens

Die Fähigkeit, jemandes Freund zu sein, entwickelt sich im heranwachsenden Menschen erst allmählich. Zunächst ist der Säugling über einige ihm angeborene Reaktionen mit der Mutter verbunden. Er sucht aus angeborenem Drange den Kontakt und hat Greifreflexe, mit denen er sich sogar festklammern könnte, wenn die Mutter noch einen Pelz hätte. Beim Trinken schließen sich die Hände sehr fest, und das haben wir sicherlich von unseren Primatenahnen geerbt, deren Babies sich ja aktiv am Fell der Mutter festhalten mußten. Die Mutter ist zunächst einmal ein Objekt, an dem man sich festhalten und saugen kann. Sie bietet ferner Schutz, und damit ist sie zugleich ein Objekt mit Heimvalenz (S. 141). Ein ruhig abgelegter, satter Säugling weint und schreit bekanntlich, ist aber sogleich beruhigt, wenn man ihn aufnimmt oder wenn man durch Wiegen des Bettes ein Herumtragen vortäuscht. Solche Rufe des Verlassenseins äußern viele Säuger, die aus dem Nest gefallen sind oder den Kontakt mit der Mutter verloren haben. Ein Affensäugling wird normalerweise nicht abgelegt, und den Kontakt mit der Mutter zu verlieren bedeutet höchste Gefahr. In gleicher Weise ist der Mensch von Natur aus ein »Elternhocker« (W. Wickler[198]) und an diese Bedingungen nicht allein durch eine Reihe von Verhaltensweisen angepaßt, sondern auch mit der Appetenz ausgerüstet, den Kontakt herzustellen, anfangs durch Rufe, später durch aktives Aufsuchen. Seine Triebhandlungen Umklammern und Sich-Anschmiegen passen auf die Mutter als Objekt. Diese angeborene Appetenz nach Kontakt ist die eigentliche Wurzel des Bandes zwischen Mutter und Kind.

Wir heben das hervor, weil diese Bindung gelegentlich mit Hilfe der Lerntheorie als sekundäre erklärt wird. Primär sei das Bedürfnis nach Nahrung, und da die Mutter dieses Bedürfnis erfülle, lerne das Kind, sich sekundär der Mutter anzuschließen. Der Gedanke geht auf Freud zurück, der schrieb: »Love has its origin in attachment to the satisfied need for nourishment« (S. Freud, Bd. 23, 1940, S. 188). Diese Hypothese läßt sich aber nicht aufrechterhalten. Bereits in den ersten Lebenstagen beruhigt sich das Kind, wenn es gestreichelt, aufgenommen oder angesprochen wird. Nahrung und Körperpflege sind dazu nicht die Voraussetzung.

In einem Kibbuz werden die Kinder die meiste Zeit von einer gemeinsamen Schwester betreut. Die Schwester füttert und wäscht die Kinder, und die Eltern beschäftigen sich nur ein bis zwei Stunden am Tag mit ihnen, den freien Samstag ausgenommen. Dennoch sind die Kinder stärker an die Eltern als an die fütternde Schwester gebunden. Die Eltern geben den Kindern im Spiel Liebe und Sicherheit, und das zählt mehr als Nahrung. Die Bindung an die Pflegeschwester ist eine vorübergehende, austauschbare, bedürfnisbefriedigende Objektbeziehung, die an die Eltern eine individualisierte tiefe Sozialbeziehung. Die Bindung an die Eltern ist um so stärker, je prompter sie auf das Weinen des Babies reagieren und je häufiger sie von sich aus den Sozialkontakt einleiten (Bowlby [24]). Aus Findelheimen wissen wir, daß sich ein Kind auch eng an ein anderes Kind, quasi als Muttterersatz, anschließen kann, obgleich dieses nichts getan hat, um die üblichen physiologischen Bedürfnisse seines Partners zu stillen. Auch von Tieren wissen wir schließlich, daß sie nicht erst über die Futterbelohnung an die Mutter gebunden werden. Harlow [70] zog Rhesus-Äffchen von Geburt an isoliert auf Drahtattrappen auf. Die Äffchen konnten zwischen einer mit Stoff bespannten Attrappe und einer unbespannten wählen. Nur über die unbespannte Attrappe wurde gefüttert. Bei Gefahr war diese Nahrung bietende Attrappe jedoch nicht das Fluchtziel. Die Äffchen flüchteten vielmehr immer zur stoffbespannten Attrappe, die guten Kontakt gewährte. Nicht die Futterbelohnung, sondern andere Reize binden das Jungtier an die Mutter, und zwar vor aller Dressur. Wir diskutierten (S. 140), daß die

Mutter dabei zunächst wohl Fluchtziel ist. Erwähnt sei noch die psychoanalytische Deutung, das Kind nehme seine Ausstoßung in die Welt bei der Geburt übel und strebe danach, in den Mutterleib zurückzukehren. Das ist eine recht konstruierte Deutung, die auch in Kreisen der Psychoanalytiker im allgemeinen abgelehnt wird. Melanie Klein, die diesen Gedanken entwickelte, leitet all unser Kontaktstreben aus dieser Wurzel ab.

Die Mutter ist über eine Reihe von betreuungsauslösenden Signalen ebenfalls primär an ihren Säugling gebunden. Die Beziehung wird allerdings sehr schnell zunächst von ihrer Seite individualisiert. Eine Mutter erkennt ihr Baby bald und wird fremde entschieden ablehnen. Das ist bei einer ganzen Reihe von Säugetieren so. Ein Schaf beleckt und beschnuppert sein Junges nach der Geburt eingehend und läßt sich dann kein anderes mehr unterschieben. Ein Seelöwenweibchen reibt seine Schnauze an der des Jungen, erkennt ebenfalls bald nach der Geburt sein Kleines individuell und duldet kein fremdes Jungtier in seiner Nähe. Graugänse attackieren fremde Gössel und Silbermöwen bringen fremde Jungtiere sogar um. Alle Tiere, bei denen diese Ablehnung fremder Kinder so ausgeprägt ist, sind Nestflüchter. Nesthocker, deren Junge im Nest aufwachsen, adoptieren meist ohne weiteres fremde. Hausmäusen und Wanderratten kann man zum Beispiel mehr Junge unterschieben, als sie selbst nähren können. Allerdings ziehen sie häufig im Wahlversuch die eigenen Jungen vor. Es gibt dabei eine bemerkenswerte individuelle Streuung. Normalerweise laufen jedoch die Jungen von Nesthockern nicht Gefahr, ausgetauscht zu werden, daher bedarf es keiner besonderen Maßnahmen, die Jungenaustausch verhindern.

Nun wird man sich fragen: Weshalb soll er eigentlich verhindert werden? Was ist der selektionistische Vorteil? Da gilt zunächst sicher einmal, daß eine Mutter nur eine beschränkte Anzahl von Jungen führen und säugen kann. Würde sie unterschiedslos Jungtiere adoptieren, dann könnte ein Punkt erreicht werden, an dem die Familie zu groß ist. Die Jungen würden schlecht genährt und betreut, und unter Umständen würde keines durchkommen. Ferner ist der Brutpflegezyklus ein physiologischer Prozeß, dessen Ablauf hormonal gesteuert ist. Über Sinnesreize kann die Brutpflegephase wohl verlängert werden, aber es sind Grenzen gesetzt. Würde ein Weibchen am Ende eines Brutpflegezyklus Junge adoptieren, dann bestünden nur geringe Chancen, daß die auch wirklich gesäugt werden können. Bei freier Adoption kämen ferner Mischfamilien zustande, in denen Jungtiere verschiedener Altersklassen um die Milch konkurrieren, was die Kleinsten sicher gefährden würde. Schließlich würde bei geselligen Tieren die Neigung, sich gegenseitig Junge zu stehlen, zu Störungen des sozialen Zusammenlebens führen. Es ist also durchaus zu verstehen, daß sich dort, wo ein Jungenaustausch leicht eintreten könnte, also bei Nestflüchtern und Elternhockern, eine individualisierte Bindung zwischen Mutter und Kind als vorteilhaft erwies.

Die Angst der Menschenmutter, ihr Kind könnte vertauscht werden, und die starke emotionelle Ablehnung auch nur des Gedankens daran, ihr Kind gegen ein fremdes auszutauschen, hat wahrscheinlich eine biologische Wurzel, das heißt, sie entspricht einer angeborenen Disposition.

Dem Kind ist es zunächst gleichgültig, wer es betreut. Es richtet sein Augenmerk jedoch frühzeitig auf das Gesicht der Mutter, von sich aus den individualisierenden Kontakt erleichternd. Attrappenversuche zeigten, daß Kinder das Muster eines menschlichen Gesichtes anstarren, wobei den Augen eine besondere Bedeutung zukommt. Wenn ein Kind die Mutter anzusehen beginnt, dann reagiert die Mutter darauf bekanntlich sehr stark. Mütter empfinden das ungemein positiv und fangen meist gleich ein freundliches Spielchen mit dem Kind an. Wenn das beginnt – es kann schon um die vierte Woche einsetzen – entwickelt sich ein sehr starkes Vertrautheitsverhältnis der Mutter zu ihrem Kind. Robson[153] meint, daß dieses Verhalten des Säuglings in gleicher Weise wie das Lächeln die Mutter für alle Mühen belohne. »Die Mutter«, schreibt er, »ist einer langen außerordentlich mühsamen und oft undankbaren Periode der Kinderpflege unterworfen. Ihr Neugeborenes hat ein bemerkenswert begrenztes Repertoire, mit dem es sie unterhalten kann. Tatsächlich lösen seine Hilflosigkeit, sein Schreien, seine Ausscheidungen und seine physische Erscheinung oft Ablehnung aus. Die Natur war daher weise, als sie den Augenkontakt und das Lächeln machte... Verhaltensweisen, die positive mütterliche Gefühle aktivieren und damit eine Art Bezahlung für geleistete Dienste darstellen« (S. 15).

Daß diese Fixierreaktion des Säuglings eine außerordentlich große Bedeutung für die Entwicklung des Sozialkontaktes hat, geht wohl auch aus der Tatsache hervor, daß sie angeboren ist. Selbst blindgeborene Säuglinge fixieren die Mutter (Schallquelle), wenn sie sich über das Kind beugt und spricht, wobei die unruhigen Augenbewegungen der Blinden aufhören. Es muß sich um einen zentralen Fixiervorgang handeln, da die Kinder, wie gesagt, nichts sehen (Freedman[60]). Mit dem Lächeln und der Fixierreaktion stellt der Säugling zunächst ganz unbewußt automatisch den Kontakt zur Mutter her. Im Laufe des zweiten Lebenshalbjahres reifen weitere Verhaltensweisen der Kontaktinitiative. Das Plappern des Säuglings löst Antworten der Mutter aus, und es kommt zu Lalldialogen, in denen man vielleicht die Wurzel des bandstiftenden Wechselgespräches (S. 173) sehen kann. Ungemein beglückend wirkt ferner das Jauchzen des Kleinkindes. Bereits im ersten Jahr beginnt das Kind, von sich aus der Mutter Gegenstände (Spielsachen) auffordernd entgegenzustrecken. Es erwartet, daß man die Dinge nimmt, aber auch, daß man sie zurückgibt. Es wirft Dinge aus dem Bett und erwartet, daß man sie wieder aufhebt und zurückbringt. Zur gleichen Zeit etwa beginnt das Kind mit ausgestreckter Hand und ausgestrecktem Zeigefinger auf Umweltdinge hinzuweisen. Nach meinen bisherigen kulturenvergleichenden Beobachtungen gibt es diese Geste bei allen Völkern. Gegen Ende des ersten Jahres schließlich entwickelt sich die soziale Kontaktgeste des Fütterns. Das Kind beginnt, der Mutter von sich aus Essen in den Mund zu stecken oder auch seine Geschwister zu füttern.

Wir können also bereits in sehr frühem Alter beobachten, daß Kinder durch bestimmte Initiativgesten Sozialkontakt auslösen, bestärken, Dialoge einleiten und zu gemeinsamer sachlicher Auseinandersetzung mit Umweltdingen (Spiel) auffordern. Es liegt erstaunlich viel Initiative beim Kind, und die Tatsache, daß diese Aufforderungen bei Heimkindern so wenig Resonanz finden, mag Grund für deren soziale und intellektuelle Verkümmerung sein.

Gewiß basiert die menschliche Entwicklung, wie die jedes anderen Organismus, auch auf Reifungs-, Wachstums- und Differenzierungsvorgängen, deren Programm im Erbgut der Art vorgezeichnet ist. Unter anderem ist das Kind so programmiert, daß es, wie eben ausgeführt, seine Umwelt zum Kontakt auffordert und Fragen stellt, aber diese Kontakte müssen ermöglicht und die dialogische Auseinandersetzung mit der Umwelt gewährt werden. Ein Ehepaar Dennis[35] hat kurz vor dem Zweiten Weltkrieg ein ebenso interessantes wie seinem Ansatze nach gewissenloses Experiment durchgeführt. Die Betreffenden wollten wissen, wie sich Kinder entwickeln, die mit einem Minimum von Sozialkontakt heranwuchsen. Zwei fünf Wochen alte Zwillingsmädchen wurden während ihrer ersten sechs Monate unter ziemlich strengen, später etwas gelockerten Bedingungen des Erfahrungsentzuges gehalten. Die Kinder durften sich nicht sehen, und die Versuchsleiter behandelten sie ohne alle Emotionen. Sie fütterten sie, badeten sie, legten sie trocken und machten bestimmte Experimente mit ihnen. Sonst ließen sie die Kinder in ihren Bettchen und beachteten nicht deren Schreien, wenn sie aus dem Zimmer gingen. Sie vermieden Zuneigungsbezeigungen, wie Anlächeln, Kosen und Herzen.

Als sie sieben Wochen alt waren, begannen die Kinder den Versuchsleitern mit den Augen zu folgen, und gelegentlich lächelten sie diese beim Eintritt an. Ihre Aufmerksamkeit richtete sich von dem Zeitpunkt, da sie die Erwachsenen ansahen, mehr auf deren Gesichter als auf andere Teile der Person. Zwischen der 9. und 12. Lebenswoche fingen sie an zu lachen und zu kokettieren, und zwischen der 13. und 16. Woche weinten sie, wenn die Erwachsenen sich vom Bettchen abwandten. Um den 6. Monat reagierten die Kinder furchtsam auf Geräusche, und sie lächelten anhaltend, wenn man sich ihnen näherte und wenn sie satt waren. Häufig lallten sie dabei. Im 8. Monat gelang es einem Kind, Haare und

Antlitz des Versuchsleiters zu berühren und damit die Atmosphäre der Gleichgültigkeit zu durchbrechen. Von da an gab das Ehepaar Dennis dem Kontaktstreben der Kinder nach. Sie sprachen jeden Tag ein wenig zu den Babies, spielten mit ihnen und gestatteten auch, daß die Zwillinge sich miteinander beschäftigten. Die ständige Kontaktinitiative, die von den Kindern ausging, hatte die Versuchsleiter erweicht, das unmenschliche Experiment zu mildern. Immerhin hielten sie die Kinder bis zum 14. Lebensmonat noch unter recht strengen Bedingungen des Erfahrungsentzuges. Die motorische Entwicklung der Kinder war verzögert. Keines stand vor dem Ende des ersten Jahres. Als man sie dann kurz unterwies, konnten sie bereits am ersten Tag einige Sekunden lang stehen, wenn die Versuchsleiter sie hielten, und nach viertägiger Übung standen sie mit deren Hilfe minutenlang. Es war eine deutliche Entwicklungsverzögerung nachzuweisen, die sich jedoch, wie die Versuchsleiter versicherten, schnell normalisierte, als sie die Übungssituationen boten.

Bemerkenswert war, daß die Zwillinge den Versuchsleitern gegenüber so positiv reagierten, daß diese deren negative Reaktionen nicht filmen konnten, denn bei jeder Annäherung hörte das Weinen auf, und die Kinder lächelten.

Daß diese Versuche dem Wohl der Kinder nicht schadeten, ist wohl nur der Tatsache zu danken, daß deren Kontaktinitiative den Panzer der Gleichgültigkeit der Experimentatoren durchbrach. Im zweiten Lebenshalbjahr spielt nämlich der Sozialkontakt eine entscheidende Rolle für die weitere Entwicklung des Kindes.

Bereits gegen Ende des ersten Halbjahres kann das Kind zwischen fremden und bekannten Personen unterscheiden, und es zeigt die angeborene Neigung, sich nur bekannten Menschen anzuschließen, wovon eine dann ganz deutlich bevorzugt wird. Auch wenn ein Kind von mehreren freundlichen Personen umgeben ist, die Anschluß gestatten, wird deutlich eine bevorzugt. Für die Erscheinung, daß das Kind nur den Kontakt mit einer Person sucht, prägte Bowlby [24] den Begriff Monotropy. Er schreibt: »Es ist ein Fehler anzunehmen, daß ein kleines Kind seine Zuneigung auf viele Personen verteilt, so daß es ohne starke Bindung an irgend jemand auskommt und folglich auch keine bestimmte Person vermißt, wenn diese weg ist. Im Gegenteil, die vorhandenen Fakten stützen die in einer früheren Arbeit ... vorgetragene Hypothese, daß starke Neigung bestehe, das Anschlußverhalten an eine bestimmte Person zu richten, wobei das Kind stark von der Person Besitz ergreife. Zur Stütze dieser Ansicht wurde darauf hingewiesen, wie stark sich kleine Kinder in Kinderheimen an bestimmte Schwestern anschließen, wenn sie dazu Gelegenheit haben ... Weil diese Neigung des Kindes als gesichert gelten kann und sich außerdem weitreichende Folgerungen für die Psychotherapie daraus ergeben, glaube ich, daß sie einen besonderen Begriff verdient« (S. 308). Diese angeborene Neigung zu solch individualisierter Bindung ist in Hinblick auf die gelegentlichen Versuche der Entindividualisierung zwischenmenschlicher Beziehungen (S. 265) von einiger Bedeutung. Im zweiten Lebenshalbjahr entwickelt sich schließlich allmählich die Furcht vor fremden Personen. Spitz[177] deutete sie als Trennungsangst, doch betont Bowlby[24], daß diese Interpretation nichts wirklich erkläre. Man kann nicht nachweisen, daß die Kinder nun tatsächlich die Trennung befürchten. Sie fürchten einfach den Fremden, und das ist ihnen wohl angeboren, denn nach meinen eigenen Feststellungen beobachtet man die Ablehnung und Angst vor Fremden auch bei taubblind geborenen Kindern. Dort entwickelt sich diese Haltung geradezu gegen die erzieherischen Anstrengungen. Man bemüht sich ja, den Kindern zu zeigen, daß sie nichts zu befürchten haben und daß jedermann freundlich zu ihnen ist.

Mit dem Reifen der Fremdenfurcht im zweiten Lebenshalbjahr nimmt gleichzeitig die Stärke der Bindung an die Anschlußperson zu, und die Möglichkeit zu solcher Bindung ist eine Voraussetzung für die weitere gesunde Entwicklung des Menschen. Wird ein Kind durch einen längeren Spitalsaufenthalt von seiner Mutter getrennt, dann bedeutet dies fur es einen argen Schock. Das Kind protestiert zunächst und weint viel. Allmählich beruhigt es sich und versucht den Kontakt mit einer Schwester herzustellen. Gelingt die Bindung an eine solche Ersatzmutter, dann sind die Prognosen für die weitere Entwicklung günstig. Allerdings wird die Möglichkeit zu einer solchen Bindung durch die Tatsache erschwert, daß eine Schwester im allgemeinen keine Zeit hat, sich mit dem Kinde zu beschäftigen. Außerdem wechseln die Schwestern durch Urlaub und Nachtschicht, und jeder Verlust der Ersatzmutter ist für das Kind ein neuerlicher Schock. Zuletzt schließt sich das Kind von seiner Umwelt ab und verfällt in einen apathischen Zustand. Nimmt man es nach drei bis vier Monaten Spitalsaufenthalt wieder in eine Familie, dann erholt es sich. Nach längerem Aufenthalt unter Heimbedingungen sind die Schäden jedoch recht therapieresistent. Im Heim bleiben die Kinder trotz bester hygienischer Wartung und trotz guter Ernährung in ihrer körperlichen und geistigen Entwicklung zurück. Da die Schwestern dauernd wechseln, haben sie es aufgegeben, sozialen Kontakt zu suchen. Und die überlasteten Pfleger haben von sich aus keine Zeit, mit den Kleinen zu spielen und sie zu herzen. Nach Spitz[178] sterben etwa ein Drittel solcher Kinder bis Ende des zweiten Jahres*. Der Entwicklungsquotient der Überlebenden erreicht etwa 45 Prozent des Normalen. Überleben solche Kaspar Hauser der Liebe, dann sind sie im späteren Leben kontaktscheu, und die Neigung zur kriminellen Laufbahn ist stark. Spitz verglich auch die Entwicklung der Kinder in einem Findelhaus und in einem Kinderheim. Im Findelhaus wurden die Kinder routinemäßig von Schwestern betreut. Im Kinderheim betreuten straffällig gewordene, meist minderjährige Mütter, die bei ihrer Einlieferung schwanger waren, ihre Kinder selbst. Spitz[178] bestimmte den Entwicklungsquotienten der Kinder im ersten und im letzten Drittel des ersten Lebensjahres. Im ersten Jahresdrittel war der Entwicklungsquotient der Findelheimkinder deutlich höher als jener der Kinderheimkinder, wohl weil die Eltern der

* Die hohe Sterblichkeit ist nach neueren Befunden allerdings doch auf Mangelernährung zurückzuführen. Das Kinderheim, an dem Spitz seine Untersuchungen durchführte, lag in einem Gebiet, in dem Eiweißunterernährung auch in normalen Familien häufiger vorkam. Die anderen Erscheinungen sind das Ergebnis der Hospitalisierung. Sie treten auch bei gut ernährten Kindern auf.

Findelkinder auch aus sozial höher gestellten Schichten stammten, während die Kinderheimkinder meist aus sozial niederen Schichten kamen. Die Erbanlagen der Findelkinder waren offensichtlich besser als die der Kinder der straffällig gewordenen Minderjährigen.

Im letzten Jahresdrittel war der Entwicklungsquotient der Findelkinder jedoch dramatisch unter das Ausgangsniveau abgesunken, während er sich bei den Heimkindern gebessert hatte, wohl als Ergebnis der intensiven Betreuung durch die Mütter, die all ihre Liebe den Kindern zuwandten und in einem gewissen Wetteifer mit anderen Strafgefangenen ihr Kind jeweils besonders herausstellen wollten. In folgender Tabelle, die wir René Spitz[178] entnehmen, sind die Verhältnisse zusammengefaßt: Zuoberst vergleichsweise der Entwicklungsquotient für insgesamt 34 Kinder verschiedener Sozialschichten, darunter Angaben über Anstaltskinder. Die in dieser Rubrik zusammengefaßten Daten basieren auf den Untersuchungen von 69 Kinderheimkindern und 61 Findelheimkindern.

Art der Umwelt	Kulturelles und soziales Milieu	Entwicklungsquotienten im 1. Lebensjahr: Durchschnitt für die ersten 4 Monate	Entwicklungsquotienten im 1. Lebensjahr: Durchschnitt für die letzten 4 Monate
Familie	Akademiker	133	131
	Dorfbevölkerung	107	108
Anstalt	Findelhaus	124	72
	Kinderheim	101,5	105

Die Entwicklung im Findelheim bleibt auch im zweiten Lebensjahr in dramatischer Weise zurück. Die mutterlosen Kinder können nicht allein essen, sie haben keine Sauberkeitsgewohnheiten erworben. Selbst zwei- bis dreijährige Kinder können noch nicht laufen! Auf der Station für Kinder zwischen 18 Monaten und 2 1/2 Jahren sprachen nur zwei von 26 überlebenden Kindern ein paar Worte. Die beiden Kinder konnten auch laufen, und ein drittes begann gerade damit.

»Das Bild, das die ältesten Kinder im Kinderheim – 8–12 Monate alt – bieten, steht hierzu im scharfen Gegensatz. Das Problem ist hier nicht, ob die Kinder gegen Ende des ersten Lebensjahres laufen oder sprechen können; bei diesen 10 Monate alten Kindern ist es ein Problem, wie man die Neugier und Unternehmungslust des gesunden Dreikäsehochs eindämmen soll. Sie klettern an den Gittern ihrer Bettchen hoch, wie Südseeinsulaner auf Palmen klettern. Man mußte besondere Sicherheitsmaßnahmen einführen, um sie vor Schaden zu bewahren, nachdem es einem 10 Monate alten Kind tatsächlich gelungen war, sich über das mehr als 60 cm hohe Geländer seines Bettchens zu schwingen. Sie lallen eifrig vor sich hin, und manche sprechen wirklich schon ein oder zwei Worte. Alle aber verstehen die Bedeutung einfacher sozialer Gebärden. Wenn man sie aus dem Bettchen nimmt, können alle mit Unterstützung laufen, einige können es auch schon allein« (Spitz [178], S. 84).

Der Gesundheitszustand dieser Kinder ist ausgezeichnet. Während der dreieinhalb Jahre, die Spitz im Kinderheim arbeitete, konnte er 122 Säuglinge über je ein Jahr beobachten. Kein einziges Kind starb in dieser Zeit, und die Durchsicht der Krankenblätter über den Zeitraum von 14 Jahren zeigte, daß nur drei Kinder dort starben. Im Findelhaus starben von insgesamt 88 Kindern bis zum Alter von 2 1/2 Jahren 23! Das ist fürwahr erschreckend!

Wie weit die Schäden wirklich irreversibel sind, wie das Spitz behauptet, muß noch geprüft werden. Feststeht, daß mangelnde Möglichkeit zur individualisierten Partnerbindung im frühkindlichen Alter nahezu therapieresistente Schäden im Sozialverhalten bewirkt. Dieses Bild paßt gut zu den Befunden, die Harlow [70, 71] an Rhesus-Affen erarbeitete. Zog man Weibchen isoliert auf leblosen Mutterattrappen auf, dann erwiesen sich diese Weibchen später als schlechte Mütter. Sie mißhandelten die Kleinen und ließen sie sich widerstandslos wegnehmen. Auch hier war also das spätere Sozialverhalten auf Grund der frühkindlichen Erfahrung empfindlich gestört.

Bowlby hat die Folgen der Trennung von Mutter und Kind bei Kindern zwischen dem 15. und 30. Lebensmonat beobachtet. Der

Verlust der Mutter führt seinen Untersuchungen zufolge zu ganz ähnlichen Erscheinungen, wenn auch der Einfluß auf die Entwicklung nicht ganz so dramatisch ist wie in den von Spitz beschriebenen Fällen. Auch hier protestiert das Kind zunächst. Es schreit, wirft sich herum und rüttelt an seinem Bettchen. Fremde Personen, die sich ihm freundlich anbieten, lehnt es zunächst ab. Die Protestphase kann eine Woche dauern. Auf sie folgt eine Phase der Verzweiflung. Die aktiven Proteste klingen in monotonem Weinen aus. Das Kind ist zurückgezogen und inaktiv und wendet sich nicht an die Personen seiner Umwelt. Man hat den Eindruck, es befinde sich in einem Zustand tiefer Trauer. Dieses relativ ruhige Stadium wird irrtümlich oft als echte Beruhigung des Kindes im Sinne eines Rückganges der Verzweiflung gedeutet.

Auf diese Phase folgt schließlich die der Loslösung: Das Kind lehnt die Schwestern nicht mehr ab und zeigt sich an der Umwelt interessiert. Kommt jetzt die Mutter zurück, dann wird sie nicht mehr wie bisher begrüßt. Oft nimmt das Kind kaum Notiz von ihr. Sollte das Kind länger im Spital bleiben und dabei einen öfteren Wechsel der geliebten Schwester, verbunden mit dem Trennungsschock, durchmachen, dann wird es sich zuletzt so verhalten, als würde weder Bemutterung noch irgendein menschlicher Kontakt für es eine Bedeutung haben. Der wiederholte Verlust der Mutterfigur führt dazu, daß sich das Kind überhaupt nicht emotionell an einen Menschen bindet. Es wird ichbezogen und mehr an materiellen Dingen interessiert. Ein Wechsel der Schwester macht ihm nichts mehr aus, aber auch der Besuch der Eltern bedeutet dem Kind offenbar nicht allzuviel: »Es wird fröhlich und an die ungewöhnliche Situation (des Heimaufenthaltes, Ref.) angepaßt und offensichtlich jedermann gegenüber gelöst und furchtlos erscheinen. Aber diese Geselligkeit ist oberflächlich: Das Kind scheint kein Verlangen nach irgend jemanden zu haben« (Bowlby[24], S. 28).

Es prägt sich die Haltung des Distanzlosen, der leicht Kontakte anknüpft, aber ihnen nie einen tiefen Inhalt gibt. Die Kontakte werden ebensoleicht gelöst.

Vieles in unserer Entwicklung basiert sicher auf Reifungsprozessen. Gewisse Grundhaltungen des Menschen, wie Zuneigung, Furcht und Aggression, reifen immer in dieser Folge, und dieses Reifungsmuster finden wir auch bei isoliert aufgezogenen Rhesus-Affen (Harlow[70]). Damit aber aus dieser Zuneigung beim Menschen Vertrauen erwächst, sind gewisse Sozialerfahrungen notwendig, die normalerweise auch jedes Kind mit seiner Mutter macht. Sie sind gewissermaßen »vorgesehene« Ereignisse, Erfahrungen, für die das Entwicklungsprogramm an dieser Stelle offen ist. Kann das Kind die »vorgesehene« persönliche Beziehung zur Mutter (oder Ersatzmutter) nicht entwickeln, dann kommt es zur Entwicklungsstörung – zum Verlassenheitssyndrom. Normalerweise lernt das Kind im Dialog mit der Mutter, daß immer jemand da ist, der es freundlich umsorgt und der seine sozialen Bedürfnisse ebenso wie die materiellen erfüllt. Es lernt als Grundhaltung die positive Einstellung, daß man sich auf Mitmenschen verlassen kann, eine Haltung, die Erikson[53] als das Urvertrauen bezeichnete. Dieses Urvertrauen ist der Grundpfeiler der gesunden Persönlichkeit. Wir beweisen diese Grundhaltung in unzähligen Situationen des Alltags, ob wir uns einem öffentlichen Verkehrsmittel anvertrauen oder jemanden um Auskunft bitten: Wir erwarten grundsätzlich Gutes von unseren Mitmenschen, und nichts verbittert mehr als enttäuschtes Vertrauen. Dieses Urvertrauen ist die Voraussetzung für jede positive Einstellung zur Gesellschaft, für jede Fähigkeit der Identifikation mit einem Kollektiv, für jedes soziale Engagement. Die Fähigkeit, Menschen zu lieben, setzt die Fähigkeit zur Freundschaft voraus. Das ist ein Punkt, der meines Erachtens von jenen nicht klar gesehen wird, die, von edlen Gründen bewegt, die Anpassung des Menschen an die Massengesellschaft dadurch zu erreichen suchen, daß sie die Bildung persönlicher Beziehungen möglichst frühzeitig behindern (S. 266).

»Kinder, die ohne Liebe aufwuchsen, werden zu Erwachsenen voller Haß«, schreibt R. Spitz. Statt eines Urvertrauens bestimmt ein Urmißtrauen die Grundhaltung dieser Unglücklichen.

11 Vom individualisierten Verband zur anonymen Gemeinschaft

Die Mutter-Kind-Beziehung ist gewiß der Kristallisationskern der menschlichen Gemeinschaft. Im Laufe seines Heranwachsens erweitert das Kind seinen Bekanntenkreis erheblich, und es knüpft engere Beziehungen zu Geschwistern, Verwandten und Freunden. Die Vertrautheitsgrade sind nach Bekanntheit abgestuft. Fremde lösen beim Kinde zunächst Furcht aus. Es lebt ganz im individualisierten Verbande.

Bei den in Kleingruppen lebenden Naturvölkern, bei uns noch in kleinen abgelegenen Gebirgsdörfern, wächst man über ihn im wesentlichen nicht hinaus. Die Dorfbewohner kennen einander. Fremde lehnt man ab, oft bekämpft man sie, und bestenfalls duldet man sie mit neugieriger Reserve.

Innerhalb der individualisierten Gemeinschaften herrscht die Bedingung der Vertrautheit*. Das bedeutet allerdings nicht, daß es keinerlei Innergruppenaggression gibt. Sie wird jedoch durch Wetteifern und Rangstreben weitgehend neutralisiert. Durch Ausrichtung gegen Gruppenfremde wird die Aggression sogar in den Dienst der Bindung gestellt. Da das Band der persönlichen Be-

* Es soll Gesellschaften geben, bei denen das anders ist. Die Bewohner der Dobu-Insel (D'Entrecasteaux-Gruppe) stehen im Rufe, auch innerhalb der Gruppe böswillig und hinterlistig zu sein. »Sie sind gesetzlos und hinterlistig, jeder ist bei ihnen jedermanns Feind«, schreibt R. Benedict [13] (S. 104). Bei den Mundugumur soll die Struktur der Gesellschaft Vater und Sohn zu Feinden machen (Mead [131]). »Diese Feindschaft zwischen Vater und Sohn, zwischen Brüdern und Halbbrüdern findet sich in jeder Familie der Mundugumur« (S. 466). Die Angaben sind jedoch sehr ungenau und allgemein gehalten, so daß ich die These, es gäbe Gesellschaften ohne Liebe, als unerwiesen betrachte.

kanntschaft außerdem beschwichtigt, erreichen Auseinandersetzungen innerhalb einer Gruppe höchst selten bedrohliche Ausmaße.

Wir erwähnten bereits, daß bei höheren Säugetieren die Auseinandersetzungen beim Rangstreit in ritualisierter Form ausgetragen werden (S. 102).

Für die Germanen bedeutete Friede »die Bindung des einzelnen an seine Sippe und die Verbundenheit der Sippe mit jedem einzelnen« (C. D. Kernig, S. 722)*. Das Wort leitet sich von »fridu«, dem eingehegten Bereich, ab und drückt damit schon die Abschirmung nach außen hin ab. Innerhalb der Sippe war die Bindung so stark, daß Familiendelikte wie Mord undenkbar waren und daher gesetzlich als Möglichkeit auch gar nicht erwogen wurden. Nach außen dagegen standen die Sippen einander in endlosen Fehden gegenüber.

Mit der Entwicklung der Zivilisationen wuchsen in den Städten und Stammesgemeinschaften aus den individualisierten Verbänden allmählich anonyme Verbände heran. Es konnte sich ja schließlich nicht mehr jedermann in einer Stadt kennen. Andererseits konnte man sich von diesen Fremden nicht mehr so abkapseln wie früher; der Mensch mußte lernen, mit Fremden zusammenzuleben. Das brachte eine Reihe von Problemen mit sich.

Wir wissen, daß das Band der persönlichen Bekanntschaft Aggressionen beschwichtigt. In kleinen Menschengemeinschaften stört es zum Beispiel nicht, wenn jeder Mann im Alltag kriegerisch geschmückt auftritt. Die Männer können Waffen tragen, Tierzahnschmuck, Federkronen und in ihrem Gehaben aggressiv imponieren. Jeder Mann darf Kampfesstärke demonstrieren, die Gegenaggression bewirken würde**, wären die Männer nicht durch Freundschaft verbunden. So aber bezieht der Partner das aggressive Imponieren des anderen nicht auf sich, man droht vielmehr gemeinsam und fühlt sich verbunden; die Aggression ist nach außen gegen

* C. D. Kernig: Frieden, Sowjetsystem und demokratische Gesellschaft. Eine vergleichende Enzyklopädie. Freiburg 1969.

** Berkowitz[15] wies nach, daß selbst der Anblick einer Waffe Aggressionen auslösen kann.

Gruppenfremde orientiert. Im anonymen Verband ist das anders. Hier bewirkt jedes Imponieren Aggressionen, die nicht durch das Band der persönlichen Bekanntschaft beschwichtigt werden. Das würde ein Zusammenleben empfindlich stören, und wir beobachten, daß der Mensch darauf Rücksicht nimmt, indem er sich durch Abbau des männlichen Imponierens an die Massengesellschaft anpaßt. Wir erleben in allen Zivilisationen einen Prozeß der »Vermausgrauung« des Mannes[48]. Seine Kleidung wird schlicht, der Männerschmuck wird reduziert, und die Waffen werden ganz abgelegt. Auch ein prahlerisches Gehaben fällt der gesellschaftlichen Ächtung anheim. Je unauffälliger einer auftritt, desto besser. Auf diese Weise werden die Reibungsflächen tunlichst geglättet. Nur ranghohe Personen, mit denen sich die Gruppe identifiziert, dürfen ein Gepränge zeigen, aber selbst das wird zunehmend abgebaut*.

Die Ächtung des individuellen Imponierens erlegt dem einzelnen gewisse Frustrationen auf, und wir erleben, daß insbesondere Jugendliche gegen diesen Konformitätszwang durch betont individualistisches Auftreten rebellieren. Man denke etwa an die Erscheinung der Rockers.

Die Bindung der Menschen im anonymen Verband erfolgt über gemeinsame Symbole und Anliegen. Es werden dabei die gleichen gruppenbindenden Mechanismen herangezogen wie in der Familie. »Seid umschlungen Millionen, diesen Kuß der ganzen Welt«, heißt es in Schillers Ode ›An die Freude‹. Unbekannte Mitmenschen werden in unseren Reden zu Brüdern, das Staatsoberhaupt zum Landesvater. Begriffe wie »Mütterchen Rußland« charakterisieren die Art der emotionellen Bindung an die anonyme Gemeinschaft sehr gut. Die Volksfeste als Feste der Verbrüderung sind genau nach dem Muster der Familienfeste aufgebaut. An Nationalfeiertagen wird allerdings die bindende Kraft der Aggression mehr betont. Auch die anonymen Gemeinschaften sind ja ihrem Charakter nach exklusiv, allerdings wird man dort leichter adoptiert als

* Frauen aktivieren durch ihr Display bindende Kräfte, sie sind daher von dieser Entwicklung ausgenommen.

in einem individualisierten Verband. Die Exklusivität ist ferner durchaus überwindbar: Wir diskutierten bereits, daß der Mensch über ein gemeinsames Anliegen sich letzten Endes mit der ganzen Menschheit verbunden fühlen könnte (S. 119).

Dieses Verbundenheitsgefühl wächst mit der Zunahme der Kommunikationsmöglichkeiten. Fernsehen und Radio berichten uns täglich von anderen Menschen und deren Sorgen und erregen unsere Anteilnahme über die politischen Grenzen hinweg. Gewiß versuchen Demagogen nach wie vor, Feindattrappen aufzubauen und Gegner zu Unmenschen zu erklären, um von eigenen Schwierigkeiten abzulenken. Aber die Verteufelung des Gegners wird immer schwieriger. Kommunikationsbarrieren lassen sich nicht mehr so leicht aufrechterhalten. Nachrichtentechnik und Reisefreudigkeit fördern die weltweite Verbrüderung. So trägt die zunehmende Technisierung, die vielfach beklagt wird, doch auch zur Humanisierung der Menschheit bei. Die Staatenführer müssen auf die Meinung der Weltöffentlichkeit Rücksicht nehmen. Das ändert zwar zunächst nicht die allgemeine Weltlage: Aggressionskriege sind keineswegs verschwunden. Doch habe ich den Eindruck, daß die kriegführenden Parteien sich in zunehmendem Maße der Kritik der Weltöffentlichkeit stellen müssen und durch sie letzten Endes gebremst werden. Vietnam kann in dieser Hinsicht ein Testfall sein.

Dazu kommt im Zeitalter der Atomraketen zweifellos die Angst vor einer militärischen Auseinandersetzung großen Stils. Ereignisse, die früher einen Krieg provoziert hätten, wie die Pueblo-Affäre, die Kuba-Krise oder die jüngsten Zwischenfälle an der russisch-chinesischen Grenze, versucht man jetzt anders zu lösen. Das ist sicher auch eine unmittelbare Folge der militärischen Patt-Stellung. Die damit verbundene Angst bremst einerseits die Aggressionen, schafft aber zugleich eine hochexplosive Lage, die jederzeit zu einer kritischen Reaktion führen kann, vor allem, wenn wir mehr und mehr in die Strategie einklinken, vom Gegner immer das Schlechteste zu erwarten und gut gemeinte Ansätze zum Gespräch nur als Täuschungsmanöver auffassen. Eine derartige Ideologisierung des Feindschemas schafft tödliches Mißtrauen und verstärkt die Bindung über die Angst innerhalb der Gruppe in Gegnerschaft zu anderen. Am Abbau des Mißtrauens wirken die technischen Kommunikationsmittel und die zunehmenden persönlichen Kontakte der Menschen verschiedener Ideologien. Aggressionsverstärkend wirkt dagegen die zunehmende Ideologisierung.

Die Ideologisierung ist wohl Ausdruck unserer Tendenz, abgeschlossene Gruppen zu bilden (siehe Pseudospeziation, S. 106), und das scheint ein konstitutives Merkmal unserer Art zu sein. Vielleicht folgen wir bei der Bildung und Ideologisierung eines Feindschemas zwanghaft gewissen Gedankenverknüpfungen. Das wäre eine Frage, die die Friedensforschung zu prüfen hätte. Es ist offensichtlich, daß es neben dieser Tendenz zur Abschließung die Bereitschaft zur Öffnung der Gruppe gibt. Diese Bereitschaft zur Bandstiftung steht in einem echten Funktionskonflikt zur Abkapselungstendenz. Wir müssen herausfinden, wie man den bindenden Kräften größeres Gewicht erteilt. Dazu gehört sicher die Beseitigung der Angst. In einer sich zunehmend bevölkernden Welt wird letztlich jede Gruppe fürchten, eines Tages von der Bevölkerung eines überquellenden Landes überrannt zu werden. Die Entschärfung der »biologischen Zeitbombe« durch Geburtenkontrolle ist eine Voraussetzung für friedliche Koexistenz.

Eine weltweite Neigung, kriegerische Auseinandersetzungen zu ächten, scheint sich gegen die Abkapselungstendenzen der Menschengruppen in zunehmendem Maße durchzusetzen. Dagegen nehmen die Konflikte innerhalb der anonymen Gruppe an Schärfe zu. Hier liegen Schwierigkeiten der Anpassung vor, die verschiedene Gründe haben.

Zunächst einmal fühlen wir uns im anonymen Verband mit den uns fremden Mitmenschen deutlich weniger verbunden als mit unseren Bekannten. Den Fremden gegenüber geben wir uns weniger »verbindlich«. Auseinandersetzungen werden mit größerer Schärfe ausgetragen. Das wird ganz besonders beim Kampf um die Rangpositionen deutlich. Man wirbt zwar um die Wähler, indem man sich freundlich, »väterlich« gibt, aber das ist oft Täuschung, die im anonymen Verband allerdings schwer zu durchschauen ist. Wer seine Ellbogen zu gebrauchen versteht, drängt sich schneller vor. Die skrupellose, aggressive Person, die ihre sozialen Mängel gut genug zu tarnen weiß, hat im anonymen Verband viel leichter Gelegenheit, an die Spitze zu kommen als in der individualisierten Gemeinschaft. Ranghohe Persönlichkeiten, die ihre Untergebenen nicht persönlich kennen, werden überdies weniger Skrupel empfinden, sie auszunützen. Da Untersuchungen nicht vorliegen, können wir nicht aussagen, ob die Neigung zur Korruption in den Führungsschichten der anonymen Gesellschaften größer ist als in den individualisierten Verbänden, doch habe ich den Eindruck, daß es so ist.

Ein weiterer Faktor, der zur Verschärfung des Innergruppenkonfliktes beiträgt, erwuchs aus der Aufklärung und dem schnellen Wissenszuwachs. Das führte ganz allgemein alten kulturellen Ordnungsmustern gegenüber zu einer kritischen Haltung. Man übernimmt Bräuche nicht mehr unkritisch, sondern versucht seine Lebensführung vernunftmäßig zu begründen. Das führt zu einer gewissen Relativierung der Werte und im positiven Sinne anderen Wertsystemen gegenüber zur Offenheit – also zu einer echten Liberalisierung. Andererseits sind aber Traditionen das Skelett einer Kultur. Wie immer sie auch beschaffen sein mögen, sie stiften Ordnung und geben dem Kulturträger Sicherheit (S. 191).

Die kritische Grundhaltung des heutigen Menschen bewirkt eine geringere Neigung, Werte unbesehen zu übernehmen. Störungen in der Traditionsübermittlung, die bis zum Traditionsabriß führen, bedingen jedoch Unsicherheit. Die jugendliche Phase der Wertsuche verlängert sich, und es kommt damit zu einer späteren Stabilisierung der Persönlichkeit. Wer bereit ist, andere Wertsysteme anzuerkennen, vertritt seine Meinung weniger dogmatisch als etwa ein religiöser Fanatiker, der prinzipiell genau weiß, was richtig ist. Die hinreißende Wirkung des Demagogen beruht auf seiner Sicherheit.

Einen festen Standpunkt vertreten zu können ist jedoch für viele ein Bedürfnis, und so sehen wir, daß sich besonders die heranwachsende Intelligenz emotionell für soziale und politische Probleme einsetzt, die ganz offensichtlich existieren. Interessant ist daran, daß sie dabei gerne zu Vorgängen Partei ergreifen, die eine eindeutige Identifikation erlauben, weil nach allgemein anerkannten Normen Unrecht geschieht; andererseits wählen sie dazu aber Vorgänge, die räumlich weit entfernt sind, so daß sie sich nicht direkt über sie informieren können. Auf diese Weise laufen die jungen Menschen nicht Gefahr, daß ihr Idealbild Flecken bekommt. Man will ja eindeutig Stellung nehmen können.

Eine weitere Folge der kritischen Grundhaltung des modernen Menschen ist seine geringere Bereitschaft, Autoritäten anzuerkennen, und die Autoritäten selbst sind sich ihrer Rolle nicht mehr so sicher. Sie erleben ja, daß ihr Wissen oft schneller veraltet, als sie zu folgen vermögen. Sie haben den jüngeren weniger zu bieten, als einst ihre Väter, und die mangelnde Führung ermuntert zu Aggressionen. Da andererseits ein Bedürfnis nach Autoritäten besteht – und die Unsicherheit steigert es (S. 191) –, sucht man sich Ersatzautoritäten, die wiederum möglichst weit weg oder bereits verstorben und damit gut idealisierbar sind.

Die autoritätenkritische Haltung verschärft den »Generationenkonflikt«. Unsere Jugend verfügt über ein größeres Sachwissen als je eine Jugend zuvor und erfährt darüber hinaus täglich über Fernsehen und Rundfunk von den Problemen dieser Welt. Nimmt es wunder, daß sie fragt, ob die Traditionen, die letztlich nach zwei furchtbaren Weltkriegen zum Vietnam-Krieg weiterführten, befolgenswert sind? Sie kann sich nicht vorbehaltlos mit den alten Werten identifizieren, und sie stellt den Führungsanspruch der Alten in Frage. Das zeugt von einem gesunden sozialen Engagement und sollte zum Gespräch ermuntern, aber gerade das wird meines Erachtens nicht genügend gepflegt. So kommt es, daß sich gelegentlich scharfe Fronten bilden und daß Gruppen junger Menschen, ihrerseits radikalisiert, gerade jene ausgetretenen Pfade der Gewalt beschreiten, die es doch endlich zu vermeiden gilt. Der Generationenkonflikt wird bei uns schließlich dadurch verstärkt, daß jene, die vor dem Zweiten Weltkrieg erzogen wurden, auf andere Wertvorstellungen geprägt sind als die Generationen danach.

Eine zusätzliche Belastung erfährt der Konflikt durch die Tatsache, daß die Erhöhung des Durchschnittsalters eine Blockierung der Aufstiegsmöglichkeiten vor allem für die Intelligenz mit sich bringt. Man erreicht heute kaum vor dem 30. Lebensjahr eine leitende Stellung. Die besten Jahre werden vergeudet, und der junge Mensch, der unverschuldet mit 26 Jahren noch Doktorand ist, kann keine Familie gründen und gilt in der Gesellschaft weniger als ein volljähriger Hilfsarbeiter. Es mangelt den Vertretern der herrschenden Gesellschaft an Einfühlungsvermögen in die Situation, aber nicht an dogmatischen Behauptungen. Vor kurzem bezeichnete ein Akademiker auf einer Tagung die Studentenbewegungen pauschal als »pubertäre« Reaktionen Jugendlicher. Auf meinen Hinweis, daß die meisten doch ihr 21. Lebensjahr überschritten hätten und daher von Pubertät keine Rede sein könne – es sei im Gegenteil doch eine deutliche Entwicklungsbeschleunigung nachzuweisen –, antwortete der Redner, daß die Akzeleration nur den körperlichen Bereich betreffe. Geistig hinke die Entwicklung nach. Als ich ihn nach experimentellen Daten fragte, konnte er keine anführen. Wenn nachwachsende Eliten – und um solche handelt es sich bei den Studenten – in der ganzen Welt in Unruhe geraten, dann hat die Gesellschaft etwas falsch gemacht. Mit dem Ruf nach Ordnungshütern wird sie das Problem nicht meistern.

Die Unzufriedenheit ergreift jedoch viel weitere Schichten. Auf einer Tagung über die Aggression in unserer Gesellschaft sagte ein freundlicher alter Herr, die Menschen seien eigentlich undankbar. Nie sei es ihnen so gut gegangen. Es herrsche in Mitteleuropa Vollbeschäftigung, und die Läden böten eine Fülle von Waren an, die Unrast sei ganz unverständlich, wahrscheinlich gehe es den Menschen zu gut. Ich fühlte mich daraufhin zu der Bemerkung provoziert, man möge doch einmal prüfen, ob es den Menschen in der modernen Industriegesellschaft nicht in einigen wesentlichen Punkten schlechter gehe als den Generationen zuvor. Zunächst einmal hat unsere Arbeit den Charakter der schöpferischen Tätigkeit weitgehend eingebüßt. Wir – das heißt die meisten Arbeitnehmer – ernten nicht, was wir säen, wir sehen die Produkte, die wir erzeugen, nicht unter unseren Händen wachsen. Es ist schwer, auf Leistungen, die man im Büro oder am Fließband vollbringt, stolz zu sein. Die Lohnfron erfüllt uns nicht, sie erfordert ferner selten besondere körperliche oder geistige Leistungen. Als Jäger und Ackerbauern erlebten wir einst die Arbeit ganz anders.

Und wie sieht es mit dem Reichtum an Gütern aus? Gewiß, Radio, Auto, Kühlschrank, Fernsehen, Waschmaschinen und dergleichen mehr sind Annehmlichkeiten, die einem das Leben in den Wohnsilos der Großstädte erleichtern. Das Auto vor allem ermöglicht es den Stadtmenschen, jedes Wochenende der Stadt zu entfliehen, um Sonne und Natur zu genießen. Die gigantische Wochenendflucht ins Grüne zeigt, wie sehr die Menschen in der Stadt leiden. Früher waren die Städte kleiner, und die meisten Menschen nannten einen Garten ihr eigen. Der arme Häusler lebte unter seinem eigenen Dach und hatte seine paar Obstbäume, die er blühen und Frucht bringen sah. Von den Städtern kann sich heute nur eine Minorität Wohlhabender diesen Luxus leisten. Die meisten leben naturentfremdet. Sie drängeln sich auf verkehrsumbrandeten Gehsteigen und täuschen sich mit Konsumgütern über ihre grundsätzliche Armut hinweg. Sie haben gewiß an sozialer Sicherheit gewonnen, und ich möchte keineswegs eine Zurück-zur-Natur-Bewegung predigen. Es geht mir aber darum, auf mögliche Faktoren hinzuweisen, die unsere Unruhe, die uns trotz »Wohlstand« bewegt, hervorrufen. Durch die zunehmende Übervölkerung werden wir unfreiwillig in Ballungszentren zusammengedrängt und vermissen Bewegungsfreiheit, Unabhängigkeit und Ruhe. Wir sind zwar keineswegs ungesellig, aber ein Zuviel an Geselligkeit belastet den Einzelnen.

Versuche an Spitzhörnchen und einer Reihe von Nagern haben ergeben, daß bei Überschreitung einer bestimmten Bevölkerungsdichte die Tiere einander so sehr irritieren, daß es zu hormonalen Änderungen kommt, unter denen sie zuletzt sogar zugrunde gehen. Besonders sorgfältig wurde dieser Mechanismus bei den Spitzhörnchen untersucht. Dort markieren Weibchen ihre Jungen und den Nesteingang mit dem Sekret einer Kinndrüse, und das verhindert, daß die Jungen von anderen Artgenossen gefressen werden. Unter leichtem Übervölkerungsstress verkümmert zunächst die Funktion dieser Drüse. Die Jungen sind daher nicht mehr geschützt und werden gefressen. Bei stärkerem Stress verkümmert die Funktion der Milchdrüsen und mit zunehmendem Stress die der Keimdrüsen. Die Tiere verlieren an Gewicht und sterben[83]. Nun kennen wir die Grenzen menschlicher Anpassungsfähigkeit keineswegs, aber es ist die Frage, ob man diese auch wirklich bis zur letzten Toleranzgrenze erproben muß. Genügt es nicht schon, daß wir uns in den übervölkerten Metropolen erheblich auf die Nerven gehen und daß dadurch Aggressionen freigesetzt werden, die unser zwischenmenschliches Zusammenleben offensichtlich stören?

Die zivilisationsbedingten Umweltveränderungen betreffen insbesondere das familiäre Milieu, in das das Kind hineingeboren wird und auferlegen ihm in den ersten Jahren erhebliche Entbehrungen. A. Mitscherlich[137] hat die Situation sehr klar geschildert: »Die Veränderungen der zivilisatorischen Umwelt im ganzen haben die Situation gewandelt, in die das Kind hineingeboren wird und in der seine ersten Lebensjahre verstreichen. Geburt im Krankenhaus, die Mutter ohne Rückhalt im Sippenzusammenhang und dessen Tradition, Beschränkung des Aktionsradius des Kleinkindes in der städtischen Wohnung, verringerte Anregung durch Beobachtung der außerhäuslichen Arbeitsgänge, häufige Ortswechsel, das weitgehende Unsichtbarwerden des Vaters und mehr und mehr auch der Mutter, das Eindringen mechanischer Spielwaren in die Welt des Kindes – dieser gesamte Umbau der Erfahrung ist zu berücksichtigen, wenn von Frustration gesprochen wird« (S. 58 f.). Insbesondere weist Mitscherlich auf die Identifikationsschwierigkeiten hin, die dem Kinde aus dieser Situation erwachsen. Mangelnde Identifikation führt zu geringer Verbundenheit mit Mitmenschen.

Wir haben damit eine Reihe von Faktoren aufgezeigt, welche für die Zunahme der Innergruppenaggression verantwortlich sind:

1. Die Entwicklung vom individualisierten Verband zur anonymen Massengesellschaft, für die wir emotionell ungenügend ausgerüstet sind. Fremden fühlen wir uns keineswegs so verbunden wie Bekannten, sie bedeuten uns weniger, und unsere Aggressionen sind ihnen gegenüber weniger gehemmt. Eine allgemein geringere Verbindlichkeit ist die Folge, und wir sind unseren Mitmenschen gegenüber mißtrauischer.
2. Als Folge der Aufklärung und der modernen Nachrichtentechnik stehen wir kulturellen Traditionen und Autoritäten kritischer gegenüber. Das führt zu einer generellen Unsicherheit und zur Verschärfung des Generationenkonfliktes.
3. Die Übervölkerung, Änderungen der Erwerbstätigkeit und die Verlängerung der Lebensdauer führen zu einer erheblichen Belastung des einzelnen. Wir leben, wie Russell [158] und Morris [141] das ganz richtig darstellen, in einer Zoo-Situation als Gefangene in den Käfigen unserer Städte. Die Naturentfremdung wird als Entbehrung erlebt, wie die Massenflucht aus den Städten an den Wochenenden beweist. Diese Frustrationen tragen erheblich zur Steigerung der menschlichen Aggressivität bei. Auch das Kleinkind ist im zivilisatorisch veränderten Familienmilieu diesen Belastungen ausgesetzt.

Während sich eine Kontrolle der Zwischengruppenaggression anzubahnen scheint, verstärkt sich die Innergruppenaggression in der anonymen Gesellschaft. Ihre Bewältigung ist eine der dringenden Aufgaben der Gegenwart.

Nur über eine Geburtenkontrolle wird es möglich sein, den Gedrängefaktor zu mildern und die biologischen Raum- und Ruheansprüche des einzelnen zu erfüllen. Städtebaulich ließe sich durch eine neue architektonische Raumdifferenzierung die Naturnähe wiederherstellen, man denke etwa an die neu entwickelten Terrassenhochbauten mit Grünanlagen für jedes Appartement. Auch könnten die Arbeitsbedingungen befriedigender gestaltet werden. Wir werden jedoch immer mit der Massengesellschaft leben müssen, und das erfordert, daß nicht bloß die Reibungsflächen abgebaut werden, sondern daß eine Vertrautheitsbeziehung hergestellt wird, die jener im individualisierten Verbande entspricht. Nach Wegen, die dazu führen, wird von verschiedenen Seiten aus gesucht.

In den westlichen Demokratien wird durch die Staatsmacht die rechtliche Gleichheit der im übrigen unterschiedlich veranlagten Bürger garantiert *. Begabungsunterschiede, die sich in unterschiedlichen Leistungen äußern, werden anerkannt. Es gilt das Wettbewerbsprinzip, das mit dem Gleichheitsprinzip leicht in Konflikt gerät. Dort hakt der Marxismus konsequent ein. Wetteifern stiftet Unfrieden. Eine friedliche Gesellschaft kann daher erst nach der Abschaffung des Eigentums gedeihen. Letzten Endes soll damit der Staat in seiner Funktion als Schützer privaten Eigentums aufgelöst werden.

Über die Aufhebung des Eigentums soll eine Bewußtseinsänderung herbeigeführt werden. Der gutmütige Mensch ohne Aggressionen, dem die Arbeit eine freudige Verpflichtung ist, soll herangezogen werden.

Diese Harmonisierungsmodelle sind zweifellos klar durchdacht, doch gehen sie zum Teil von Annahmen aus, die naturwissenschaftlich nicht haltbar sind. Wie die amerikanischen Demokraten legen sie allen Bemühungen die Annahme zugrunde, daß es keine menschliche Natur im Sinne angeborener Dispositionen gäbe. Allein das soziale Milieu gestalte den Menschen. Nun gestaltet die soziale Umwelt den Menschen zweifellos in bedeutendem Ausmaße, und in der Formbarkeit des Menschen liegt unsere Hoffnung, aber angeborene Dispositionen lassen sich ebenfalls nachweisen. Wenn man sie berücksichtigt, dann erspart sich die Gesellschaft unter Umständen manches Experiment.

Viele Marxisten führen die mangelnde Verantwortlichkeit des einzelnen dem Kollektiv gegenüber auf den Egoismus zurück, der in der Familie entwickelt werde. Aus diesem Grunde richteten sich die Angriffe zunächst gegen den Individualismus und gegen die Familie, die man als Hort des Individualismus betrachtete. Man

* Der Staat garantiert durch seine Macht den Besitz des einzelnen und löst damit das Recht der Selbsthilfe (Faustrecht etc.) ab.

meint, daß der Mensch für die Bindung ans Kollektiv frei würde, wenn er sich von den Familienbindungen lösen könnte.

Nach der russischen und nach der chinesischen Revolution richteten sich die Angriffe der Revolutionäre gegen die Familienstruktur. Aber den Menschen mit stärkeren kollektiven Neigungen schuf man so nicht, denn die natürliche Neigung des Menschen, individualisierte Bindungen einzugehen, stellten sich den Versuchen entgegen. Das hat man in den sozialistischen Ländern sehr schnell erkannt, und selbst im heutigen China wird die Familie als Kern der Gesellschaft angesehen. Allerdings verlangt die Gesellschaft, daß die Loyalität zum Staat stärker sei als die Loyalität zur Familie. Auf dem Kindertag in Nanking am 1. Juni 1951 wurden Modellkinder vorgeführt, die diese neue Einstellung demonstrierten. Unter anderen wurde ein 12jähriger Junge gezeigt, der seinen Vater als Konterrevolutionär denunziert und dessen Verurteilung zum Tode gefordert hatte (Hsi-en Chen[89]). Man darf bei der Bewertung solcher Vorfälle allerdings nicht vergessen, daß gerade in China eine extreme Familienzentriertheit bestand und das Gefühl der sozialen Verantwortlichkeit gegenüber den nicht zur Sippe Gehörenden kaum entwickelt war.

Auch im persönlichen Freundesband sah man gelegentlich eine gesellschaftsfeindliche individualistische Haltung. In bestimmten politischen Verbänden bemüht man sich konsequent, entstehende Freundesbindungen im Keime zu zerstören, zum Beispiel durch ritualisierte Anklagen von Freundesseite. Nur über die Symbolidentifikation sollen die Menschen dem Kollektiv verbunden werden.

Gegenwärtig werden bei uns in den Kommunen neue Harmonisierungsmodelle durchprobiert. Jede aggressionsfördernde Repression soll abgebaut werden, vor allem autoritärer Zwang, sexuelle Unfreiheit und damit auch die persönliche Fixierung der Partner. Damit richtet sich diese Bewegung vor allem auch gegen die Familie, die als Keimzelle des Kapitalismus und aller Repressionen angesehen wird. Im Zusammenleben sollen die erwachsenen Kommunemitglieder durch gemeinsamen Konsum und eine gemeinsame Kasse ein kollektives Bewußtsein erwerben. Man ißt aus einer Schüssel, damit der eigene Teller seine Besitzfunktion verliert, und hebt das eheliche Monopol der Sexualität auf ... »So hat die Frau ebenfalls die Möglichkeit, Kollektivfunktionen zu erfüllen und damit – ein zentraler Faktor für die Frau selber – einen hohen Grad von Emanzipation zu erreichen, eine totale Loslösung von der in der Bibel noch so eindringlich beschriebenen Vorstellung des Mannes als Herrscher über die Frau, als Besitzer im wörtlichen Sinne...«* Die freie Sexualität soll nicht nur die freie Frequentierung eines Partners, sondern auch den Wegfall der Scham implizieren. Man soll sich »zum Geschlechtstrieb und dessen Praktizierung« öffentlich und nicht nur in Worten bekennen.

Die bisherigen Erfahrungen zeigen allerdings, daß solche Bestrebungen letzten Endes an »bürgerlichen« Verhaltensstrukturen scheitern: »Die sexuellen Spannungen überschatteten das Kommuneleben in einer unerträglichen, die effektive politische Arbeit unmöglich machenden Weise. Die Aufhebung der sogenannten repressiven Zweierbeziehung erwies sich als Trugbild, die bezüglich des Partnertausches als flexibel gedachte sexuelle Situation scheiterte an bürgerlichen Verhaltensstrukturen, die sich in Positions- und Machtkämpfen, Rivalitäten und Eifersucht innerhalb der Kommune manifestierten« (M. Braun).

»So ist zum Beispiel auch die 20jährige, in einer unter dem Namen Südfront bekannten Münchner Anarchistenkommune lebende Sekretärin Liz Söllner der Meinung, daß zum jetzigen Zeitpunkt eine vollkommene Aufhebung der bestehenden Zweierverhältnisse nicht möglich ist, da man als Frau nicht nur die Funktion eines Koitusobjektes erfüllen soll, sondern daß eben auch ein ideeller Bezug zwischen den Partnern bestehen muß« (Braun, siehe oben).

Hätten die Betreffenden sich ein wenig in der Völkerkunde um-

* M. Braun: Ein Kommunarde schreibt uns. ›Süddeutsche Zeitung‹, Nr. 196, 16. 8. 1969, Beilage. Siehe ferner K. Schrader-Klebert: Die kulturelle Revolution der Frau, Kursbuch 17 (1969) 1–46, und P. Brügge: Mit sexuellen Normen hart geschlagen. ›Der Spiegel‹ 23 (51) 1969.

gesehen, dann hätten sie den Ausgang des Experimentes wohl voraussagen können, denn Ehigkeit ist keineswegs nur ein Merkmal bürgerlicher Gesellschaften. Es gibt kein Naturvolk, das die Ehe nicht kennt.

Als erzieherisches Ideal schwebt vor, daß das Kind sich nicht mehr bevorzugt den Eltern zuwendet, sondern an mehrere Elternpersonen gebunden wird. Die Familie als Hort der Autorität soll damit aufgelöst werden. Die Kommune-Mitglieder vermeiden Liebesentzug und Liebeszuwendung als Mittel der Erziehung – da sie der Meinung sind, der Mensch würde dadurch allzu leicht manipulierbar. Man lobt nicht und tadelt nicht und läßt auch zu materiellen Gütern keine Beziehung stiften, indem man das Spielzeug wechselt und die Kleider tauschen läßt. Man belohnt keine Leistung, da man im Leistungsstreben eine Quelle von Frustration und damit der Aggression sieht. Ein Abseitsstehen wird nicht geduldet. Setzt sich ein Kind abseits, dann wird es in die Gemeinschaft hineingeholt und notfalls einer Analyse unterworfen, da ja etwas mit ihm nicht stimmt. Daß Kinder im Kleinkindalter sich gerne absondern und daß allen Menschen ein Ruhebedürfnis eigen ist, wird nicht anerkannt*. Man will kollektiv verbundene und aggressionslos frohe Menschen und glaubt dies durch eine möglichst geringe Bindung an Einzelpersonen und Dinge sowie durch eine extrem permissive Erziehung zu erreichen.

Was dabei übersehen wird, ist die Tatsache, daß mit einer solchen künstlichen Unterbindung starker persönlicher Bindungen erst recht Entbehrungserlebnisse erzeugt werden. Und zwar nicht, weil wir Menschen überall durch Erziehung falsch programmiert wurden, sondern weil wir bereits so programmiert zur Welt kommen. Die oben zitierten Untersuchungen an Säuglingen und Kleinkindern (S. 244) ergaben eindeutig, daß das Kind eine persönliche Bindung an einen bestimmten Menschen sucht. Wird ihm diese Möglichkeit vorenthalten, dann leidet es darunter, und schwere

* Eine Zurückgezogenheit wird nicht geduldet, und extreme Kommunarden entfernen sogar die Türen zu den Toiletten, um jede »Privacy« auszuschalten.

Störungen der weiteren Persönlichkeitsentwicklung können die Folge sein *. Solche Menschen gehen überhaupt keine starken Bindungen mehr ein, sie werden selbstbezogen, was man doch gerade vermeiden will. Auf die Vorprogrammierungen im Dienste der ehelichen Partnerschaft wiesen wir bereits hin, ebenso auf die Tatsache, daß es keine Kultur gibt, der die Dauerehe fremd ist. – Die Bindung an Objekte finden wir ebenfalls in allen Kulturen, und sie stellt sich beim Kleinkind sehr früh ein. Die »bürgerliche« Erziehung besteht nicht darin, daß man dem Kinde das Besitzen beibringt, sondern darin, daß man es frühzeitig lehrt, Dinge mit anderen zu teilen. Verweigert man aber einem Kinde prinzipiell das Recht auf Eigentum, dann setzt man Frustrationserlebnisse. Außerdem gründet auf dieser Liebe zu Dingen die materielle Kultur. Es gibt keine Kultur, deren Vertreter nicht einige Dinge ihr eigen nennen, die sie pflegen und schmücken. Besitz ist ein Anreiz für Leistung und damit für die kulturelle Entwicklung. Eine Gesellschaft, die ganz darauf verzichtet, beraubt sich eines wesentlichen Ansporns. Bedenklich wird Besitz doch erst, wenn er Macht zur Ausbeutung anderer verleiht.

In vielen Punkten ist die Erziehung in der Kommune extrem permissiv. Man glaubt damit eine autoritätenkritische Haltung zu fördern. Doch glaube ich, daß sich eine solche Haltung nur an einem gewissen Widerstand formt. Sie muß in der dialogischen Auseinandersetzung trainiert werden. Auch führt eine allzu permissive Erziehung im frühkindlichen Alter zu Entbehrungserlebnissen, da ein Kind sich in dieser Welt zu orientieren sucht. Gewisse kulturelle Leitlinien geben ihm die Sicherheit. Es fragt und fordert, um auch die Grenzen des Möglichen zu erfahren, und die sollten nicht zu eng, aber auch nicht zu weit gesteckt sein. Das wußte schon Rousseau (1712–1778):

* Bisher hat man allerdings in den Kommunen noch nicht das Experiment gemacht, Säuglinge unterschiedslos von einer Menschengruppe betreuen zu lassen. Alle Kinder wuchsen unter der Betreuung der Eltern auf, und sie werden in der Kommune auch weiterhin von ihren Eltern mit betreut, so daß sie bevorzugte Bezugspersonen haben.

Kennt ihr das sicherste Mittel,
ein Kind unglücklich zu machen?
Ihr müßt es daran gewöhnen,
alles zu erhalten. Denn sein Verlangen
wächst unaufhörlich. Bald oder spät
wird euch die Ohnmacht zwingen, ihm
etwas zu versagen, und dies ungewohnte
Versagen wird ihm weit größere Qual
sein als die Entbehrung des
verlangten Gegenstandes.

Jede extreme Erziehung ist im Grunde intolerant und damit repressiv. Wendet man das in den Kommunen vertretene Erziehungsrezept konsequent an, dann wird man über eine Entindividualisierung wahrscheinlich gerade das erreichen, was man eigentlich zu vermeiden suchte, nämlich den leicht manipulierbaren Menschen, der nicht nach Leistung strebt, sondern kollektiv vegetiert.

Die Familie gewährt dem Menschen jene Liebe und Sicherheit, in der das Urvertrauen zu Mitmenschen wächst. Und dieses Vertrauen ist die Voraussetzung für seine freie Entfaltung. Zwar kann die Erziehung in der Familie auch autoritär verbilden, doch ist das keineswegs ein notwendiges Resultat jeder familiären Erziehung. Nur in der Familie werden die positiven sozialen Anlagen des Menschen geweckt und damit die Fähigkeit zu sozialer Verantwortlichkeit und Identifikation. Wer keine Familienbindung entwickelte, kann später auch keine Liebe zur Gesellschaft entwickeln. Wer jedoch Eltern und Geschwister lieben lernte, kann später auch ein Kollektiv lieben. Nur er ist fähig, in Mitmenschen Brüder zu sehen. Auf Liebe und Vertrauen basiert die menschliche Gemeinschaft, beides wird über die Familie entwickelt.

12 Ausblick

Wir stellten eingangs die Frage, ob wir Menschen für die Anforderungen des modernen Gesellschaftslebens gut genug und ob mit der Forderung nach Nächstenliebe unsere angeborenen Kapazitäten nicht überfordert sind. Mit anderen Worten: Können wir erwarten, in der Massengesellschaft menschenwürdig zu überleben?

Gelegentlich wird behauptet, wir seien an die Massengesellschaft nicht angepaßt. Nun ist kein Organismus im finalistischen Sinne an etwas angepaßt. Eine Angepaßtheit ergibt sich aus den besonderen Selektionsbedingungen. Auf den Kerguelen erweisen sich flügellose Insekten als angepaßt. Mutanten, die in allen Teilen der Welt auftreten, aber normalerweise der Auslese anheimfallen, sind auf diesen sturmumbrausten Inseln im Vorteil. Die Verhältnisse komplizieren sich noch durch die Tatsache, daß ein Merkmal in einem Funktionskreis für den Merkmalsträger vorteilhaft, in einem anderen hingegen nachteilig ist. Für Fische, die sich mit den Augen orientieren, ist es vorteilhaft, wenn sie ihren Rivalen oder Geschlechtspartner an einigen auffälligen Merkmalen schnell über größere Distanzen erkennen. Aber ein auffälliges Signal sieht auch der Freßfeind. In solchen Fällen bedingen die einander entgegenwirkenden Selektionsdrucke oft einen Kompromiß (S. 109).

Bewertet man den Erfolg einer Art nach der Anzahl lebensfähiger Nachkommen, dann erweist sich unsere Art zweifellos auch an die Massengesellschaft als angepaßt. Die Angepaßtheit ist jedoch keineswegs vollständig. Viele unserer individualistischen Neigungen werden erheblich frustriert, und die gesteigerten Aggressionen führen in der Massengesellschaft zur Verschärfung des Innergruppenkonfliktes, da uns Fremde zunächst weniger bedeuten als Angehörige. Diese Tatsache hat viele auf den Plan gerufen, die Harmonisierungsmodelle vortragen. Jene, die sich auf ein Heilswissen berufen und damit selbst Gewalt rechtfertigen, sind gefährlich. Sie verschärfen den Innergruppenkonflikt. Wie sich die Medizin erst als Erfahrungswissenschaft erfolgreich entwickelte, so wird man auch erst aus der naturwissenschaftlichen Erkenntnis des menschlichen Verhaltens Wege zur Therapie der Gesellschaftskrisen ableiten können.

»Eine Gesellschaft ist krank, wenn ihre fundamentalen Institutionen und Beziehungen (das heißt ihre Struktur) so geartet sind, daß sie die Nutzung der vorhandenen materiellen und intellektuellen Mittel für die optimale Entfaltung der menschlichen Existenz (Humanität) nicht gestatten« (H. Marcuse[130], S. 11).

Nach dieser Definition gibt es zur Zeit keine gesunde Gesellschaft, sondern höchstens mehr oder weniger kranke. Angst und Mißtrauen beherrschten früher nur die Beziehungen zu Mitgliedern fremder Gemeinschaften. Mit der Bildung der anonymen Gesellschaften beginnen wir auch unseren Nächsten zu mißtrauen. Angst verschärft den Kampf um die Machtpositionen und schaltet Rücksichtnahme aus. Sich gegenseitig zu übervorteilen gehört fast zum guten Ton. So spricht der oberflächliche Eindruck dagegen, daß wir den Anforderungen der Massengesellschaft auf die Dauer gewachsen sind. Wir befinden uns sicher in einer gesellschaftlichen Krise, aber als vernunftbegabte Wesen können wir die weitere Entwicklung steuern. Bei Berücksichtigung und unter Nutzung der uns angeborenen Neigungen sind die Prognosen keineswegs ungünstig. Unsere biologische Untersuchung des menschlichen Verhaltens hat zunächst einmal gezeigt, daß der uns angeborene Aggressionstrieb natürliche Gegenspieler hat. Mit ihrer Hilfe sind wir in der Lage, das Band zu Mitmenschen zu knüpfen und zu erhalten. Ja, es besteht ein starker, uns angeborener Drang zur Geselligkeit. Alle diese gruppenbindenden Mechanismen sind stammesgeschichtlich sehr alt, und es spricht sehr vieles dafür, daß sie sich Hand in Hand mit der Ausbildung der Brutpflege entwickelten. Mit dieser »Erfindung« erwarben Vögel und Säuger unabhängig voneinander die Fähigkeit zum gegenseitigen Beistand und damit zur Bildung altruistischer Verbände, die den Kampf ums Dasein im Miteinander bestreiten. Gegenseitiger Beistand gewinnt damit in der Evolution der höheren Organismen eine immer bedeutendere Rolle. Aus den Familienverbänden wuchsen die Großfamilien, die Rudel und schließlich auch die anonymen geschlossenen Verbände der Säuger und des Menschen. Die Mittel der Bindung blieben im Grunde immer die gleichen, und sie sind ihrem Ursprunge nach im wesentlichen aus dem Repertoire der Verhaltensweisen abgeleitet, die Mutter und Kind verbinden. Die Mutter-Kind-Beziehung war stammesgeschichtlich und ist in der Entwicklung des einzelnen der Kristallisationskern jedes Gesellschaftslebens. Sie ist bereits bei vielen höheren Säugetieren individualisiert, wohl um der Gefahr einer Kindesverwechslung vorzubeugen, die aus einer ganzen Reihe von Gründen (S. 241) die Aufzucht in Frage stellen würde. Unsere offensichtliche Neigung zu persönlichen Bindungen hat hier ihre Wurzel. Sie ist uns angeboren. Über die persönliche Mutter-Kind-Beziehung entwickeln wir Menschen das Urvertrauen, auf dem sich unsere gesellige Grundhaltung weiter entfaltet, und damit generell die Fähigkeit zum sozialen Engagement. Aus diesen Gründen sind Versuche, die Entwicklung solcher Familienbindungen zu verhindern, höchst bedenklich. Es gilt ja das Vertrauen zu uns unbekannten Mitmenschen zu festigen, und das geschieht in der Familie. Nur auf diesem Wege entwickeln wir jene soziale Verantwortlichkeit, die für ein friedliches Zusammenleben und wahrscheinlich überhaupt für unsere weitere Existenz als Art Voraussetzung sind.

Ruth Benedict[13] hat einmal die milieutheoretische Lehre von der sozialen Relativität als eine »Lehre der Hoffnung – nicht der Verzweiflung« bezeichnet, weil die Anerkennung der kulturellen Relativität ein wirklichkeitsnäheres Gesellschaftsprinzip hervorbringe, und zwar auf der Grundlage der Duldsamkeit. Damit aber setzt sie voraus, daß Toleranz und Nächstenliebe wohl allgemein verbindliche Werte seien. Wieso eigentlich?

Ich glaube, daß wir nur deshalb Grund zum Optimismus haben,

weil wir der Anlage nach gesellige Wesen sind und uns bei der Normensuche und Normenkorrektur auch an unseren stammesgeschichtlichen Anpassungen orientieren können. Wir müssen nicht alle ethischen Normen kulturell ableiten, manche sind in unserer Konstitution verankert, und das gibt uns eine gewisse Sicherheit.

Gut oder Böse? Die Neigung zur Intoleranz und zur Aggression ist uns sicher angeboren, aber wir tragen kein Kainsmal auf unserer Stirn. Die These vom mörderischen Wesen Mensch läßt sich nicht ernsthaft vertreten. Vielmehr ergibt die Untersuchung, daß wir von Natur aus auch sehr freundliche Wesen sind.

Mit dieser grundsätzlich optimistischen Darlegung möchte ich keineswegs unsere Aggressionen verniedlichen. Ich spreche von guten Potenzen, und die sind keineswegs immer erweckt. Lieblose Erziehung und Verhetzung schaffen den gefühlsarmen Menschen und verschütten seine ihm angeborene Neigung zur Nächstenliebe. Wenn wir aufhören, Kommunikationsbarrieren zu errichten und unsere Mitmenschen zu verteufeln – mögen sie auch anderen Wertsystemen anhängen –, und statt dessen das Bindende hervorheben, dann wird unseren Enkeln eine glückliche Zukunft beschieden sein. Die Potenzen zum Guten sind uns biologisch ebenso gegeben wie jene zur Selbstvernichtung. In immer neuen Formen entrang sich diesem steinigen Planeten das Leben von einfachsten Algen bis zum Menschen, der über diese Schöpfung nachsinnt, sie selbst zu gestalten sucht und dabei zuletzt vielleicht vernichtet. Es wäre wahrhaftig grotesk, die Frage nach dem Sinn des Lebens auf diese Weise zu lösen.

1
2
3
4
5
6
7
8
9
10
11
12
13
14
15
16
17
18
19
20
21

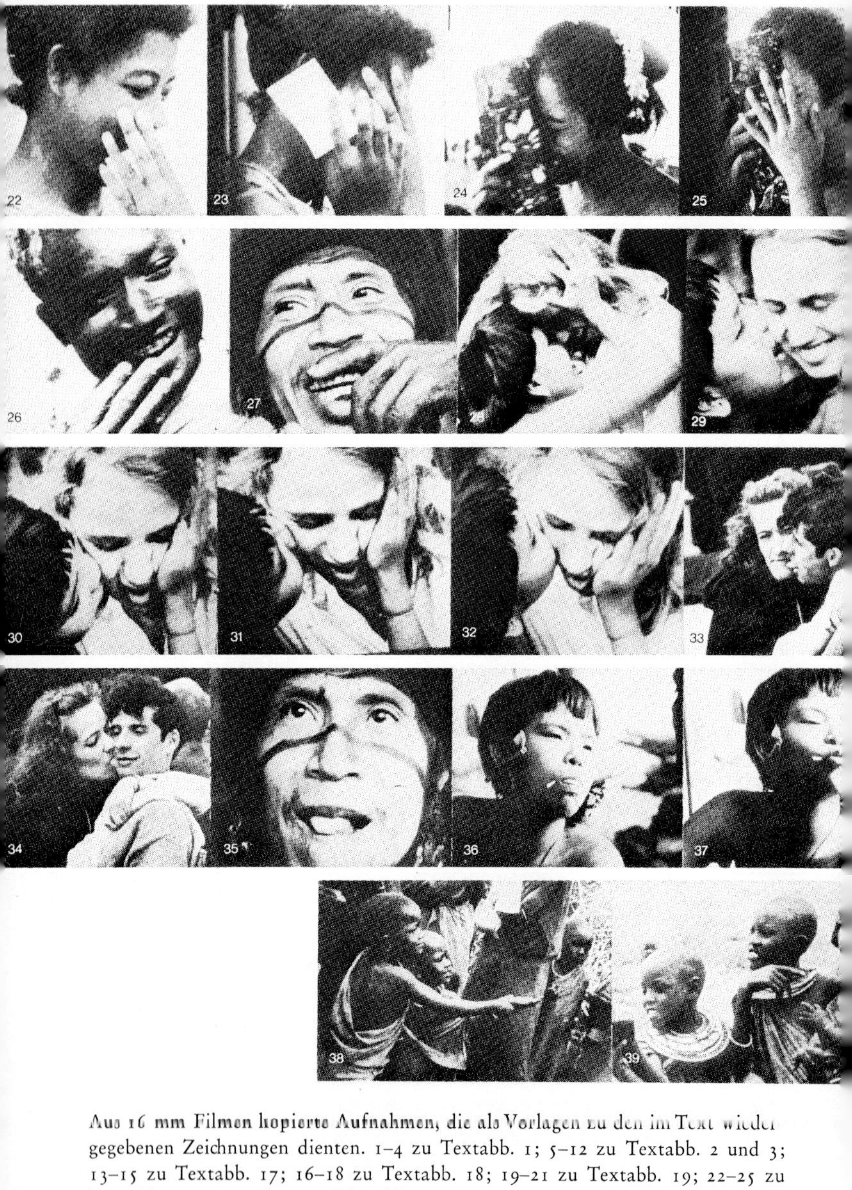

Aus 16 mm Filmen kopierte Aufnahmen, die als Vorlagen zu den im Text wiedergegebenen Zeichnungen dienten. 1–4 zu Textabb. 1; 5–12 zu Textabb. 2 und 3; 13–15 zu Textabb. 17; 16–18 zu Textabb. 18; 19–21 zu Textabb. 19; 22–25 zu Textabb. 20; 26 und 27 zu Textabb. 21; 28 und 29 zu Textabb. 36; 30–32 zu Textabb. 35; 33 und 34 zu Textabb. 42; 35 zu Textabb. 45; 36 und 37 zu Textabb. 44; 38 und 39 zu Textabb. 50

Literatur

1 Aberle, D. und Mitarbeiter (1963): The Incest Tabu and the mating patterns of Animals. Am. Anthropol. 65, 253–265
2 Adler, A. (1908): Der Aggressionstrieb im Leben und in der Neurose. Fortschr. Med. 26, 577–584
3 Andersson, Ch. J. (1857): Reisen in Südwestafrika. Leipzig
4 Andree, R. (1889): Ethnographische Parallelen und Vergleiche, N. F. Leipzig
5 Andrew, R. J. (1963): Evolution of Facial Expression. Science 142, 1034–1041
6 Anthoney, T. R. (1968): The ontogeny of greeting, grooming, and sexual motor patterns in captive Baboons (Superspecies *Papio cynocephalus*). Behaviour 31, 358–372
7 Antonius, O. (1947): Beobachtungen an einem Onagerhengst. Umwelt 1, 299–300
8 Ardrey, R. (1962): African Genesis. London (Collins)
9 Azrin, N. H., Hutchinson, R. R. und Hakel, D. F. (1966): Extinction induces Aggression. J. Exp. Analysis of Behavior 9, 191–204
10 Baker, S. W. (1867): Der Albert Nyanza. Jena
11 Baksay, A. (1891): Ungarische Volksbräuche. Die österreichisch-ungarische Monarchie in Wort und Bild. Ungarn II, Wien, 69–148
12 Basedow, H. (1906): Anthropological Notes on the Western Coastal Tribes of the Northern Territory of South Australia. Trans. Roy. Soc. South Australia 31, 1–62
13 Benedict, R. (1934): Patterns of Culture. Boston–New York (Houghton and Mifflin Co.)
14 Berkowitz, L. (1962): Aggression: A social psychological Analysis. New York–London (McGraw-Hill)
15 – (1968): Seeing a gun can trigger aggression. Science Journal, April, 9
16 – (1969): Roots of Aggression. New York (Atherton Press)
17 Bernatzik, H. (1941): Die Geister der gelben Blätter. Leipzig (Koehler und Voigtländer)
18 – (1947): Akha und Meau. I u. II. Innsbruck
19 Berndt, R. und Berndt, C. H. (1964): The World of the first Australians. London–Sydney (Angers and Robertson)
20 Bilz, R. (1943): Lebensgesetze der Liebe. Leipzig
21 – (1948): Schrittmacherphänomene. Psyche 2, 229–250

22 Birket-Smith, K. (1956): Geschichte der Kultur. 3. Aufl. Zürich (Orell Füssli)
23 Bohannan, P. (1966): Drumming the scandal among the Tiv. In: P. Bohannan Law and Warfare. New York
24 Bowlby, J. (1969): Attachment and Loss. I. Attachment. The Int. Psychoanal. Library 79. London (Hogarth Press)
25 Brehm, A. E. (1862): Reiseskizzen aus Nordafrika. Jena
26 Buechner, H. K. und Schloeth, R. (1965): Ceremonial Mating Behavior in the Uganda Kob *(Adenota kob)*. Z. Tierpsychol. 22, 209–225
27 Casal, U. A. (1963): Der Phalluskult im alten Japan. Mitt. Deutschen Ges. f. Natur u. Völkerkde Ostasiens 44 (1), 72–94
28 Chagnon, N. A. (1968): Yanomamö the fierce people. New York (Holt, Rinehart a. Winston)
29 Cook, J. (1784): A voyage to the Pacific Ocean (1776–1780) (C. J. King ed.). London
30 Coss, R. G. (1968): The ethological command in Art. Leonardo I. Pergamon Press, Great Britain, 273–287
31 Cullen, E. (1960): Experiments on the Effects of social isolation on Reproductive Behaviour in the Three-Spined Stickleback. Anim. Beh. 8, 235
32 Dart, R. A. (1959): Adventures with the Missing Link. New York (Harper)
33 Darwin, Ch. (1872): The Expression of Emotions in Man and Animals. London
34 – (1876): Die Entstehung der Arten. Ges. Werke, Bd. II (übers. J. v. Carus). Stuttgart
35 Dennis, W. (1941): Infant Development under Conditions of Restricted Practize and of Minimal Social Stimulation. Genet. Psychol. Monogr. 23, 143
36 Dollard, J., Doob, L., Miller, N., Mowrer, O. und Sears, R. (1939): Frustration and Aggression. Yale–New Haven
37 De Vore, I. (1965): Primate Behavior, Field Studies of Monkeys and Apes. New York–London (Holt, Rinehart a. Winston)
38 Eggan, D. (1943): The General Problem of Hopi Adjustment. Am. Anthropol. 45, 372–373
39 Eibl-Eibesfeldt, I. (1951): Zur Fortpflanzungsbiologie und Jugendentwicklung des Eichhörnchens. Z. Tierpsychol. 8, 370–400
40 – (1953): Zur Ethologie des Hamsters (*Cricetus cricetus* L.). Z. Tierpsychol. 10, 204–254
41 – (1955): Ethologische Studien am Galapagos-Seelöwen (*Zalophus wollebaeki* Sivertsen). Z. Tierpsychol. 12, 286–303
42 – (1962): Freiwasserbeobachtungen zur Deutung des Schwarmverhaltens verschiedener Fische. Z. Tierpsychol. 19, 165–182
43 – (1963): Angeborenes und Erworbenes im Verhalten einiger Säuger. Z. Tierpsychol. 20, 705–754
44 – (1964): Im Reich der tausend Atolle. München (Piper)
45 – (1964): Galapagos, die Arche Noah im Pazifik. 3. Aufl. München (Piper)
46 – (1968): Über Desmond Morris' »Der nackte Affe«. Der Spiegel, 4. 3. 1968

47 – (1968): Zur Ethologie des menschlichen Grußverhaltens. I. Beobachtungen an Balinesen, Papuas und Samoanern nebst vergleichenden Bemerkungen. Z. Tierpsychol. 25, 727–744
48 – (1969): Grundriß der vergleichenden Verhaltensforschung. 2. Aufl. München (Piper)
49 Eibl-Eibesfeldt, I. u. E. (1967): Die Parasitenabwehr der Minima-Arbeiterinnen der Blattschneiderameise (*Atta cephalotes*). Z. Tierpsychol. 24, 278–281
50 Eibl-Eibesfeldt, I. und Hass, H. (1967): Neue Wege der Humanethologie. Homo 18, 13–23
51 Eibl-Eibesfeldt, I. und Sielmann, H. (1965): *Cactospiza pallida* (Fringillidae): Werkzeuggebrauch beim Nahrungserwerb. Encycl. cinem. E 597, Inst. wiss. Film, Göttingen
52 Eibl-Eibesfeldt, I. und Wickler, W. (1968): Die ethologische Deutung einiger Wächterfiguren auf Bali. Z. Tierpsychol. 25, 719–726
53 Erikson, E. H. (1953): Wachstum und Krisen der gesunden Persönlichkeit. Stuttgart (Klett)
54 – (1966): Ontogeny of Ritualisation in Man. Philos. Trans. Roy. Soc. London B, 251, 337–349
55 Ewer, R. F. (1968): Ethology of Mammals. London (Logos Press)
56 Fantz, R. L. (1967): Visual perception and experience in infancy. In: H. W. Stevenson, E. H. Hess und H. L. Rheingold (eds.): Early Behavior. New York (John Wiley), 181–224
57 Feshbach, S. (1961): The Stimulating Versus Cathartic Effects of a Vicarious Aggressive Activity. J. Abnorm. Soc. Psychol. 63, 381–385
58 Frank, F. (1969): Apo und Establishment aus biologischer Sicht. Oldenburg (Stalling)
59 Frank, J. D. (1967): Muß Krieg sein? Psychologische Aspekte von Krieg und Frieden. Verlag Darmstädter Blätter
60 Freedman, D. G. (1964): Smiling in blind infants and the issue of innate vs. acquired. J. Child Psychol. Psychiatr. 5, 171–184
61 – (1965): Hereditary control of early social behavior. In: B. M. Foss (ed.): Determinants of Infant Behavior II. London (Methuen)
62 Fremont-Smith, F. (1962): Saving the children can save us. Saturday Rev., 11. Aug.
63 Freud, S. (1950): Gesammelte Werke, 18 Bde. London (Imago Publ.)
64 Garcia, J., McGowan, B. K., Ervin, F. R. und Koelling, R. A. (1968): Cues: Their Relative Effectiveness as a Function for the Reinforcer. Science 160, 794–795
65 Gehlen, A. (1969): Moral und Hypermoral, eine pluralistische Ethik. Frankfurt (Athenäum Verlag)
66 Goffman, E. (1963): Behavior in Public Places. London (Collier-MacMillan)
67 Grzimek, B. (1949): Die »Radfahrer-Reaktion«. Z. Tierpsychol. 6, 41–44
68 Guppenberger, L. (1889): Volkscharakter, Trachten, Sitten und Bräuche. Die österreichisch-ungarische Monarchie in Wort und Bild. Oberösterreich. Wien 119–175

69 Güttinger, H. R. (im Druck): Zur Evolution von Verhaltensweisen und Lautäußerungen bei Prachtfinken *(Estrildidae)*. Z. Tierpsychol. 27, 1011–1075
70 Harlow, H. F. u. Harlow, M. K. (1962): Social Deprivation in Monkeys. Sci. Americ. 207, 137–146
71 – (1967): Reifungsfaktoren im sozialen Verhalten. Psyche 21, 193–210
72 Hass, H. (1968): Wir Menschen. Wien (Molden)
73 Heinzelmann, F. (1852): Reise in Afrika. Leipzig, 228
74 Helmuth, H. (1967): Zum Verhalten des Menschen: die Aggression. Z. Ethnol. 92, 2, 265–273
75 Hess, E. H. (1959): Imprinting, an effect of early experience. Science 130, 133–141
76 – (1965): Attitude and Pupil Size. Sci. Americ. 212, 46–54
77 Hess, E. H., Seltzer, A. L. und Shlien, J. M. (1965): Pupil response of hetero- and homosexual males to pictures of men and women: A pilot study, J. Abnorm. Psychol. 70, 165–168
78 Hoebel, E. A. (1966): Song Duels among the Eskimo. In: Bohannan, P. (ed.): Law and Warfare. New York, 256–262
79 Höhnel, L. v. (1891): Zum Rudolphsee und Stephanie See. Wien
80 Hokanson, J. E. und Burgess, M. (1962): The Effects of Three Types of Aggression on Vascular Processes. J. Abnorm. Soc. Psychol. 64, 446–449
81 Hokanson, J. E. und Shetler, S. (1961): The Effect of Overt Aggression on Vascular Processes. J. Abnorm. Soc. Psychol. 63, 446–448
82 Holm, G. (1914): Ethnological sketch of the Angmagssalik Eskimo Medelelser on Grønland. Vol. 39
83 Holst, D. v. (1969): Sozialer Stress bei Tupajas *(Tupaia belangeri)*. Z. vgl. Physiol. 63, 1–58
84 Holst, E. v. (1961): Probleme der modernen Instinktforschung. Neudruck in: Zur Verhaltensphysiologie bei Tieren und Menschen. München (Piper), Bd. I, 277–289
85 Holst, E. v. und Saint-Paul, U. v. (1960): Vom Wirkungsgefüge der Triebe. Die Naturwiss. 18, 409–422
86 Hörmann, L. v. (1912): Genuß- und Reizmittel in den Ostalpen; eine volkskundliche Skizze. Z. Dtsch. Österr. Alpenver., 43, 78–100
87 Howard, H. E. (1920): Territory in Bird Life. New York (E. P. Dutton a. Co.)
88 Howitt, A. W. (1904): The native Tribes of Southeast Australia. London-New York
89 Hsi-en Chen, T. (1953): The Marxist remolding of Chinese Society. Am. J. Sociol. 58, 340–346
90 Huxley, T. (1888): Struggle for existence and its bearing upon Man.
91 Immelmann, K. (1966): Zur Irreversibilität der Prägung. Die Naturwiss. 53, 209
92 Itani, J. (1958): On the acquisition and propagation of a new food habit in the troop of Japanese monkeys at Takasakiyana. Primates I, 84–98 (japanisch)
93 – (1963): Paternal care in the Wild Japanese Monkey *(Macaca fus-*

cata). In: Ch. Southwick (ed.): Primate Social Behavior. New York (van Nostrand), 91–97
94 Jerusalem, W. (1890): Laura Brigsman: Erziehung einer Taubstumm-Blinden. Wien
95 Jolly, A. (1966): Lemur Social Behavior and Primate Intelligence. Science 153, 501–506
96 Kawai, M. (1965): Newly acquired pre-cultural behavior of the natural troop of Japanese Monkeys on Koshima Island. Primates 6, 1–30
97 Kawamura, S. (1963): The Process of Sub-culture propagation among Japanese Macaques. In: Ch. Southwick (ed.): Primate Social Behavior. New York (van Nostrand), 82–90
98 Kinsey, A. C. (1966): Das sexuelle Verhalten des Mannes. Frankfurt
99 König, H. (1927): Das Recht der Polarvölker. Anthropos 22, 689–746
100 Kolbe, P. (1719): Gegenwärtiger Zustand des Vorgebirges der Guten Hoffnung. Nürnberg
101 Kortlandt, A. (1967): Handgebrauch bei freilebenden Schimpansen. In: B. Rensch: Handgebrauch und Verständigung bei Affen und Frühmenschen. Bern (Huber), 59–102
102 Kortmulder, K. (1968): An Ethological Theory of the Incest Taboo and Exogamy. Current Anthropol. 9, 437–449
103 Kosinski, J. (1966): The painted Bird. New York (Pocket Book)
104 Kotz, E. (1922): Im Banne der Furcht. Sitten und Gebräuche der Wapare in Ostafrika. Hamburg
105 Kotzebue, O. v. (1825): Entdeckungsreise in die Südsee und nach der Beringstraße zur Erforschung einer nordöstlichen Durchfahrt. 2 Bde. Wien (Kaulfuß u. Kramer)
106 Kramer, G. (1949): Macht die Natur Konstruktionsfehler? Wilhelmshavener Vorträge, Schriftenreihe d. Nordwestdeutschen Univ. Ges. 1, 1–19
107 Krämer, A. (1968): Soziale Organisation und Sozialverhalten einer Gemspopulation der Alpen. Diss. Univ. Zürich
108 Krauss, F. (1965): Das Geschlechtsleben des japanischen Volkes. Hanau (Schustek)
109 Kropotkin, P. (1904): Gegenseitige Hilfe in der Entwicklung. Leipzig
110 Kruijt, J. (1964): Ontogeny of social behaviour in Burmese Red Jungle Fowl *(Gallus gallus spadiceus).* Behaviour Suppl. 12
111 Kühme, W. D. (1965): Freilandstudien zur Soziologie des Hyänenhundes. Z. Tierpsychol. 22, 495–541
112 Kummer, H. (1968): Social organization in Hamadryas Baboons – a field study. Bibl. Primat. Basel (Karger)
113 Kummer, H. und Kurt, F. (1965): A comparison of social behavior in captive and wild Hamadryas Baboons. In: H. Vogtberg (ed.): The Baboon in medical Research. Univ. Texas Press, 1–16
114 Kuo, Z. Y. (1960/61): Studies on the basic factors in animal fighting. J. Gen. Psychol. 96, 101–239 und 97, 181–295
115 Lack, D. (1943): The Life of the Robin. Cambridge Univ. Press

116 – (1947): Darwins Finches. Cambridge Univ. Press
117 Lang, K. (1928/29): Die Grußsitten. Völkerkde, Wien. 4, 43–45, 108–110, 190–192, 252–259; 5, 27–32, 103–106, 169–175, 230–233; 6, 23–27, 106–110, 178–180, 243–247.
118 Lawick-Goodall, J. van (1967): My friends the Wild Chimpanzees. Nat. Geogr. Soc. Washington
119 – (1968): The Behavior of freeliving Chimpanzees in the Gombe Stream Reserve. Anim. Beh. Monogr. 1 (3), 161–311
120 LeMagnen, J. (1952): Les phénomenes olfacto-sexuels chez l'homme. Arch. Sci. Physiol. 6, 125–160
121 Leyhausen, P. (1969): Experimentelle Untersuchung eines angeborenen Auslösemechanismus. 11th Ethological Conf., Rennes (France), 2–10 Sept. 1969
122 Lorenz, K. (1937): Über die Bildung des Instinktbegriffes. Die Naturwiss. 25, 289–300, 307–318, 325–331
123 – (1943): Die angeborenen Formen möglicher Erfahrung. Z. Tierpsychol. 5, 235–409
124 – (1950): So kam der Mensch auf den Hund. Wien (Borotha-Schoeler)
125 – (1952): Die Entwicklung der vergleichenden Verhaltensforschung in den letzten 12 Jahren. Verh. Dt. Zool. Ges., 36–58
126 – (1961): Phylogenetische Anpassung und adaptive Modifikation des Verhaltens. Z. Tierpsychol. 18, 139–187
127 – (1963): Das sogenannte Böse. Wien (Borotha-Schoeler)
128 – (1965): Darwin hat doch recht gesehen. Pfullingen (Neske)
129 Marcuse, H. (1967): Das Ende der Utopie. Berlin (v. Maikowski)
130 Marcuse, H. u. Mitarbeiter (1968): Aggression und Anpassung in der Industriegesellschaft. Frankfurt (Bibliothek Suhrkamp)
131 Mead, M. (1965): Leben in der Südsee. München (Szczesny)
132 – (1968): Die Persönlichkeitsbildung bei den Arapesh. In: G. Bittner und E. Schmid-Cords (Hg.): Erziehung in früher Kindheit. Erziehung in Wiss. u. Praxis. München (Piper)
133 Megitt, M. J. (1962): Desert People. London-Sydney (Angus a. Robertson)
134 Milgram, S. (1963): Behavioral Study of Obedience. J. Abnorm. Soc. Psychol. 67, 372–378
135 – (1965): Liberating effects of group pressure. J. Personality a. Social Psychol. 1, 127–134
136 – (1966): Einige Bedingungen von Autoritätsgehorsam und seiner Verweigerung. Z. exp. u. angew. Psychol. 13, 433–463
137 Mitscherlich, A. (1969): Die Idee des Friedens und die menschliche Aggressivität. Frankfurt (Bibliothek Suhrkamp)
138 Mohr, J. W., Turner, R. E. und Jerry, M. B. (1964): Pedophilia and Exhibitionism. Univ. Toronto Press
139 Montagu, M. F. A. (1968): Man and Aggression. New York (Oxford Univ. Press)
140 Morris, D. (1968): Der nackte Affe. München (Droemer)
141 – (1969): Der Menschen-Zoo. München (Droemer)

142 Murphy, R. F. (1957): Intergroup Hostility and Social Cohesion. Am. Anthropol. 59, 1028
143 Musil, A. (1928): The Manners and Customs of the Rwala Bedouins. Am. Geogr. Soc., Oriental Expl. a. Studies 6, 455
144 Nevermann, H. (1941): Ein Besuch bei Steinzeitmenschen. Kosmosbändchen. Stuttgart (Franckh)
145 Nicolai, J. (1964): Der Brutparasitismus der Viduinae als ethologisches Problem. Prägungsphänomene als Faktoren der Rassen- und Artbildung. Z. Tierpsychol. 21, 129–204
146 Packard, V. (1963): Die Pyramidenkletterer. Düsseldorf. (Econ)
147 Plack, A. (1968): Die Gesellschaft und das Böse. 2. Aufl. München (List)
148 Popitz, H. (1968): Prozesse der Machtbildung. Recht und Staat. Tübingen, 362–363
149 Prévost, J. (1961): Ecologie du Manchot empereur: *Aptenodytes forsteri* Gray. Exped. polaires Francaises, Miss. P.-E. Victor. Publ. no. 222 Actual. Scient. et Industr. no. 1291. Paris (Hermann)
150 Prevost (1748): Allgemeine Historie zu Wasser und Lande III. Leipzig (Arkstee u. Merkus)
151 Rasa, A. (1969): The Effect of Pair Isolation on Reproductive Success in *Etroplus maculatus* (Cichlidae). Z. Tierpsychol. 26, 846–852
152 Rasmussen, K. (1908): People of the Polar North. London
153 Robson, K. S. (1967): The Role of Eye-to-eye Contact in Maternal-Infant Attachment. J. Child Psychol. Psychiatr. 8, 13–25
154 Roper, M. K. (1969): A survey of Evidence for Intrahuman Killing in the Pleistocene. Current Anthropol. 10, 427–459
155 Rosenkötter, L. (1966): Auf Exkursion in die Menschenkunde. Frankfurter Hefte 21 (8)
156 Rothmann, M. und Teuber, E. (1915): Einzelausgabe aus der Anthropoidenstation auf Teneriffa. I. Ziele und Aufgaben der Station, sowie erste Beobachtungen an den auf ihr gehaltenen Schimpansen. Abh. Preuß. Akad. Wiss. Berlin, 1–20
157 Rüppell, E. (1829): Reisen in Nubien, Kordufan und dem petäischen Arabien. Frankfurt
158 Russell, Cl. und Russell, W. M. S. (1968): Violence, Monkeys and Man. London (MacMillan)
159 Sackett, G. P. (1966): Monkeys Reared in Isolation with Pictures as Visual Input: Evidence for an Innate Releasing mechanism. Science 154, 1468–1473
160 Sauer, F. (1954): Die Entwicklung der Lautäußerungen vom Ei ab schalldicht gehaltener Dorngrasmücken *(Sylvia c. communis)*. Z. Tierpsychol. 11, 1 bis 93
161 Schein, W. M. (1963): On the Irreversibility of Imprinting. Z. Tierpsychol. 20, 462–467
162 Schenkel, R. (1956): Zur Deutung der Phasianidenbalz. Ornith. Beob. 53, 182–201

163 – (1967): Submission, its Features and Function in the Wolf and Dog. Am. Zool. 7, 319–329
164 Schleidt, W., Schleidt, M. und Magg, M. (1960): Störungen der Mutter-Kind-Beziehung bei Truthühnern durch Gehörverlust. Behaviour 16, 254–260
165 Schultze-Westrum, T. (1968): Ergebnisse einer zoologisch-völkerkundlichen Expedition zu den Papuas. Umschau 68, 295–300
166 Schuster, M. (1959): Waika-Südamerika, Palmfruchtfest. Encycl.cinem. E 178, Inst. wiss. Film, Göttingen (1962)
167 Schutz, F. (1965): Homosexualität und Prägung bei Enten. Psychol. Forschung 28, 439–463
168 Scott, J. P. (1960): Aggression. Chicago Univ. Press
169 Selenka, E. und L. (1925): Sonnige Welten. Berlin, 39 und 328
170 Shaw, Ch. E. (1948): The male combat »dance« of some Crotalid Snakes. Herpetologica 4, 137–145
171 Sielmann, H. (1958): Das Jahr mit den Spechten. Berlin (Ullstein)
172 Simpson, C. (1963): Plumes and Arrows, Inside New Guinea. London-Sydney (Angus a. Robertson)
173 Sommer, R. (1966): Man's proximate Environment. J. Social Issues 22, 59–70
174 Sorenson, E. R. und Gajdusek, D. C. (1966): The study of child behavior and development in primitive cultures. Pediatrics (Suppl.) 37, 149–243
175 Spamer, A. (1935): Die Deutsche Volkskunde. 2 Bde. Leipzig (Bibliogr. Inst.)
176 Spencer, B. und Gillen, F. J. (1904): The Northern Tribes of Central Australia. London–New York
177 Spitz, R. A. (1965): The First Year of Life. New York (Int. Univ. Press)
178 – (1968): Die anaklitische Depression. In: G. Bittner und E. Schmid-Cords (Hg.): Erziehung in früher Kindheit. München (Piper)
179 Staehelin, B. (1953): Gesetzmäßigkeiten im Gemeinschaftsleben schwer Geisteskranker. Schweiz. Arch. Neurol. Psychiat. 72, 277–298
180 – (1954): Gesetzmäßigkeiten im Gemeinschaftsleben Geisteskranker, verglichen mit tierpsychologischen Ergebnissen. Homo 5, 113–116
181 Steinvorth de Goetz, I. (1969): Uriji jami! Life and Belief of the Forest Waika in the Upper Orinoco. Caracas, Asociacion Cultural Humboldt
182 Sugiyama, Y. (1965): Behavioral Development and Sound Structure in the Two Troops of Manuman Langurs *(Presbytis entellus)*. Primates 6, 213 bis 247
183 Szondi, L. (1969): Gestalten des Bösen. Bern (Huber)
184 Tauern, O. D. (1918): Patasiwa und Patalima; vom Molukkeneiland Seran und seinen Bewohnern. Leipzig (Voigtländer)
185 Tiger, L. (1969): Men in Groups. New York (Random House)
186 Tinbergen, N. (1951): The study of instinct. London (Oxford Univ. Press)
187 – (1963): The Herring gull's world. London (Collins)
188 Ulrich, R. E. und N. H. Azrin (1962): Reflexive Fighting in Response to Aversive Stimulation. J. Exp. Analysis of Behavior 5, 511–520
189 Waelder, R. (1962): Demoralisation and Reeducation. World Politics 14, zit. nach A. und M. Mitscherlich: Die Unfähigkeit zu trauern. München (Piper)

190 Wagner, H. O. (1954): Massenansammlungen von Weberknechten. Z. Tierpsychol. 11, 348–352
191 Washburn, S. L. und De Vore, I. (1961): The Social Life of Baboons. Sci. Americ. 204, 62–71
192 Weidkuhn, P. (1968/69): Aggressivität und Normativität. Anthropos 63/64
193 Wheeler, W. M. (1928): Social Life among the Insects. New York
194 Wickler, W. (1961): Über die Stammesgeschichte und den ökologischen Wert einiger Verhaltensweisen der Vögel. Z. Tierpsychol. 18, 320–342
195 – (1966): Ursprung und biologische Deutung des Genitalpräsentierens männlicher Primaten. Z. Tierpsychol. 23, 422–437
196 – (1967): Vergleichende Verhaltensforschung und Phylogenetik. In: G. Heberer: Die Evolution der Organismen. 3. Aufl. Stuttgart (G. Fischer), Bd. I, 420–508
197 – (1967): Vergleich des Ablaichverhaltens einiger paarbildender sowie nicht paarbildender Pomacentriden und Cichliden. Z. Tierpsychol. 24, 457–470
198 – (1969): Sind wir Sünder? Naturgesetze der Ehe. München (Droemer)
198a – (1968): Das Mißverständnis der Natur des ehelichen Aktes in der Moraltheologie. Stimmen der Zeit 182, 289–304
199 Wickler, W. und Uhrig, D. (1969): Bettelrufe, Antwortszeit und Rassenunterschiede im Begrüßungsduett des Schmuckbartvogels *Trachyphonus d'arnaudii.* Z. Tierpsychol. 651–661
200 Wied, M. Prinz zu (1825): Die Reise nach Brasilien. Bd. I u. II. Wien, 68
201 Wilkes, Ch. (1849): Narrative of the U.S. Exploring Expedition during the Years 1838–1842. 2 Bde.
202 Wilson, A. P. (1968): Social Behaviour of Free-Ranging Rhesus-Monkeys with an Emphasis on Aggression. Diss. Univ. Calif. Berkeley, Dept. Anthrop.
203 Wynne-Edwards, V. C. (1962): Animal Dispersion in Relation to Social Behaviour. London (Oliver a. Boyd)
204 Zerries, O. (1964): Waika. München (Klaus Renner)

Register

Autorenregister

Sachregister

Irenäus Eibl-Eibesfeldt

Krieg und Frieden aus der Sicht der Verhaltensforschung

329 Seiten mit Abbildungen. SP 329

»Ein immenses Material, das uns zum Nachdenken nicht anregt, sondern zwingt.«
Frankfurter Allgemeine Zeitung

Liebe und Haß

Zur Naturgeschichte elementarer Verhaltensweisen. 293 Seiten. SP 113

»Ein lebendiges und instruktives Buch, strotzend von Material, das vielfach auf eigenen Forschungsreisen gewonnen wurde, überzeugend in seinen Analysen und Schlußfolgerungen.«
Frankfurter Allgemeine Zeitung

Der Mensch – das riskierte Wesen

Zur Naturgeschichte menschlicher Unvernunft. 272 Seiten mit 29 Abbildungen. SP 585

Haben wir noch eine Zukunft? Was hindert die Menschen daran, nach Einsicht vernünftig zu handeln? Solche Fragen stellen sich auch dem Biologen Irenäus Eibl-Eibesfeldt, der seit Jahrzehnten menschliches Verhalten erforscht. In seinem Buch zur Naturgeschichte menschlicher Unvernunft setzt er sich temperamentvoll mit solchen Fragen auseinander und gibt allgemeinverständliche Antworten aus der Sicht des Biologen und Humanethologen.

Wider die Mißtrauensgesellschaft

Streitschrift für eine bessere Zukunft. 255 Seiten. SP 2173

Ein Naturwissenschaftler, der den Mut hat, sich einzumischen, hat ein provozierendes Buch geschrieben.

»Jedenfalls ein intelligentes, ehrliches, mutiges und äußerst interessantes Buch, zudem sehr gut lesbar, das Zustimmung und Widerspruch hervorrufen wird.«
ekz-Informationsdienst

»So redlich wie mit Eibl-Eibesfeldt ist zur Zeit kaum mit jemandem zu diskutieren. Denn er will nicht Standpunkte polarisieren, sondern ›den Rahmen des Möglichen empirisch und rational‹ ausloten.«
Salzburger Nachrichten

Galápagos

Die Arche Noah im Pazifik. 507 Seiten mit 43 farbigen und 229 schwarzweißen Abbildungen sowie 52 Karten im Inselführer. SP 1232

Konrad Lorenz

Der Abbau des Menschlichen

294 Seiten. SP 2029

Die acht Todsünden der zivilisierten Menschheit

112 Seiten. SP 50

In seiner Streitschrift setzt sich Konrad Lorenz mit Vorgängen der Dehumanisierung auseinander, die die Menschheit als Ganzes bedrohen: die Überbevölkerung, die Verwüstung des Lebensraums, der Wettlauf des Menschen mit sich selbst, der Wärmetod des Gefühls, der genetische Verfall, das Abreißen der Tradition, die Indoktrinierbarkeit und die Kernwaffen.

Denkwege

Ein Lesebuch. Herausgegeben von Beatrice Richter. 250 Seiten. SP 1660

Dieses Lesebuch bietet mit wichtigen Texten aus dem Gesamtwerk eine Einführung in Forschen und Denken des Verhaltensforschers und Nobelpreisträgers Konrad Lorenz.

Hier bin ich – wo bist du?

Ethologie der Graugans. 320 Seiten mit 140 teils farbigen Abbildungen. SP 1358

Über tierisches und menschliches Verhalten

Aus dem Werdegang der Verhaltenslehre. Gesammelte Abhandlungen Band I. 412 Seiten. SP 360

Über tierisches und menschliches Verhalten

Aus dem Werdegang der Verhaltenslehre. Gesammelte Abhandlungen Band II. 398 Seiten. SP 361

Die Rückseite des Spiegels

Versuch einer Naturgeschichte menschlichen Erkennens. 318 Seiten. SP 2482

Das Wirkungsgefüge der Natur und das Schicksal des Menschen

Gesammelte Arbeiten. Herausgegeben und eingeleitet von Irenäus Eibl-Eibesfeldt. 368 Seiten mit 23 Abbildungen. SP 309

Karl R. Popper / Konrad Lorenz

Die Zukunft ist offen

Das Altenberger Gespräch. Mit den Texten des Wiener Popper-Symposiums. Herausgegeben von Franz Kreuzer. 143 Seiten. SP 340

SERIE PIPER

Viktor E. Frankl

Der Mensch vor der Frage nach dem Sinn

Eine Auswahl aus dem Gesamtwerk. Mit einem Vorwort von Konrad Lorenz. 292 Seiten. SP 289

Dieser Band bietet einen Querschnitt durch das gesamte publizistische Schaffen des Autors auf dem Gebiet der Psychotherapie und ihrer anthropologischen Grundlagen.

Die Psychotherapie in der Praxis

307 Seiten. SP 475

»Die Stärke dieses Buches liegt in seiner Unvoreingenommenheit, Lebensnähe und seinem Einfallsreichtum.«

Zentralblatt für die gesamte Neurologie und Psychiatrie

Die Sinnfrage in der Psychotherapie

204 Seiten. SP 577

»Ich glaube, daß die Arbeiten von Frankl der wichtigste Beitrag zur Psychotherapie seit Freud sind.«

Prof. Dr. F. Hoff in der »Therapiewoche«

Der Wille zum Sinn

Ausgewählte Vorträge über Logotherapie. Mit einem Beitrag von Elisabeth Lukas. 335 Seiten mit 16 Abbildungen. SP 1238

Der Wiener Neurologe und Psychiater Viktor E. Frankl ist der Begründer der Logotherapie – der »dritten Wiener Richtung der Psychotherapie«, wie sie von manchen Autoren genannt wird. In diesem Buch wurden Vorträge Frankls versammelt, die seinen Weg markieren.

Viktor E. Frankl / Franz Kreuzer

Im Anfang war der Sinn

Von der Psychoanalyse zur Logotherapie. Ein Gespräch. 168 Seiten mit 4 Abbildungen. SP 520

Die autobiographische Mitteilung des Begründers der Logotherapie kennzeichnet einen Wissenschaftler und Therapeuten, dessen Hauptziel es immer war, den Menschen bei der Sinnfindung zu helfen. Frankl ist – trotz, ja wegen seiner Erfahrungen in den Konzentrationslagern des Dritten Reiches – davon überzeugt, daß es den Sinn des Lebens wirklich gibt.

SERIE PIPER

Erving Goffman

Wir alle spielen Theater

Die Selbstdarstellung im Alltag. Aus dem Amerikanischen von Peter Weber-Schäfer. Vorwort von Ralf Dahrendorf. 256 Seiten. SP 312

An verblüffenden Beispielen zeigt der Soziologe Goffman in diesem Klassiker das »Theater des Alltags«, die Selbstdarstellung, wie wir alle im sozialen Kontakt, oft nicht einmal bewußt, sie betreiben, vor Vorgesetzten oder Kunden, Untergebenen oder Patienten, in der Familie, vor Kollegen, vor Freunden.

Erving Goffman gibt in diesem Buch eine profunde Analyse der vielfältigen Praktiken, Listen und Tricks, mit denen sich der einzelne vor anderen Menschen möglichst vorteilhaft darzustellen sucht. Goffman wählt dazu die Perspektive des Theaters. Wie ein Schauspieler durch seine Handlungen und Worte, durch Kleidung und Gestik, angewiesen von einer unsichtbaren Regie, einen bestimmten Eindruck vermittelt, so inszenieren einzelne und Gruppen im Alltag »Vorstellungen«, um Geschäftspartner oder Arbeitskollegen von den eigenen echten oder vorgetäuschten Fähigkeiten zu überzeugen. Daß dies nichts mit Verstellung zu tun hat, sondern ein notwendiges Element des menschlichen Lebens ist, macht Goffman anschaulich und überzeugend klar.

»Die soziale Welt ist eine Bühne, eine komplizierte Bühne sogar, mit Publikum, Darstellern und Außenseitern, mit Zuschauerraum und Kulissen, und mit manchen Eigentümlichkeiten, die das Schauspiel dann doch nicht kennt... Goffman geht es... um den Nachweis, daß die Selbstdarstellung des einzelnen nach vorgegebenen Regeln und unter vorgegebenen Kontrollen ein notwendiges Element des menschlichen Lebens ist. Der Sozialwissenschaftler, der dieses Element in seine Begriffe hineinstilisiert – Rolle, Sanktion, Sozialisation usw. –, nimmt nur auf, was die Wirklichkeit ihm bietet... Soziologie macht das Selbstverständliche zum Gegenstand der Reflexion.«
Ralf Dahrendorf

Felix von Cube

Besiege deinen Nächsten wie dich selbst

Aggression im Alltag.
168 Seiten. SP 1745

»Der Mensch ist keine Graugans«, mit diesem Argument wird die Übertragung verhaltensbiologischer Erkenntnisse auf menschliche Verhaltensweisen von vielen Sozial- und Geisteswissenschaftlern infragegestellt. Der Erziehungswissenschaftler Felix von Cube weist dagegen im vorliegenden Buch nach, daß Aggression ein spontaner Trieb ist, der der natürlichen Veranlagung des Menschen entspricht. Alle traditionellen Moralen konnten die Ausübung von Gewalt nicht verhindern. Wir müssen mit der Aggression leben, es fragt sich nur, wie. Das ist für Felix von Cube der Ausgangspunkt seiner Anleitung zum Umgang mit der dem Menschen innewohnenden Aggression. Sie zu leugnen oder zu tabuisieren, argumentiert von Cube, führe zwangsläufig zu innerer und äußerer Gewalt. Aus der Erkenntnis, daß nicht die Gewaltausübung an sich, sondern das Gefühl des Siegens den Aggressionstrieb befriedigt, entwickelt Felix von Cube anschaulich Möglichkeiten der Kultivierung der Aggression.

Fordern statt Verwöhnen

Die Erkenntnisse der Verhaltensbiologie in Erziehung und Führung. 336 Seiten. SP 949

Der Mensch strebte schon immer nach Verwöhnung, nach Lust ohne Anstrengung. Technik, Wohlstand, Freizeitkonsum machen dies heute möglich. Aggressive Langeweile, Gewalt, Drogenkonsum sind die Folgen. Wir zerstören die Umwelt und uns selbst.
Müssen wir Verzicht üben und Askese? Die Erkenntnisse der Verhaltensbiologie zeigen einen eigenen Weg: Aktivität statt Apathie, Abenteuer statt Langeweile, lustvoller Einsatz natürlicher Energien statt Schonen. Erziehung muß zur Selbstforderung befähigen.

»Für Pägagogen und Führungskräfte von allerhöchster Bedeutung.«
Die höhere Schule

SERIE PIPER

Otto Marmet

Ich und du und so weiter

Kleine Einführung in die Sozialpsychologie. Überarbeitete Ausgabe. 123 Seiten mit Illustrationen von Etienne. SP 1103

Was bedeutet »soziale Rolle«? Wie entwickeln sich Gruppen? Was heißt Kommunikation? Wie nehmen wir unser eigenes Verhalten wahr? Wie löst man Konflikte? Dieser kleine Abriß der Sozialpsychologie vermittelt sehr anschaulich und zugänglich die wichtigsten sozial- und gruppenpsychologischen Grundkenntnisse – ideal für die Aus- und Fortbildung von Lehrern, Erziehern, Ärzten, Pflegepersonal, Sozialarbeitern und vielen mehr und geeignet als Grundlektüre in der praxisbezogenen Erwachsenenbildung. Alltagsnah und anschaulich werden die zentralen Themen der Sozialpsychologie nahegebracht: Kommunikation, Gruppenbeziehungen, Sozialisation, soziale Wahrnehmung, soziales Lernen.

Jürgen Hesse
Hans Christian Schrader

Die Neurosen der Chefs

Die seelischen Kosten der Karriere. 237 Seiten. SP 2229

Sie werden gesucht, sie werden gebraucht, aber sie versagen: Führungskräfte, Vorgesetzte, Manager und Chefs. Die Hauptquelle von Frust, Verzweiflung und Ineffektivität am Arbeitsplatz sind unfähige Führungskräfte. Doch woher kommt diese zunehmend beklagte Unfähigkeit? Ist die Quelle dieser Persönlichkeitsdefizite in der Firmenstruktur oder in der ganz persönlichen Biographie zu suchen? Wer die Leiden der Leitenden – Einsamkeit, Neid, Rivalität, Streß –, wer ihre Süchte – Alkohol, Medikamente, Arbeit, Macht – und wer ihre Krankheiten und ihr kriminelles Potential kennt und durchschaut, hat schon viel für sich gewonnen.

SERIE PIPER

Kurt Singer

Kränkung und Kranksein

Psychosomatik als Weg zur Selbstwahrnehmung. 244 Seiten. SP 1681

Dieses Buch führt ein in das psychosomatische Denken, es will den Sinn des Krankseins verstehen lehren, zur Selbstwahrnehmung anregen und Selbstheilungskräfte wecken. Jeder Mensch macht psychosomatische Erfahrungen: Er wird rot vor Scham, zittert vor Angst, bekommt Herzklopfen vor Erregung; manche ärgern sich ein »Loch« in den Bauch, andere zerbrechen sich über ein Problem den Kopf, dem einen bleibt die Spucke weg, dem andern bricht das Herz, dem einen läuft die Galle über, dem anderen dreht sich der Magen um... In solchen Sprachwendungen kommt ein tiefverwurzeltes Wissen über den Zusammenhang von Körper und Seele zum Ausdruck, das die Psychosomatik erforscht und therapeutisch nutzt. Dieses Buch führt mit Fallbeispielen aus dem Alltag ins psychosomatische Denken ein und will helfen, den verborgenen Sinn von Krankheit »leibhaftig« verstehen zu lernen.

»Krankheit ist für Singer nicht das andere, das nicht zu mir gehört, nicht der Feind, den es zu bekämpfen gilt, sondern eher ein unbequemer, aber helfender Freund, der mich auffordert, mich mit ihm auseinanderzusetzen.«
Bayerischer Rundfunk

Zivilcourage wagen

Wie man lernt, sich einzumischen. 224 Seiten. SP 2552

Dieses Buch handelt von Zivilcourage und Bürgermut. Es wendet sich an jene, die erkennen, wie notwendig heute politische Beteiligung und Veränderung »von unten« sind. Die aufs äußerste bedrohte Welt bedarf dringend der Zivilcourage und des Bürgermuts von Menschen, die der Politik des Risikos und der Bedenkenlosigkeit widerstehen.

SERIE PIPER

Alexander Mitscherlich

Auf dem Weg zur vaterlosen Gesellschaft

Ideen zur Sozialpsychologie. 400 Seiten. SP 45

Diese Untersuchung hat den Ruhm des Psychoanalytikers als Zeit- und Gesellschaftskritiker international begründet. Mitscherlich hat hier ein sozialpsychologisches Paradigma unserer Epoche entworfen: Die »Hierarchie der Vaterrolle« zerfällt, die prägenden Vorbilder verblassen. Die daraus entstehenden Konflikte erzeugen neuartige neurotische Verhaltensweisen wie Indifferenz dem Mitmenschen gegenüber, Aggressivität, Destruktivität und Angst. Als einen der folgenreichsten Konflikte unserer Zeit bezeichnet Mitscherlich die paradoxe Entwicklung, daß der einzelne immer mehr »subjektive Autonomie« fordert und auch erlangt, zugleich sich aber den bürokratischen und anderen konformistischen Zwängen immer stärker ein- und unterordnen muß.

»Selten hat ein Buch eine so tiefgreifende, nüchterne und gerade deshalb erschütternde Zeitanalyse geboten wie dieses.«

Basler Nationalzeitung

Alexander und Margarete Mitscherlich

Die Unfähigkeit zu trauern

Grundlagen kollektiven Verhaltens. 383 Seiten. SP 168

Die Abhandlungen dieses Buches untersuchen psychische Prozesse in großen Gruppen, als deren Folge sich Freiheit oder Unfreiheit der Reflexion und der Einsicht ausbreiten. Es wird also der Versuch unternommen, einigen Grundlagen der Politik mit Hilfe psychologischer Interpretation näherzukommen, der Interpretation dessen, was Politik macht, nämlich menschlichen Verhaltens in großer Zahl.

»Es wäre ein Gewinn, wenn das Interesse an dem Thema auch Leser, die sich bisher mit Psychoanalyse überhaupt nicht beschäftigt haben, dazu führen würde, einen ersten Schritt in diese in Deutschland lange Zeit unterdrückte Gedanken- und Erkenntniswelt zu machen. Wer die Jahre vor 1933 noch einigermaßen bewußt, wenn auch jugendlich miterlebt hat, kann heutzutage nur staunen, wie ahnungslos die Generationen der jetzt Vierzigjährigen diesem ganzen Komplex gegenübersteht.«

Frankfurter Allgemeine Zeitung